【第十六辑】

SAN JIN FA XUE

三晋法学

主编◎周子良　执行主编◎李　麒
主办◎山西大学法学院

中国法制出版社
CHINA LEGAL PUBLISHING HOUSE

目 录
Contents

法律演讲

探索与争鸣

法学各科专论

案例研究

课题成果

法学教育

法律演讲

◎ 对法治文化的再认识

对法治文化的再认识*

王继军**

感谢仇拉锁会长邀请我参加此次会议。会前拉锁会长送给我《山西法治史话》第 2 期至第 6 期，我选择性地拜读了其中的一些小故事。这些小故事短小精悍，活灵活现地展现了山西法治历史发展各个阶段的特点。这个小册子既具有可读性，也具有资料性，是山西法治文化建设的一个很好的平台。由此触发了我今天发言的欲望。

我从事高等法学教育和兼职律师工作已四十多年。65 岁以前，我对法治文化的认识是模糊的，65 岁以后，随着国家法治建设的持续深入，特别是中共中央 2021 年发布了《关于加强社会主义法治文化建设的意见》后，经过认真学习和长期思考，我对法治文化有了新的认识，下面我向大家介绍一下我对法治文化的新认识和新体会。

第一，法治文化的重要性。

法治文化绝不是法律知识的堆积，而是人类对自我的关怀。人类与自然界发生矛盾和冲突时，如在地震、洪水、疫情等面前，可以团结一致，达成共识，共同应对。但是人类在人与人之间（社会）发生矛盾和冲突后，很多矛盾和冲突难以调和，解决的最终办法之一就是武力。那么法治“就是将人与人之间不可调和的矛盾和冲突，控制在一定的秩序范围内，使矛盾和冲突得到缓和”（恩格斯在《家庭、私有制和国家的起源》中的论述）。纵观古今中外，凡是讲

* 2022 年 1 月 16 日在《山西法治史话》第六期发行座谈会上的发言。

** 山西大学法学院教授、博士生导师，主要研究方向为经济法学、法学教育。

法治的国家就兴旺昌盛，不讲法治的国家，不是贫穷落后就是战争连绵。因此，法治文化不仅维护着社会秩序，更有利于防止战争和杀戮。

第二，我国法治文化建设的艰巨性。

从近代中西方法治文化发展的比较来看，我国的法治文化建设任重而道远。西方资产阶级革命前，资产阶级的一些启蒙家，用了一百多年的时间对民众进行启蒙教育（借助的是文艺复兴平台），其中主要的就是法治文化教育，使得西方资产阶级革命进行得比较彻底，生产力获得了空前发展，“资产阶级在它的不到一百年的阶级统治中所创造的生产力，比过去一切世代创造的全部生产力还要多，还要大”（马克思在《共产党宣言》中的论述）。而我国从辛亥革命开始，基本是先变革，然后再进行教育的脉络。辛亥革命成功后，国民党高层发现封建政权虽然推翻了，但民众的思想观念仍然停留在封建意识和旧的传统之中，资产革命的历史使命难以完成，由此触发了民国时期的新文化运动。中华人民共和国成立后，1954 年《宪法》标志着我国进入了社会主义革命和建设阶段，十年后由于很多人不知道什么是社会主义，我国又开展了一场大规模的社会主义教育运动。改革开放之初，我国开始加强法制建设，制定了大量的法律法规，但是实施效果不佳，由此开展了大规模的国家普法教育，至今已近 40 个年头了（进入了八五普法阶段）。由此可见，历史的缺陷，使我国法治文化建设任重而道远。经济文化把我国做大了，法治文化建设将会把我国做强。

第三，法治文化的统领性。

法治文化涵盖了法律知识、法律方法、法治（律）文化等。但是法律知识、法律方法、法治（律）文化，它们既有联系又有区别，我们既不能孤立地去看待它们，又不能将它们混同。法律知识解决的是法律是什么的问题；法律方法解决的是法律在实际适用中为什么的问题；法治文化解决的是未来还有什么的问题。法治（律）文化在法律知识、法律方法、法治（律）文化中，具有统领作用，它不仅促进着法律知识、法律方法的更新，而且还引领着未来的发展。因此，法治文化建设不仅关乎国家法治建设的今天，更是关系到法治建设的明天。

由于是即兴发言，如有不妥之处，敬请大家原谅。

谢谢！

探索与争鸣

试论我国镇的法治治理

董玉明*

摘　要：本文结合我国城镇化发展实际，就县域之下建制镇与经济镇发展的法治治理问题进行探讨。本文认为，在对现状分析的基础上，县域之下镇的发展，特别是建制镇的发展，存在一个乡镇分立的法治需求。而撤乡建镇后，新设立的镇已经属于城市的范畴，应当按照城市的标准予以法治治理并与建制乡有所区别。在此基础上，针对现实中乡镇不分的现状，提出法治治理完善的建议。

关键词：城镇化　县域经济　建制镇　特色小镇　法治治理

2017年，本文作者承担了山西省法学会重点项目《加快县域经济、特色小镇发展的法律问题研究》。通过几年研究发现，在我国，“镇”一直是重要的基层行政或经济区域。随着国家城镇化步伐的加快，“镇”的作用越来越重要。然而，迄今为止，我国对于“镇”的法治治理基本等同于“乡”的治理，存在着一些不足，需要完善。

一、我国镇的发展现状分析

基于“镇”所具有的行政和经济双重功能，有关我国镇的发展现状，可以从建制镇和经济镇两个方面阐述。

首先，从行政属性的建制镇发展来看，就是指隶属于县域之下镇的政权建

* 山西大学法学院教授，博士生导师，主要研究方向为宏观调控法。

设。我国1954年《宪法》规定，“县、自治县分为乡、民族乡、镇。”① 由此说明，我国在中华人民共和国成立初期即存在镇的建制。1975年《宪法》规定农村实行政社合一的人民公社制度，但仍保留了镇的建制。② 1978年《宪法》规定，“县、自治县分为人民公社、镇。”③ 1982年《宪法》则恢复了1954年的规定。④ 由此说明，从中华人民共和国成立初期开始，镇的建制一直是我国县域之内重要的基层政权组织。

根据民政部官方公布的各年度《民政事业统计公报》，⑤ 到“七五计划”初期的1986年，我国的建制镇共有10717个，同期的乡则有61415个。在乡镇政权比例结构中，镇的比例为15%，乡的比例为85%。这是由我国当时农村居民居多，县域经济的基础主要以农业为主决定的。之后，经过“七五”到“十三五”的城镇化建设，截至2020年，在乡镇基层政权组织总体上由72132个大幅减少为29966个的基础上，全国县域之下的镇的建制上升为21157个，而乡的建制则锐减为8809个，镇的比例为71%，而乡的比例则下降为29%。由此，我国县域之下的基层政权结构发生了巨变，这与我国总体上城镇化已经达到63%的统计结果相一致。县域之下镇的发展，吸收了更多的农村居民就近转化为城镇居民，享受城镇居民的待遇和公共服务。据第七次全国人口普查结果表明，全国人口中，居住在城镇的人口为901991162人，占63.89%（2020年我国户籍人口城镇化率为45.4%）；居住在乡村的人口为509787562人，占36.11%。与2010年第六次全国人口普查相比，城镇人口增加236415856人，乡村人口减少164361984人，城镇人口比重上升14.21个百分点。⑥ 总体上说，县域之下建制镇的大幅扩张表明，我国县域经济的发展，不再单纯地依托农业，而是非农经济，且需要第一、第二、第三产业的融合发展。与此同时，各级政府相应地面对城镇发展的公共服务与公共资源配置任务加重。但是，镇的扩张是否意味着主要承载着农业管理与服务职能的乡的消失？答案是否定的。这是

---

① 《宪法》（1954）第53条。

② 《宪法》（1975）第7条、第21条。

③ 《宪法》（1978）第33条。

④ 《宪法》（1982）第30条。

⑤ 参见中华人民共和国民政部官方网站民政数据，1986年民政事业发展概述。

⑥ 国务院第七次全国人口普查领导小组办公室：《第七次全国人口普查公报》（第七号）——城乡人口和流动人口情况。

因为，自古以来，我国城乡自然分工有其自治的内在逻辑性。我国居民的粮食供应问题，事关国家安全，必须牢牢地掌握在自己手中，十八亿亩的耕地红线不能突破，农业的基础地位不可撼动，乡级政权建设可以精简，但不可消灭，即使是撤乡建镇，与农村接壤的建制镇，虽然可以通过发展非农经济增加县域财力，改善居民的收入和生活条件，但仍然不能放松对农业生产的管理和指导。

其次，就镇的区域经济属性来看，建制镇的创建，除政治、文化功能外，其本身就具有区域经济的属性。在一个建制镇内，必须具备基本的经济要素，以满足居民消费的基本需求并提供城市公共设施服务和社会保障。还有，建制镇内居民的充分就业是建制镇稳定发展的基础。为此，建制镇的第二、第三产业的繁荣发展，成为建制镇与建制乡的重要区别。

改革开放以来，在市场力推动下，以 20 世纪八九十年代的浙江、江苏、广东等江南农村乡镇企业为基础发展起来的各类经济镇，得到了改革政策的认可和扶持，各种以产业为基础的特色城镇、特色小城镇如雨后春笋般出现。而且，出现了市中镇、区中镇、镇中镇、乡中镇，甚至村中镇。这些具有经济属性的镇，有的与建制镇挂钩，有的则不与建制镇挂钩；有的由中央和地方政府主导建设，有的则由企业自行命名，令人眼花缭乱，容易给人以所有称为“镇”的地方均属于“城市”的感觉。尤其是从 2016 年国家和各省开始评选培育特色城镇、特色小城镇、体育运动休闲小镇以及森林小镇以来，由于宏观政策导向，对于入选者实施项目与投资上的各种优惠，极大地刺激了各地增建经济镇的积极性。进而出现了“虚假特色城镇”“虚拟特色小镇”以及特色小镇建设非法占用农用地、破坏生态环境和山水田园等触碰红线等问题。为此，国家有关部委先后于 2017 年、2018 年、2020 年发布《关于规范推进特色小镇和特色小城镇建设的若干意见》《关于建立特色小镇和特色小城镇高质量发展机制的通知》《关于促进特色小镇规范健康发展意见》，以期达到整顿特色城镇、特色小镇建设的目的。在实际措施上，作为改革试点，国家和地方也确实淘汰了一些不合格的镇。国家在分两批评选出 403 家特色城镇之后，评选工作暂停。截至目前，国家有关镇的法治治理，主要表现为对特色小镇建设的整治。然而，需要思考的是，基于各地自然地理、文化及产业聚集的不同，每一个行政建制镇或作为经济区域的镇，均具有自己的特色，自然有市场和社会的认可或否定，是否需要政府组织评选，值得商榷。

另外需要关注的是，第一，无论是建制镇的建设，还是经济镇的建设，按照政策文件规定，均有着规划区内人口或面积的限制性要求。典型的如，2016年12月，中共中央办公厅、国务院办公厅印发《关于深入推进经济发达镇行政管理体制改革的指导意见》（以下简称《意见》）。该《意见》提出，要合理确定经济发达镇认定标准。东部地区经济发达镇建成区常住人口一般在10万人左右，中部和东北地区一般在5万人左右，西部地区一般在3万人左右；常住人口城镇化率、公共财政收入等指标连续2年位居本省（自治区、直辖市）所辖乡镇前10%以内。又如，2020年9月16日，国务院办公厅转发国家发展改革委《关于促进特色小镇规范健康发展意见的通知》（国办发〔2020〕33号）的通知提出，单个特色小镇规划面积原则上控制在1—5平方公里（文化旅游、体育、农业田园类特色小镇规划面积上限可适当提高）。第二，2017年之前，由城乡建设主管部门主导的镇或重点镇的建设，主要以建制镇为主。自2017年以来，由发展改革主管部门主导的镇的建设则主要以市场导向的经济镇为主。与此同时，由民政区划部门主管的建制镇则一直处于变动状态。由此说明，我国相关主管部门，对于镇的建设存在不同认识，急需统一。

二、我国镇的法治治理现状分析

（一）行政建制镇的法律调整分析

我国目前正式法律对于镇的规制主要立足于行政建制镇的规范。对于属于经济镇的规范制度供给则明显不足。

现行《宪法》规定，“县、自治县分为乡、民族乡、镇。”① “省、直辖市、县、市、市辖区、乡、民族乡、镇设立人民代表大会和人民政府。”② 由此说明，宪法上规定的镇为我国最基层的政权组织之一。《地方各级人民代表大会和地方各级人民政府组织法》则明确将镇与乡和民族乡并列，规定了其职责，即“乡、民族乡、镇的人民政府行使的职权包括：（一）执行本级人民代表大会的

① 《宪法》（2018修正）第30条。
② 《宪法》（2018修正）第95条。

决议和上级国家行政机关的决定和命令，发布决定和命令；（二）执行本行政区域内的经济和社会发展计划、预算，管理本行政区域内的经济、教育、科学、文化、卫生、体育事业和财政、民政、公安、司法行政、计划生育等行政工作；（三）保护社会主义的全民所有的财产和劳动群众集体所有的财产，保护公民私人所有的合法财产，维护社会秩序，保障公民的人身权利、民主权利和其他权利；（四）保护各种经济组织的合法权益；（五）保障少数民族的权利和尊重少数民族的风俗习惯；（六）保障宪法和法律赋予妇女的男女平等、同工同酬和婚姻自由等各项权利；（七）办理上级人民政府交办的其他事项。"① 根据《宪法》及其组织法规定，镇的机构由人民代表大会直接选举产生，实行镇长负责制。镇的管理是综合的，涉及政治、经济、社会、文化等方方面面。镇的机构设置与人员编制管理由上级人民政府规定和控制，且需要由财政法保障。为此，《预算法》予以了积极回应。根据《预算法》规定，镇的预算，与乡、民族乡同属于第五级预算，由镇人民政府独立编制或由县政府代为编制，经本级人民代表大会审查通过后执行。② 与此同时，按照《城乡规划法》规定，我国的城乡建设实行规划管理。因此，镇的建设必须纳入规划管理范畴，镇规划的管理期限为二十年，并妥善处理与乡的关系，各自的功能有交叉，主要体现在农业管理方面，但应当有着明显的分工。③

然而，在2021年公布的《乡村振兴促进法》中规定，"本法所称乡村，是指城市建成区以外具有自然、社会、经济特征和生产、生活、生态、文化等多重功能的地域综合体，包括乡镇和村庄等。"④ 由此说明，我国乡村振兴战略的实施中的乡村概念，不仅仅指传统意义上的"乡村"，而是涵盖了县域之下乡、镇和村庄。该法律定位，虽然有利于城乡一体化发展，但却容易混淆乡、镇和村庄各自不同的功能。

从总体上看，我国既有法律调整中，存在乡、镇职能混同问题。不适用目前县域之下建制镇已经高达71%的现状与法律需求，我国的建制镇虽然介于城乡之间，但其毕竟已经成为"城市"的一部分，应当具有比乡一级政府更高的

① 《地方各级人民代表大会和地方各级人民政府组织法》（2015年修正）第61条。
② 《预算法》（2018修正）第3条、第45条。
③ 《城乡规划法》（2019修正）第2条、第3条、第16条、第17条、第20条。
④ 《乡村振兴促进法》第2条。

权力与责任配置。

（二）经济建制镇的政策调整分析

研究发现，我国对于属于经济区域的经济建制镇的管理主要以政策调整为主。

首先，每一个行政建制镇，都属于一个特定的经济区域。改革开放以来，以“经济建设为中心”的政策导向，使建制镇的发展，成为集聚第一、第二、第三产业最活跃的区域，使一些建制镇成为城市圈中的“小城市”。

其次，在改革政策的催生下，在既有的城市和乡村行政区划内出现了各类经济性质的镇。这种经济镇的发展，主要以政策调整为主，法律调整则处于保留状态。相关政策统计结果，从 1986 年开始至 2022 年，仅中共中央单独或与国务院联合发布的文件就有 30 多件。其中，2000 年 6 月 13 日，《中共中央、国务院关于促进小城镇健康发展的若干意见》（中发〔2000〕11 号）（以下简称《意见》）系我国第一个全面阐述小城镇建设的纲领性文件，是我国进入 20 世纪的重大政策性成果。该《意见》认为，“当前，加快城镇化进程的时机和条件已经成熟。抓住机遇，适时引导小城镇健康发展，应当作为当前和今后较长时期农村改革与发展的一项重要任务。”《意见》就发展小城镇必须坚持的指导原则、统一规划和合理布局、积极培育小城镇的经济基础、充分利用市场机制搞好小城镇建设、改革小城镇户籍管理制度、完善小城镇政府的经济和社会管理职能、搞好小城镇的民主法制建设和精神文明建设、加强对发展小城镇的工作领导等进行了全面的政策制度安排。《意见》规定，从 2000 年起，凡在县级市市区、县人民政府驻地镇及县以下小城镇有合法固定住所、稳定职业或生活来源的农民，均可根据本人意愿转为城镇户口，并在子女入学、参军、就业等方面享受与城镇居民同等待遇，不得实行歧视性政策。要积极探索适合小城镇特点的新型城镇管理体制，大力精减人员，把小城镇政府建成职能明确、结构合理、精干高效的政府。镇政府要集中精力管理公共行政和公益性事业，创造良好的投资环境和社会环境，避免包揽具体经济事务。2014 年 3 月 12 日，中共中央、国务院印发《国家新型城镇化规划（2014—2020 年）》（中发〔2014〕4 号）（以下简称《规划》）。该《规划》认为，根据世界城镇化发展普遍规律，我国仍处于城镇化率 30%—70%的快速发展区间，但延续过去传统粗放的城镇化模式，会带来产业升级缓慢、资源环境恶化、社会矛盾增多等诸多风险，可能落入“中等收入陷阱”，进而影响现代化进程。随着内外部环境和条件的深刻变化，城镇化必须进入以提升质量为主的转型发展新阶段。城镇化水平和质量稳步提升，规划提出，通过城镇化健康有序发展，常住人口城镇化率达到60%左右，户籍人口城镇化率达到45%左右，户籍人口城镇化率与常住人口城镇化率差距缩小2个百分点左右，努力实现1亿左右农业转移人口和其他常住人口在城镇落户。在有重点地发展小城镇方面，按照控制数量、提高质量，节约用地、体现特色的要求，推动小城镇发展与疏解大城市中心城区功能相结合、与特色产业发展相结合、与服务“三农”相结合。此外，在党中央对特定地区的政策指导上，也对特色城镇及小城镇的发展提出要求。典型的如，2019年2月18日，中共中央、国务院印发《粤港澳大湾区发展规划纲要》。该纲要提出：“充分发挥珠三角九市特色城镇数量多、体量大的优势，培育一批具有特色优势的魅力城镇，完善市政基础设施和公共服务设施，发展特色产业，传承传统文化，形成优化区域发展格局的重要支撑。建设智慧小镇，开展智能技术应用试验，推动体制机制创新，探索未来城市发展模式。加快推进特大镇行政管理体制改革，在降低行政成本和提升行政效率的基础上不断拓展特大镇功能。”2019年12月1日，中共中央、国务院印发《长江三角洲区域一体化发展规划纲要》。该纲要提出：“全面放开Ⅱ型大城市、中小城市及建制镇的落户限制，有序推动农村人口向条件较好、发展空间较大的城镇、特色小镇和中心村相对集中居住和创业发展。推动城乡人才双向流动，鼓励和引导城市人才回乡创业兴业。”而在2020年5月17日，《中共中央、国务院关于新时代推进西部大开发形成新格局的指导意见》中则提出：“因地制宜优化城镇化布局与形态，提升并发挥国家和区域中心城市功能作用，推动城市群高质量发展和大中小城市网络化建设，培育发展一批特色小城镇。”

总之，无论是政策性意见，还是规划，在我国的法律体系中，均属于准法律文件或非正式法律文件的范畴，属于党中央依法作出的指导或规范性文件，对于推动我国城镇化的进程起了关键性作用。我国对城镇的法治治理，应当把党中央的文件执行与法律制定和执行相结合，对于改革实践中成熟的部分及时上升为法律，以保持经济和社会的稳定发展。

三、我国镇的法治完善

通过以上简要地分析，我国镇的建设和法治完善，可以立足于以下六个方面：

（一）坚持党的统一领导

按照宪法和党章规定，坚持党的统一领导，是我国各项事业发展的根本保障。有关镇的建设和法治完善，也必须在党中央的集中统一领导下进行。在当前以及今后一个时期，镇的建设与法治治理的中心任务，就是要围绕《乡村振兴促进法》和“十四五规划”的要求，完成乡镇和村庄建设任务。司法部门应当紧紧围绕这一任务的完成，发挥司法能动性，立足于乡镇及村庄基层，主动服务于乡村振兴战略目标的实践。在此方面，坚持党中央统筹、省负总责、市县镇落实，是新时代党领导镇建设的重要体制，必须贯彻执行。

（二）坚持人民民主和监督

根据法学原理，法治治理的基础是民主。因此，没有民主的法治不是实质意义上的法治。我国城镇化发展的经验表明，撤乡改镇，或新建镇，实施户籍改革，将农村居民转化为城镇居民，需要经济基础，需要政府的政策和规划指引，但最根本的还是要遵从人民的意愿。在镇的建设中，原有的村民委员会改变为居民委员会或社区，原有的民主基础应当继续延续。而在镇的建设上，人民代表大会的民主和监督作用将继续发挥。而且，除国家治理、政府治理外，社会自治的能力将会不断提升。因而构成了我国镇的建设的法治基础。

（三）坚持规划引领

由于无论是行政建制镇的建设，还是经济区域镇的建设，均涉及国土空间的合理利用问题，因此，各类镇的建设，必须按照《城乡规划法》的规定，实施严格的规划管理。要先规划，后建设。在各类镇的规划中，要严格区分行政建制镇和经济区域镇，严格规划区内的区域范围和人口限制标准，厘清镇、乡以及村庄的关系及其不同功能。坚持依法少占用农田、耕地；坚持不破坏环境；

坚持农村居民转户自愿等原则。在城市体系构建中，合理定位镇在大、中、小城市圈中的末端功能。并且，应当强化规划的法律效力，一旦制定实施，任何人、任何组织均不能随意更改。尤其重要的是，我国的行政建制镇，在乡镇比例中已经高达71%，应当开始严格控制，发展战略由数量向质量转变。特别是对于农产品主产区而言，提升建制乡质量和村庄建设更为紧迫。

（四）适度扩大镇以及政府权力和责任

我国县域之下的城镇介于城市与乡村之间，但镇的发展受制于县，在一定程度上影响了镇的发展。为此，借鉴以往扩权强县的发展经验，适度扩大镇的权限，将以往一些县属的人权、财权、物权权限下放至镇政府，将镇的行政级别提升半格，介于乡和县之间。甚至必要时，对于重点特色城镇实施省或市直管体制，将有利于巩固重点镇的发展态势，促进县域经济的发展。

（五）正确处理政府和市场的关系

从目前的各项政策来看，政府十分注重市场对于乡镇发展的作用。而政府的职责定位主要是实施“放管服”改革，提供好公共服务，做好公共设施建设以及提供城乡一体化的社会保障。对于特色城镇的建设，特别强调其产业的集聚及其优势的发挥。然而，市场不是万能的，存在着“市场失灵”，产业发展也会有潜在的风险。今天的产业优势，可能会随着市场的竞争以及科技进步被淘汰，进而出现产业转移下的“空城”，进而导致局部城镇化的失败和公共建设的浪费。为此，我国镇的建设，不仅要考虑居民基本的吃穿住行需求，还要考虑居民的就业问题。在镇的可持续发展上，依据各地的实际情况，合理布局各镇的产业发展路径，引导市场的健康发展才是正路。由此，与其他类型城市发展一样，不能按照所谓市场规律，任意自由地发展。而对于以市场经济要素为基础，以社会资本投资为主形成的各类特色经济镇、小镇等，除纳入国家发展战略的以外，政府不必为其专门命名站台，自有市场和社会的认可与否定，政府干预的出发点应当立足于其不破坏市场秩序，不侵犯社会公共利益和国家利益。

（六）适时出台规范镇建设的专门法规

1986年9月，我国结束人民公社体制，开始进行乡镇基层政权建设时，

《中共中央、国务院关于加强农村基层政权建设工作的通知》（中发〔1986〕22号）提出，要党中央有关部门在总结经验的基础上，分别制定《中国共产党农村基层组织工作条例》《乡镇人民代表大会工作条例》和《乡镇人民政府工作条例》。受其影响，我国一直把乡镇等同，把乡镇视为“农村”的范畴。但根据本文分析，行政建制镇实际已经纳入“城市”的范畴，而城市的管理与农村的管理是不同的。因此，乡、镇分立情况下，应当强化镇的“城市”功能。与此同时，属于经济类的镇的开发建设，实际上是一种由经济类镇过渡到建制镇的发展模式。即一旦经济类镇的发展达到一定规模，就有可能演变为建制镇。对此，我国江南地区的许多现有的建制镇，就是这样形成的。为了促进镇的健康发展，本文建议，国家应当适时地对于镇的发展做出专门的法律规定。在该法律中，应当摒弃传统的镇属于“农村”的理念，以城市化建设的理念为指导，对我国各类镇的含义、建设标准、规划管理、政府职责、公共设施配套建设、区划调整等基本问题作出统一规定，以利于镇的进一步法治建设。

综上所述，作为一个重要的行政或经济区域，我国建制镇的发展迅速，是实现城镇化建设目标的标志性成果。与此同时，还存在大量的以市场产业要素为基础的各类“特色城镇”和“特色小城镇”。在城镇化目标已经较高的情况下，我国应当适度减缓县域内建制镇的数量，严格规范各类镇的建设，不断提高法治化治理水平，保障镇的健康发展。

华侨财产权益法律保护略论[*]

汪渊智[**]　席　斌[***]

摘　要：财产权益是人类生存权和发展权的重要内容。华侨是我国公民中的一类特殊群体，其财产权益受宪法和法律保护。当前，涉侨财产纠纷案件不断出现，尽管我国宪法法律及地方立法明确了华侨财产权益受保护的立法态度，但鉴于法律制度缺少一体保护机制，缺失相关规范，需要进一步完善，实践中难以全面实现对涉侨财产权益的有效保护和完满救济。故此，制定统一且高效力位阶的华侨权益保护法律制度、增强侨务法律实施检查工作的主动性和实效性以及构建多元化的华侨财产权益的保障和救济机制可以成为提升华侨财产权益保护法制建设水平的有益尝试。

关键词：华侨　财产权益　法制检视　法制建设

引　言

在历史和当代社会，华侨个体和社团都有着重要的作用和贡献，在政治结构和经济发展方面具有较大的影响力，华侨财产权益应受到宪法法律的保护。我国现行《宪法》第50条规定："中华人民共和国保护华侨的正当权利和利益，保护归侨和侨眷的合法的权利和利益。"党的十八届四中全会通过的《中共中央关于全面推进依法治国若干重大问题的决定》明确提出："强化涉外法

* 基金项目：2019—2021年度中国侨联一般课题"华侨财产权益法律保护研究"(19BZQK238)。

** 法学博士，山西大学法学院教授，博士生导师，主要研究方向：民法学。

*** 山西大学法学院2019级民商法学博士研究生，主要研究方向：民法学。

律服务，维护我国公民、法人在海外及外国公民、法人在我国的正当权益，依法维护华侨权益。”习近平总书记也主要谈到，“强化涉外法律服务，维护我国公民、法人在海外及外国公民、法人在我国的正当权益，依法维护海外侨胞权益”①，“要加强同海外侨胞、归侨侨眷的联系，维护他们的合法权益”。② 故此，作为社会主义建设的重要一分子，强化对华侨财产权益的保护势在必行。

一、华侨财产权益保护的必要性

（一）华侨的概念诠释

1. 华侨的身份属性

华侨财产权益保护前提首先是对概念的厘定。华侨是一个历史概念，反映了我国人民移居国外的特定场景。中华人民共和国成立以后，党和国家高度重视侨务工作，在不同时期以不同形式对华侨身份进行了规定。20 世纪 50 年代，中侨委对华侨的概念进行了解释，并进一步罗列了视为华侨身份和华侨身份除外的若干情形。由于认识的深化，国务院侨务办公室后于 20 世纪 80 年代使用“定居”替换了原中侨委规定的“侨居”。由此，具备中国国籍的中国公民系华侨的必备要素。鉴于“双重国籍”的概念被我国《国籍法》所否定，若定居在国外的中国公民自愿加入或取得外国国籍，其中国国籍将自动丧失，成为中国血统的外国人（外籍华人），便不再具备华侨身份。

2. 华侨的身份条件

根据现行有效的《归侨侨眷权益保护法》第 2 条之规定：“华侨是指定居在国外的中国公民”“归侨是指回国定居的华侨”。该法以国家法律的形式界定了华侨和归侨。另需提及的是，国侨办于 2009 年又发布《关于界定华侨外籍华人归侨侨眷身份的规定》，专门就“定居”身份的要义作了阐释，设定了择一即可两项条件：一是中国公民已取得住在国长期或者永久居留权，并已在住在

① 本书编写组编：《党的十八届四中全会〈决定〉学习辅导百问》，学习出版社 2014 年版，第 29 页。

② 习近平：《在庆祝中国人民政治协商会议成立 65 周年大会上的讲话》，载《光明日报》2014 年 9 月 22 日第 2 版。

国连续居留两年，两年内累计居留不少于18个月；二是中国公民虽未取得住在国长期或者永久居留权，但已取得住在国连续5年以上（含5年）合法居留资格，5年内在居住国累计居留不少于30个月。除此之外，中国公民出国留学，其中包括公派以及自费两种类型，出国留学期间或者因公务出国留学出国工作期间，这种情况不视为华侨。是故，作为本文研究对象的华侨既包括未回国定居的华侨，亦包括已回国定居的归侨，当然也包括侨眷。

（二）华侨财产权益的范畴

对华侨财产权的保护主要涉及房产权、继承权和侨汇收入三大类。这三类财产权益也集中反映在了我国《归侨侨眷权益保护法》的相关条文之中。[①] 其中，对华侨在国内的房屋所有权的法律保护尤为重要。这是因为侨房是海外华侨及归侨在国内的私有财产，是华侨在国内生存必不可少的物质条件，是华侨维系与祖国联系的重要纽带，相较于其他类型财产，房产情况相对复杂。其中，华侨房屋又可以分为三类：一是华侨的私有房屋；二是依法继承的华侨私有房屋；三是中华人民共和国成立后用侨汇购建的私有房屋。[②] 另需注意的是，华侨、归侨、侨眷社团财产也应当属于华侨的财产权益之一，因为社会团体的财产是社会团体存在和开展活动的物质基础和必要条件。社会团体对其拥有的财产享有占有、使用、收益和处分的权利。

（三）华侨财产权益保护的必要性

1. 保护华侨财产权益是肯定其重要贡献及适应我国特殊国情的需要

从历史的维度来看，华侨和侨眷始终保持着爱国爱乡的光荣传统，作为中华民族的一分子，难以割舍同为中华儿女的深厚感情。自民主主义革命以来，有正义感、民族感的爱国华侨侨眷积极和中国共产党形成团结伟大的力

① 《归侨侨眷权益保护法》第13条："国家依法保护归侨、侨眷在国内私有房屋的所有权。依法征收、征用、拆迁归侨、侨眷私有房屋的，建设单位应当按照国家有关规定给予合理补偿和妥善安置。"第15条："国家保护归侨、侨眷的侨汇收入。"第16条："归侨、侨眷有权接受境外亲友的遗赠或者赠与。归侨、侨眷继承境外遗产的权益受法律保护。归侨、侨眷有权处分其在境外的财产。"

② 汤唯、张洪波等：《华侨权益的法律保障机制》，山东人民出版社2006年版，第250页。

量，在抗日战争、解放战争中，不论是在精神上还是经济上均给予了党和人民巨大的帮助和支持，中华人民共和国成立后，更是为祖国的发展与建设作出艰苦卓绝的伟大贡献。① 当前，六千多万华侨华人定居在海外，对于祖国内地的社会经济建设和发展乃至促进国际贸易发展方面作出了重大的贡献，是支持国家发展的重要可靠力量。② 法律作出具体与明确的界定保障他们的特殊身份、地位及各项财产权益，一方面，可以吸引更多的华侨侨眷回归祖国进行投资建设或开展服务；另一方面，上升到政治及文化层面，保护好华侨财产权益亦可以在推动祖国和平统一进程、推动广泛开展民间外交、传播中华优秀文化、扩大中国人民与世界各国人民友好交往乃至构建人类命运共同体方面大有助益。

2. 保护华侨财产权益是推动侨务工作全面法制化的需要

在投资权益方面，由于缺少明确的华侨投资权益保护的法律层面的规定，华侨在投资权益维护过程中往往面临效率低、执行难、进度慢等问题；在其他财产权益方面，华侨权益保护法规的欠缺，加大了华侨财产权益保护的难度。由于国家保护华侨房屋权益的依据中广泛存在政策性文件，对一些如政府代管、非住宅用房、已经拆除的侨房，以及农村集体土地上的华侨住宅等问题没有详细的规定，具体执行起来比较难操作。③ 不言自明，通过法律手段处理涉侨纠纷并维护华侨侨眷财产利益是做好侨务的法制建设的重要抓手。华侨侨眷对于自身权益保护的需要将倒逼立法机关、侨务管理部门以及侨联在各自的职权范围内实现有法可依、有法必依以及做好涉侨法律服务工作，以实现侨务工作全面法治化。故此，从根本上讲，制定和落实关于保护华侨财产权益的法律法规是我国侨务法制建设的前提和保证，这不仅符合华侨和华人、归侨侨眷的共同愿望和迫切要求，也符合国家和全国各族人民的根本利益。

---

① 石汉荣：《探解中国侨务》，中国评论学术出版社 2004 年版，第 244—245 页。

② 许又声：《国务院关于华侨权益保护工作情况的报告》，http：//www. npc. gov. cn/zgrdw/npc/xinwen/2018-04/25/content_2053574. htm，最后访问时间：2022 年 10 月 20 日。

③ 李忠壹、邢志人：《以问题为导向的地方华侨权益保护立法研究》，载《沈阳师范大学学报》2019 年第 3 期。

二、华侨财产权益保护的立法现状与存在的问题

（一）华侨财产权益保护的立法现状

1. 国家层面的立法

我国在不同时期，针对华侨的特殊性，制定并实施了相关华侨权益的保护制度。就国家层面现行有效的宪法法律来看，1982 年制定的现行《宪法》第 13 条规定的“公民的合法的私有财产不受侵犯”“国家依照法律规定保护公民的私有财产权和继承权”以及第 50 条规定之“中华人民共和国保护华侨的正当的权利和利益，保护归侨和侨眷的合法的权利和利益”等内容无疑是对华侨权益进行立法保护的原则性规定。其他法律层面，随着改革开放的逐步深入，为适应新时代的侨务工作，我国于 1990 年制定了《归侨侨眷权益保护法》，前述提及的分类中基本上也反映了保护归侨侨眷的合法的权利和利益的立法意旨。

于此之外，鉴于华侨财产权益更多涉及的是民事权益，在原《民法通则》《物权法》《合同法》等单行法的基础上，于 2020 年我国编纂完成《中华人民共和国民法典》，《民法典》及《归侨侨眷权益保护法》构成了对华侨民事权益的最直接有效的保障，特别是《民法典》第 3 条关于民事权利受保护、① 第 207 条关于物权受平等保护②以及第 1167 条关于民事权益保全请求权③等规定为海外侨胞和归侨侨眷在境内从事民商事活动提供了法律遵循。民事权利及其他合法的民事权益受法律保护是民法的基本精神。④《民法典》的民事主体并不以国籍进行区分，所有华侨华人和归侨侨眷在中国境内从事民事活动，都属于民事主体，享有所有民事权利。⑤ 同样，海外侨胞和归侨侨眷有责任承担因从事民

---

① 《民法典》第 3 条：“民事主体的人身权利、财产权利以及其他合法权益受法律保护，任何组织或者个人不得侵犯。”

② 、《民法典》第 207 条：“国家、集体、私人的物权和其他权利人的物权受法律平等保护，任何组织或者个人不得侵犯。”

③ 《民法典》第 1167 条：“侵权行为危及他人人身、财产安全的，被侵权人有权请求侵权人承担停止侵害、排除妨碍、消除危险等侵权责任。”

④ 黄薇主编：《中华人民共和国民法典总则编释义》，法律出版社 2020 年版，第 19 页。

⑤ 张鸣起：《民法总则为华侨权益维护提供法律支撑》，载《中国人大》2017 年第 13 期。

事活动所产生的民事责任。除宪法法律之外，国务院及相关部委亦制定了相关行政法规和规范性文件，如《国务院关于鼓励外商投资的规定》《国务院关于鼓励华侨和香港澳门同胞投资的规定》《国务院关于引进国外人才工作的暂行规定》等对华侨投资及相关优惠待遇作出了规定。

2. 地方层面的有益探索

根据地方实情探索华侨权益保护的有益经验，相关省市出台了一些涉侨地方性法规。2015 年 10 月，《广东省华侨权益保护条例》颁布，这是我国第一部保护华侨权益的省级综合类地方性法规。江苏省结合当地侨情于 2016 年实施了《江苏省保护和促进华侨投资条例》，重点突出了对华侨投资者人身权、财产权及其他合法权益的法律保护，对华侨投资方式、投资导向、扶持政策等方面进行了细化。类似地，上海市于 2016 年实施了《上海市华侨权益保护条例》。福建省也于同年逐步落实了“一办法、两条例、两规定”以健全地方性涉侨法规体系，包括《福建省实施〈中华人民共和国归侨侨眷权益保护法〉办法》《福建省华侨权益保护条例》《福建省华侨捐赠兴办公益事业管理条例》《福建省保护华侨房屋租赁权益的若干规定》《福建省保护华侨投资权益若干规定》。此外，四川省、浙江省、北京市等省市也已出台或将要出台涉侨权益保护的相关条例与办法。

（二）华侨财产权益保护立法存在的主要问题

1. 涉侨保护法制缺少一体保护机制且呈现出碎片化特征

通过对既有保护华侨财产权益法律制度的梳理可以看出，华侨权益保护高位阶立法较少且相关规定比较简略、零散。《宪法》对保护华侨权益作出了明确规定，但国家层面尚无关于一体保护华侨权益保护的专门性法律。虽然既有的《归侨侨眷权益保护法》及其相应实施办法系作为保护归侨与侨眷权益的立法规范，但其适用范围非常局限，对于定居于国外的海外侨胞在财产权益法律保护方面无法提供有效法律支撑。另外，一些关于保护华侨在国内合法权益的相关规定则散见于行政法规、地方性法规或规章中。特别地，华侨权益保护、很大程度上是以国家政策或政府的“通知”“报告”“解释”“意见”等形式实施的，[①] 尚未形成系统或具有规范效力的法律规定，因而缺乏必要的科学性和正当性，立法质量上也不尽如人意。涉侨保护法制的不全面与碎片化带来的消极影响在于，一方面，很难形成对华侨财产权益的周全保护。例如，就海外侨胞的财产保护而言，现有涉侨的法律规范并未回答海外侨胞在国内的房产处置、所持有土地承包经营权的行使和流转、接受遗产继承或遗赠等法律问题。另一方面，涉侨法律存在难以准确适用查找的问题。许多华侨的具体财产权益的保护，均涉及其他一般性法律，而这些一般性法律的适用对象与规范目的均与华侨权益保护没有直接关系，这就导致了虽然有华侨权益保护的规定，但是在具体落实时，无法根据这些条例直接落实，还需依靠一般性的法律来具体适用与操作，故要廓清这些法律之间的复杂关系，理出一个清楚的秩序关系，点出其中各节的问题所在，并且提出具有可行性的完善方案，都是未来需要面对的挑战。总而言之，在党中央层面制定一部既覆盖归侨侨眷，又包括海外华侨的（财产）权益保护法才能够保障华侨财产权益法律的系统性、稳定性和保障性。

2. 涉侨保护法制模糊化且呈现出滞后性特征

其一，作为保护华侨权益的直接立法，《归侨侨眷权益保护法》将归侨和侨眷作为特定法律保护对象，使其基本选举权、投资权、捐赠权等获得了法律保障。相应地，国务院于2004年又配套出台的《归侨侨眷权益保护法实施办法》，进一步增补了归侨侨眷私有房屋以及合法收入受保护等权益。这些规定虽有针对性地提及了归侨侨眷财产利益的保护内容，但这些规定都属抽象性规定，不具有可操作性。其二，华侨权益保障的单行法中的确定性规范数量不足，导致出现一些委任性规范和准用性规范，这使得广大侨胞往往需要参照其他部门法的规定或者规范内容之间亦经常会发生重叠现象。[②] 举例言之，在《福建省华侨权益保护条例》中，“按有关规定办理”的表述就多达六处。由此可见，缺乏明确规则内容的规范大量出现增加了法律的实施成本。其三，党中央层级涉侨权益保护的立法由于立法时间较早，随着时间推移，我国经济社会发展快速变化以及对外开放程度加深，已经不太适应新形势，用十余年前乃至几十年前的旧规定，来回应新时期涉侨权益保护的新问题，既不合情理，也不够公正。

---

① 林灿铃：《论华侨权益的法律保护》，载《暨南学报（哲学社会科学版）》2014年第11期。

② 肖琼露：《我国侨务立法的演进与发展》，载《现代法治研究》2018年第1期。

毋庸置疑，及时跟进我国经济社会发展需要，制定统一且可行的华侨权益法律规范势在必行。

3. 涉侨财产权益的规定在主要内容上存在缺失

一方面，尽管既有法律规范文件或多或少提及华侨在动产、不动产以及在收养、继承、婚姻、监护、抚养等方面的基本权益，但均无涉及华侨知识产权保障的规定。必须明确的是，知识产权是智慧财产，是财产权的表现形式之一，受法律保护，华侨作为中国公民，其在国内获得的智慧成果，亦应受到同等保护。同时，考虑到华侨多拥有雄厚的资金实力和专业技术背景，在立法规范中宜制定可行规范以鼓励和支持华侨及其投资企业设立相关研究开发机构，开展产学研用活动并促进知识产权成果有效转化，为社会经济发展提供更多助力。另一方面，华侨财产权益的法律责任缺乏规定。法律责任是当事人违反法律义务或约定义务所承担的不利后果，违法者因其行为在法律上必须受到的惩罚或必须作出的赔偿。就一项法律规则而言，明确行为的法律后果对于敦促义务主体及时履行法律义务、保护当事人正当的合法权益具有重要意义。① 在梳理国家及地方现行有效的法律规范文件中，对于其他组织和个人在造成华侨权益受到损害时是否应承担法律责任以及何种形式的责任，相关法律规范及政策性文件中未明确，显有疏漏。实践中，遭受其他组织和个人的加害行为而导致华侨财产权益遭受损害的情形时有发生。

三、完善华侨财产权益法律保护制度的建议

（一）建立健全华侨财产权益保障的基础法律制度

通过对国内华侨权益法律制度的考察，尽管从立法实践的角度分析，包含财产权在内的华侨权益保障问题现阶段多显现出地域性和时代性，根据地域和领域的区分，需要以不同形态、内涵的法律规则进行调整。但是，本文认为，我们其实可以在不同的规则中提炼出共性的制度内容而纳入国家统一的华侨权

① 姜大伟：《华侨权益保护地方立法的福建实践：经验、问题及其对策》，载《八桂侨刊》2022 年第 1 期。

益法律保护制度之中，一方面能够解决华侨权益保护制度的碎片化问题，在避免过多地方性制度叠床架屋的同时，也能最大限度地保证我国法制统一；另一方面也可以提升制度规范效力，保障在其权益受到侵害时得到更为有效的救济。本文拟优先论及华侨权益保障法律制度的立法原则、民事权利制度以及救济制度的可能性。

首先，要明确华侨权益保障法律制度的主要原则。立法的基本原则是在立法指导思想的框架之下，普遍适用立法实践必须遵循的总体原则。依照以往立法的经验及考虑华侨问题的特殊性，结合华侨实务，应确立下列原则为华侨权益保障法律制度的基本原则：一是平等性原则。华侨群体是中国公民的组成部分，华侨事务是国家各项事业的组成部分，因此，华侨权益保障法律制度必须优先体现的原则是"平等性原则"。换言之，在创制该类法律法规时我们必须注意，保护华侨在财产权益方面的法律不是特权法，而是保护华侨作为中国公民应该享有各项权利的平等法。二是特殊性原则。华侨因其基于居住国的特殊性或华侨涉外活动的特殊性而享有特殊利益，并需要采取特殊的法律保护措施。如果对这种特殊性不理解，就会产生抵触情绪，造成华侨在行使正当权益时困难重重。为此，需要在法律上明确规定"特殊性原则"。①三是合理补偿原则。民法调整民事关系旨在落实平等互利、等价有偿原则。在规制财产权益侵害方面，具体表现为以损害填补作为承担责任的重要方式。考虑到华侨的特殊性，由于其长期定居在国外，华侨的产权在过去有关部门征用华侨房屋时，对于其房屋的补偿没有做到合情合理，损害了海外华侨和归侨的利益。② 华侨作为我国公民，亦同等受宪法法律的保护，不论是华侨主动或被动对其财产的处置，都应当按照有关规定给予对价或者补偿，保证华侨的权益不受到侵害。当然，这种对价或补充应本着互惠互利、符合市场公平的原则考虑交易规则和补偿方案。

其次，财产权益主要是民事权益，在立法完善过程中，要进一步明确华侨的民事权益保障的相关内容，具体包括华侨在国内外动产、不动产、知识产权等财产方面的权益及在收养、继承、婚姻、监护、抚养等方面的权益。法律应

① 汤唯、张洪波等：《华侨权益的法律保障机制》，山东人民出版社 2006 年版，第 359—360 页。

② 汤唯、张洪波等：《华侨权益的法律保障机制》，山东人民出版社 2006 年版，第 247 页。

重点提及以下内容："华侨可以按照相关规定购买自住商品房，不动产登记部门应当依法予以登记发证。同时，应当明确，华侨在国内的私有房产受国家保护，依据《民法典》享有占有、使用、收益和处分的权利，任何组织或者个人不得非法侵犯"；"国家保护华侨的侨汇收入，任何组织或者个人不得侵占、延迟支付、强行借贷或者非法冻结和没收"；"因公共利益需要征收或征用华侨的房屋及其他不动产的，按照国家相关规定进行补偿。征收或征用华侨在集体土地上的房屋及其他不动产的，补偿标准参照所在集体经济组织成员的标准"；"华侨继承境外遗产的权益受法律保护。华侨有权接受境外亲友的遗赠或者赠与；有权处分其在境外的财产"；"华侨申请回国定居并在原户籍地落户的，有权依法申请宅基地使用权和土地承包经营权"；"华侨个人出国定居的，原以家庭为单位承包的土地承包合同未到期的不予变更；其所承包土地无力耕种的，可以委托代耕或通过转包、出租、转让等形式依法获取土地承包经营权流转收益，有关组织和个人不得侵占、截留、扣缴或者挪用"以及"华侨及其投资企业可以开展专利申请、商标注册以及著作权登记等有关知识产权申请和登记活动。华侨知识产权成果转化和利用不仅可以采用转让或作价入股方式，也可以进行投资创业，并享受当地政府给予的相应优惠政策"，等等。故此，做好制度的顶层设计才是落实好"大侨务"工作格局的主要方式。①

最后，有权利必有救济，对权利侵害行为进行问责是实现权利保障的基本方式。对于华侨以上财产权益的保护应当同时在法律规则创制过程中明确华侨财产权益受到损害后相关行为人的法律责任。② 明确行为人的法律责任，是依法加强对权利人合法财产权益保护的关键环节，故明确其他组织和个人侵犯华侨权益时承担的法律责任的规定。建议在未来立法中增加有关其他组织和个人侵犯华侨权益的具体情形以及承担的法律责任的规定。就立法技术而言，宜采概括加例示式的立法方式，一是要将日常中比较普遍、频繁出现的典型加害行为予以明示，二是为避免例示式规定挂一漏万，同时兼顾社会经济生活的多样性，故以概括性规定予以兜底，以增加条例适用的灵活性。就法律责任的内容而言，宜明确规定，依其情节轻重，承担民事、行政或刑事责任。具体而言，

---

① 庄瑞银：《新形势下中国海外侨胞权益保护立法探讨》，载《地方立法研究》2017年第5期。

② 张德瑞：《我国华侨权益保护专门立法问题探微》，载《八桂侨刊》2016年第3期。

建议规定，其他组织和个人存在非法截留、扣缴或者以其他方式侵占华侨土地承包经营权流转收益、继承或者接受遗赠和赠与获得的财产、非法侵占华侨投资和投资收益等加害行为，侵害华侨合法权益的，依其情节轻重，承担民事、行政或刑事责任。①

（二）增强侨务法律执法检查工作的主动性和实效性

各级人大常委会应当依法进行执法检查。国家层面的华侨权益法律保护制度是专门法、特别法，与《民法典》等法律相比，适用范围相对较窄。在包含华侨权益保障法律在内等侨务法律制度完善后，要推动侨务法律的贯彻实施，各级人大侨委在坚持依法办事的前提下，应当积极主动地开展执法调研与检查和工作，及时总结执法检查成功的经验，积极进取，努力工作，听取地方人民政府及各级侨联关于侨务工作的报告等工作，以进一步推动侨务法律切实实施。与此同时，亦要不断提高执法检查的实效性。人大侨委在协助人大常委会组织开展执法检查时，应探索有效的实施办法，认真贯彻实施监督法，注意把侨务法律实施情况和侨务政策落实情况、法律监督和工作监督、执法检查与整改工作紧密结合，对执法检查中遇到的重大问题，及时请示研究，积极探索执法检查的要求和做法、规律与特点，更有力地推动侨务工作和侨务法制建设中重点难点问题的解决，使执法检查真正取得实效。②

（三）构建多元化的华侨财产权益的保障和救济机制

通过联动协作、整合资源、以侨调侨的方式构建多元化权益保障机制可以作为实现华侨财产权益保障和救济的有力方式。一是联动协作。建立人民法院、司法行政部门、归国华侨联合会以及全科网格员等定期走访、排查机制，及早介入涉侨财产纠纷的调解和处置，互联互援做好预防化解工作。组建涵盖金融、物权、合同、婚姻家庭、知识产权等各领域的华侨财产权益保护法律专业团队，及时提供各类咨询和委托。二是整合资源。在社会矛盾纠纷调处中心设立涉侨

① 姜大伟：《华侨权益保护地方立法的福建实践：经验、问题及其对策》，载《八桂侨刊》2022 年第 1 期。

② 毛起雄：《当代国内外侨情与中国侨务法制建设》，中国民主法制出版社 2004 年版，第 324 页。

财产纠纷调解暨维权工作站、乡贤调解工作室，整合社会矛盾纠纷调处中心司法调解、行政调解和人民调解力量，增强涉侨纠纷调解硬实力。鼓励在诉讼服务中心设立涉侨诉讼受理、涉侨纠纷调解的专门机构，落实专职人员负责统筹协调涉侨审判事务、调解事务及与其他部门的沟通。三是以侨调侨。全面实行侨情联络员制度，聘任各行政村党支部书记为侨情联络员，吸收侨眷侨属参加涉侨财产纠纷调解。同时，可以考虑招募“海外联络员”，畅通国内外沟通渠道，并依托网上调解平台，通过远程视频等方式，依法开展协助送达、调查、调解等工作，保障涉侨纠纷妥善化解和裁决书、协议书的及时执行。

结　语

随着依法治国基本方略与“一带一路”倡议的提出与不断深化，依法维护好华侨各项权益已经成为党和国家的重要任务。华侨作为我国公民，其在国内的合法财产权益应当受到法律保护。就目前我国的涉侨权益法制建设情况来看，上层制度设计和制度执行方面均显不足，主要表现为法律制度的碎片化与模糊化。在全面依法治国的国策下，只有从全面、有效地完善顶层制度设计，增强侨务法律实施检查工作的主动性和实效性，以及构建多元化的华侨财产权益的保障和救济机制等方面着手，才能完成好华侨财产权益法治化这一富有新时代意涵的实践命题。

法学各科专论

◎ 论执行程序中税收优先权的废除

◎ 试论税收征管改革中涉税信息共享机制的构建

◎ 经济法视阈下税务协助人概念辨析

◎ 请求权基础分析方法对民事裁判的影响

◎ 法官的司法豁免权之法律探析

民初平政院裁决的合法性评价

刘康宁[*]

摘　要：清末民初西法东渐，许多移植而来的法律虽然具备立法机关赋予的制度合法性，在司法实践中却缺乏事实合法性与合理性。清末民初平政院依据制定法对被诉行政行为进行裁决，在法律规则不完备时求诸法律解释、法理与道德，从而兼顾了司法行为的合法性与合理性，在民国时期行政诉讼制度的发展中发挥了重要作用。

关键词：平政院　行政诉讼制度　司法裁判　合法性　合理性

晚清预备立宪，提出设立“行政审判院”的构想，拟定“行政审判院”官制，北洋政府时期采欧陆二元制，袁世凯公布《平政院编制令》等一系列法令宣告了平政院的成立，平政院由此成为第一个行政争讼审判机关，它直隶于国家元首，法律地位属行政权，是与一般行政机关分离的特设行政裁判机关，①又兼有司法职能，其裁决体现出行政和司法的双重特征。平政院成立时间短，依据的二元体系理论是舶来的精英理论，无法为一般民众所理解，裁判依据的法律也是西法东渐的产物，在法律并不完备的情况下，如何保障司法的合法性成为平政院亟待解决的难题。目前，学界对于平政院已有大量研究成果，有平

---

* 湖南师范大学法学院硕士研究生，主要研究方向为法律史。

① 黄源盛：《民初平政院裁决书整编初探》，载《中西法律传统》2008 年第 6 期。

政院主体角度的研究，[①] 亦有以行政诉讼[②]为基点作出的相关研究，也有学者以平政院裁决的司法案件为材料讨论平政院的审判技艺，[③] 但目前还没有学者探讨平政院是如何满足司法裁判合法性要求的问题，本文将根据合法性的相关理论，结合《平政院裁决录存》中的具体案件，对平政院裁决的合法性作出评价。

一、平政院裁决中的合法性概念厘定

合法性这一概念起源于政治学，要讨论法学层面的合法性定义，理应从政治学的领域进行溯源，合法性作为政治权威来源主体源于梭伦或者亚里士多德。[④] 在亚里士多德的理论中，政治权威来源于民众的同意、认可与支持。启蒙运动时期，思想家们从“契约”和“公意”的角度，认为“约定才可以成为人间一切合法权威的基础”。[⑤] 19 世纪之后，这种基于契约论基础上的合法权利

① 吴欢：《兼收并蓄：比较视野中的民初平政院》，载《法大研究生》2018 年第 1 期。张焰辉：《民初建立法治国的实践——以平政院裁决为中心》（台湾政治大学硕士学位论文）；李唯一：《民国初年平政院制度研究（1914—1916）》（中国政法大学硕士学位论文）；李春生：《民国时期北洋政府平政院研究》（山东大学硕士学位论文）；林树青：《民初平政院制度探析——以委任行政司法机关为中心》（南开大学硕士学位论文）；杨绍滨：《北洋政府平政院研究》，载《安徽史学》2003 年第 3 期，等。

② 张生：《中国近代行政法院之沿革》，载《行政法学研究》2002 年第 4 期；蔡云：《平政院与北洋时期的行政诉讼制度》，载《民国档案》2008 年第 2 期；武乾：《论北洋政府的行政诉讼制度》，载《中国法学》1999 年第 5 期；戚渊：《北洋政府时期的行政诉讼》，载《法学》1992 年第 2 期；李秀清：《从行政裁判院到行政法院：近代中国行政诉讼制度变迁研究》，法律出版社 2012 年版，等。

③ 张超：《平政院、大理院与 1914 年王治馨卖官案的审判实践》，载《中山大学法律评论》2015 年第 1 期；吴欢：《融贯中西：民初行政审判中的规则适用——以〈平政院裁决录存〉为中心的考察》，载《法商研究》2017 年第 4 期；吴欢：《允协情法：民初行政诉讼中的审判技艺——以〈平政院裁决录存〉为素材的考察》，载《政法论坛》2021 年第 1 期；吴欢：《民初行政审判实践中的“民告官”底色——以〈平政院裁决录存〉为素材的考察》，载《北方法学》2019 年第 1 期；袁春兰、陈绍鹏：《平政院审理庙产纠纷评析——以〈平政院裁决录存〉为依据的考察》，载《西南政法大学学报》2016 年第 3 期；袁春兰：《民初平政院对官民土地所有权纠纷的裁判》，载《政法论坛》2020 年第 6 期。

④ ［德］哈贝马斯：《交往与社会进化》，重庆出版社 1989 年版，第 186 页。

⑤ ［法］卢梭：《社会契约论》，商务印书馆 1982 年版，第 14 页。

观随着学界对社会契约论的批判而趋于衰落，社会学家马克思·韦伯提出了政治合法性的概念，认为任何一种真正的统治关系都包含着一种特定的最低限度的服从愿望。政治学界也对合法性作出了诸多界定，认为合法性是指政治系统使人们产生和坚持现存政治制度是社会的最适宜制度之信仰的能力，① 合法性意味着某种政治秩序被认可的价值。② 对政治学的合法性内涵的理解结合了规范和经验，认为合法性即政治统治的正当性和合理性，是受治者对治权的同意、默认、认可、支持。

不同于政治学中的明确界定，“合法性”这一概念范畴的认定在法学研究中呈现出混乱的样态，“合法性”“合法律性”“正当性”“合理性”这些概念含义相近、纠缠不清，相关理论也是纷繁复杂、交叉混乱。有学者认为韦伯所论述的“合法性权威”实质上应指称为正当性支配，而“合法性”则采用“legality”层面的合法性（学者通常译为“合法律性”），是“合乎法律性”的简称，指追求纯粹合乎法律的形式合理性，将合理性理解为“实质合理性”，强调价值判断，③ 实际上混淆了合法性、合理性与正当性三者的概念，在法学研究中，“合法性”亦常被理解为“合法性审查”中的“合法性”或者“合法律性”。学者严存生认为，“合法性”概念，顾名思义是合于“法”“法律”。④

某种程度上这种应用的混乱来源于 Legitimacy 与 Legality 翻译的混乱，⑤ 在部门法领域，“合法性原则”“合法性审查”等法学理论中的“合法性”概念多被认为是符合法律规定之意，作为与合理性并列的原则，以法律是否明确规定来界分。⑥ 在法哲学视角下，合法性的内涵也在于符合法律规范（Legitimacy 译为正当性，Legality 则译为合法性）。⑦ 还有说法认为合法性有多种用法，针对

---

① ［美］李普塞特：《政治人——政治的社会基础》，上海人民出版社 1997 年版，第 55 页。

② ［德］哈贝马斯：《交往与社会进化》，重庆出版社 1989 年版，第 184 页。

③ 陈科霖：《合理性、合法性与正当性：地方政府改革创新的多重张力及其重构》，载《当代中国政治研究报告》2016 年第 3 期。

④ 严存生：《合法性、合道德性、合理性——对实在法的三种评价及其关系》，载《法律科学》1999 年第 4 期。

⑤ 刘毅：《“合法性”与“正当性”译词辨》，载《博览群书》2007 年第 3 期。

⑥ 何海波：《论行政行为“明显不当”》，载《法学研究》2016 年第 3 期。

⑦ 杜宴、苗炎淞：《驯化法律：部门法哲学的基本使命》，载《法学评论》2011 年第 6 期。

不同的对象，有不同的含义。针对个人的行为是指合乎法律的规定，针对某种公共权力或社会秩序而言，指的是它的正当性，权威性和实际有效性。认为合法性分为狭义、广义，狭义上是指形式上或已有实在法的规定，特别是制定法的规定；广义上还包括是否合乎所在社会的价值观念和社会理想，及那种不悖于公理、理想或所在社会占主导地位的意识形态观念（实际上是立足于法的内容的丰富性和形式多元性）。[①] 据学者考证，Legitimacy 涉及对权力或统治的正当与否的评价，而 Legality 则是指在正当统治或法律的框架内的问题。所谓正当性，就是法律之所以被社会大众合理地接受和认可的原因和理由。[②] Legitimacy 代表的是权威基础、政治认同；而 Legality 概念与形式主义法学或法实证主义相关，强调法律秩序的实际存在以及行为者对法律的服从和遵守。Legality 表现为一种形式，这种形式与国家制定颁行的实证法律相对应，合于现行实证法律的行为即具有 Legality。

本文认为，Legitimacy 应该译为合法性，Legality 译为合法律性，合法性指某种权力受到大众认可的权威性质，合法律性则表示对法律的服从和遵守，使合法性在法学中也保持与其政治学来源的高度统一，如此定义，既能达成社会科学研究体系合法性概念的融贯，也不混淆正当性概念的本来含义，从而能够恰当界定“合法性”与“合法律性”及“正当性”“合理性”这四个范畴之间的关系。下文便在此概念基础上厘清平政院裁决的合法性基础。

二、合法性的基础性来源：制定法

平政院裁判权的合法性来源于司法权，在法学研究中，司法裁判的权威性则依赖于人们对其合法性的信仰，这种合法性信仰实际上构成了司法裁判的基础，是司法裁判权运作的前提条件。[③] 对政治学中，规范主义合法性理论主要从善、正义等价值规范的角度来探讨合法性基础，而经验主义合法性理论则主要从制度、绩效、意识形态、个人品质等角度去思考合法性基础，韦伯把历史

---

① 严存生：《法的合法性问题研究》，载《法律科学》2002 年第 3 期。

② 刘毅：《“合法性”与“正当性”译词辨》，载《博览群书》2007 年第 3 期；杜宴、苗炎淞：《驯化法律：部门法哲学的基本使命》，载《法学评论》2011 年第 6 期。

③ 赵承寿：《论司法裁判的合法性》，载《法律科学》2002 年第 3 期。

上的合法统治划分为形式合理型、传统型（实质合理型）和魅力型三种，伊斯顿对合法性的基础作了进一步探讨，把合法性的来源归于意识形态、结构和个人品质三方面，[①] 洛文索提出合法性的基础为政治体系建立一套明确一致的运作规则、统治者与民众拥有一套广泛的价值共识、民众深信既定的运作程序以完成共同的价值共识。[②] 但这些政治学框架在司法的合法性论证中并不能完全适用。

关于合法性基础众说纷纭，有学者将合法性基础分为四个层面：传统，即过去一直存在着的事物的适用；情绪的信仰，即新的启示或榜样的适用；价值合理性的信仰被认为是绝对有效的推断的适用；基于现行的章程对其合法性的信仰。[③] 亦有观点认为合法性的基础和源泉在于合乎利益性、道德性、法律性要求功能和目的要与公众的利益要求基本一致；运作必须合乎一定的社会伦理，特别是政治道德的要求；权威的形成和运行必须有一定的法律依据，且这种法律属于良法的范畴（科学性、正义性、民主性），三大基础相辅相成，互相作用，共同为政治体系奠定合法性的基础。[④] 有学者为追问司法判决合法性的来源，依次讨论法条主义的演绎、价值衡量方法和法律商谈理论、法律程序主义所可能提供的合法性。[⑤]

“合法性意味着接受这个权力体制及权力支持者，并给予肯定的评价。”[⑥] 具体来说，合法性意味着民众对于司法权的接受和认可，根据法律渊源理论，制定法可以作为独立的权威来源，而司法权本身来源于《宪法》的明确规定，司法权的运作能够得到民众支持也依赖于制定法对司法权赋予的制度合法性，在法理上，法律乃司法运行之“准据”，正是这个“准据”规定了司法运行的启动方式、运行程序、运作模式和运行目标。司法运行的起止等均以法律明文

---

① ［美］D. 伊斯顿：《政治生活的系统分析》，华夏出版社 1989 年版，第 317—318 页。

② R. Lowenthai. “Political Legitimacy and Cultural Change in West and East”, Social Research, V. 46 No. 3 (1979), p. 402.

③ 严存生：《法的合法性问题研究》，载《法律科学》2002 年第 3 期。

④ 赵海立：《政治合法性理论及其分析架构》，载《厦门大学学报（哲学社会科学版）》2004 年第 5 期。

⑤ 何海波：《何以合法？对“二奶继承案”的追问》，载《中外法学》2009 年第 3 期。

⑥ ［英］约翰·基恩：《公共生活与晚期资本主义》，社会科学文献出版社 1999 年版，第 284 页。

规定为准据，司法必须服从法律，司法的权威源自法律的赋予，除了基于法律而获得的权威之外，司法没有别的权威。[①] 故此，司法运行正当与否、合法与否依赖于具体的法律规范，裁判行为必须以法律为最基本的论据和解释依据，[②] 制定法是司法行为合法性的基础性来源。

在民初理论多采成文法主义，将法源分为制定法、非制定法，这种分类方式一般认为成文法源占有更重要的地位。夏同龢编写的《行政法》是由中国人编写的最早也是最完整的行政法学著作之一，[③] 其书中有言："行政法之渊源，先可分为成文法及不成文法。"成文法包括法律、命令、自治团体制定的条例，不成文法即有法律之力之惯习，他不认同将条约纳入行政法渊源，认为"国家之本身、国家内之官厅及臣民，决不为之受直接之拘束。故必欲条约于国内有效力，不可不更以法律或命令等相当之国内法之形式公布之。"[④] 美浓部达吉将法源分为制定法与非制定法（不文法），制定法包括宪法、宪法施行前之法令、宪法施行后之法令、国际条约、公共团体之自治法规，非制定法分为习惯法与理法。[⑤] 白鹏飞《行政法大纲》的划分大体与之相同，他将非制定法分为惯习与条理法，惯习则包括民众的惯习法、行政先例法、判例法；[⑥]《清国行政法》将法源分为成文法、不文法；盐野宏将行政法法源分为成文法源和不成文法源，成文法源的形式有宪法、条约、法律、条例、命令、行政法解释，不成文法源则包括习惯法、判例法、行政法上的一般法原则（依法律行政原理、平等对待原则、比例原则、行政程序上的诸原则、信义诚实的原则、禁止翻供的法理、信赖保护的原则）。[⑦] 范扬亦将行政法之法源分为成文法、习惯法及理法三种。

综上所述，在民初理论中，制定法，即成文法，主要包括根本法与法律、

---

① 陈光中、肖沛权：《关于司法权威问题之探讨》，载《政法论坛》2011 年第 1 期。

② 陈金钊：《法律推理及其对法治的影响》，载陈金钊、谢晖主编：《法律方法》（第 3 卷），山东人民出版社 2004 年版，第 12 页。

③ 梁光华、张红：《夏同龢〈行政法〉简论》，载《贵州文史丛刊》2012 年第 2 期。

④ 夏同龢：《行政法》，日本东京并木活版所 1905 年（清光绪三十一年）版，第 25—26 页。

⑤ ［日］美浓部达吉：《行政法撮要》，程邻芳、陈思谦译，1934 年 8 月版，据昭和八年（1933 年）第 4 版译，第 49—53 页。

⑥ 白鹏飞：《行政法大纲》，北平好望书店 1932 年版，第 28—34 页。

⑦ ［日］盐野宏：《行政法》，杨建顺译，法律出版社 1999 年版，第 39—46 页。

命令、自治团体制定的条例、国际条约（存在争议）、行政法解释，其中又可分为宪法施行前、宪法施行后两个阶段，在平政院司法实践中，平政院主要以根本法与法律、命令、自治团体制定的条例作为合法性基础。由于1912年（民国元年）3月11日，临时大总统下令："现在民国法律未经议定颁布，所有从前施行之法律及新刑律，除与民国国体抵触各条，应失效力外，余均暂行缓用，以资遵守。"3月21日，临时大总统据司法部呈请转咨参议院承认，将前清制定之各项法律及草案，以命令公布遵行，复咨参议院查照议决。① 参议院作为临时立法机关，未几宣告解散，迨正式国会成立，扰攘十余年，又始终未能分别制定国家重要法律，使得经政府删去与国体抵触各条的前清颁行之法规、未颁行之法案得到了立法机关和司法机关的长期认可，旧政权颁布的法也成为平政院裁决所依据的制定法。

三、有制定法的情形：依法裁判

由于民初制定法由合法的立法机关通过立法程序颁布，具有充分的制度合法性，平政院必须以制定法为裁判依据，以保障裁决的合法性，通过分析平政院裁决的具体案例，平政院主要依据根本法与法律、法规命令和行政规则和自治团体制定的法这三类制定法进行审判。

（一）根本法与法律

根本法与法律是由立法行为产生的制定法，具有独立的效力来源和内容来源，是民初平政院裁决的主要效力渊源。由于政权更迭频繁、政局动荡，民国宪法几经更改，从武昌起义时期各省都督府代表联合会议决的《临时政府组织大纲》、1912年（民国元年）南京临时大总统公布的《临时约法》、1913年（民国二年）制定《中华民国宪法》草案（即《天坛宪法草案》）、1914年（民国三年）议决的《中华民国约法》、1918年（民国七年）宪法起草委员会议决《中华民国宪法》草案、1923年（民国十二年）宪法会议公布的《中华民国宪法》到1925年（民国十四年）段祺瑞政府通过的《中华民国宪法》草

① 谢振民：《中华民国立法史》，中国政法大学出版社1999年版，第54—55页。

案（由于国民代表会议未成立，此草案未能提交议决成为正式宪法）。[①] 在宪法更新的同时，法律体系也不断完善。民国成立之初，临时政府设法典编纂会，会长由法制局局长兼任，置纂修及调查员，掌编民法，商法，民刑事诉讼法，并上列附属法，及其余各法典，并整理了前清《票据法》草案；1914 年（民国三年），政府又设法律编查会，先后编有民律亲属编草案、强制执行法、公司法、破产法、修正刑法各草案；1918 年（民国七年），政府又设修订法律馆，掌编纂民刑事各法典及其附属各法规。在有根本法、法律明文规定的情况下，平政院严格依据法律规定对案件作出审理，如祝书元等呈诉该部总长违反法令擅退部员一案（150），平政院依据现行约法[②]和文官保障法草案[③]裁决。交通部停职人员罗国瑞等呈诉该部总长违反法令擅退部员一案中，交通部以部令将罗国瑞等停职另候任用，未呈请大总统明颁命令，即以部令发布，违反了 1912 年《临时约法》第 34 条之规定，与各部官制通则亦相抵触，平政院裁决取消其行政处分。

（二）法规命令和行政规则

日本行政法学将行政立法分为法规命令和行政规则两大类型，有人将此两者[④]在民初行政法理论中统称命令，“不必经议会之参与而成立之制定法规”，[⑤] 是依国家行政权而为之意思表示，与法律之区别在于未经国会议决即生法律效力。钟赓言在《行政法总论》中将命令分为法律命令和行政规则。法律命令分为执行命令、独立命令、紧急命令和委任命令，执行命令是指“规定执行法律之细目之命令也”，其法律权威直接源于宪法，《临时约法》第 31 条规定：“临时大总统，为执行法律，或基于法律之委任，得发布命令，并使发布之。”独立命令是指“非由法律之授权，亦非以执行法律为目的，全然离法律而独立，本

① 谢振民：《中华民国立法史》，中国政法大学出版社 1999 年版，第 301—327 页。

② 《中华民国平政院约法》第 34 条：“大总统得任免文武职员。”

③ 《文官保障法草案》第 6 条：“须依惩戒法之规定付惩戒委员会审查，或关于刑事案件被告诉、告发，及因官制之变更有官署或额缺裁废合併者，方得命其休职。”第 9 条：“属于各部简任官之休职由国务总理，荐任官之休职由各部总长，经由国务总理呈请大总统行之。”

④ ［日］盐野宏：《行政法》，杨建顺译，法律出版社 1999 年版，第 67 页。

⑤ 钟赓言：《行政法总论》，朝阳大学 1927 年版，绪论第 19 页。

于国家元首之职权或受元首委任之行政官署，于其所委任之范围内而发布命令”。可见，独立命令是国家元首独立于立法机关所享有的立法权力。袁世凯所制定《临时约法》第19条规定：“大总统为增进公益，或执行法律，或基于法律之委任，发布命令，并得使发布之。但不得以命令变更法律。”紧急命令是指“国家于异常之事变，因欲替代法律而发布之命令”。而委任命令则是指“依法律之授权而发布法规之命令”。立法机关可以通过法律授权行政机关制定法规命令，补充法律规定的不足。行政规则，包括官署内部关系及办事规则，关于特别权利服从关系的命令，关于营造物的使用规则。① 法规命令与行政规则的区别在于法规命令属于立法权的范畴，行政规则则属于行政权的范畴，法规命令具有普遍的约束效力，而行政规则只约束行政机关内部或特定人群。

平政院适用的命令包括规程、规则、细则、办法、条例等各种形式，1914年（民国三年）袁世凯以教令第34号公布的《矿业条例》、1915年（民国四年）袁世凯以教令第66号公布的《管理寺庙条例》等命令都在裁决中被多次援引；京兆霸县人民朱幼臣等陈诉一案（121）中，平政院适用官产处分条例进行裁决；在江西九江县民陈诉一案（44）中，系争湖淤田地已经原告垦熟多年，且经法院三审判决归原告管业，被告官署将此地错误认定为国有荒地，违反了国有荒地承垦条例第1条（本条例所称国有荒地，指江、海、山、林，新涨及旧废无主未经开垦者而言）的规定；在僧愿成陈诉寺田被烈士祠提充经费一案中，原告援引大总统保护财产命令，得到平政院的适用；在施凤翔陈诉内务部处分违法一案中，平政院亦有“根据国务部咨文、内务部部令完全适法”之语。

（三）自治团体制定的法律

自治团体，虽与官厅同属国家统治之机关，而独有人格。盖官厅为统治者之目的，以统治者之名义，而处理国务。自治团体，则自为其目的，自以其名义，保全安宁之秩序，而图生存之幸福者也。② 在日本行政法理论中，自治团体者分为：普通公共团体（地方团体）和特别公共团体（公共组合，亦谓之组

---

① 朱章宝：《行政法总论》，商务印书馆1934年版，第157—158页。

② 夏同龢：《行政法》，日本东京并木活版所1905年（清光绪三十一年）版，第57页。

合公共团体）。地方团体以人民土地自治权为要素，即府、县、郡、市、村等，特别公共团体则包括商业会议所、普通水利组合、水害预防组合、学校组合、救贫组合等。自治团体制定的法律也可称自治法规，即“地方自治机关在其区域内所制定施行之单行规章”①。

在夏永茂等不服财政部之决定提起行政诉讼一案（174）中，双方争执应先辩明本案宜援引何项章程法令以为根据。平政院援引 1916 年（民国五年）《湖南牙帖章程》②、《湖南牙帖章程施行细则》③ 和财政部训令④，证明官厅禁止牙纪强迫商人投行纳用早有明文的事实，又认定 1912 年（民国元年）受福公禀请湖南财政司核准之行规与 1916 年（民国五年）《湖南牙帖章程》第 23 条冲突，援照县官制第 2 条“县单行章程不得与现行法令及省道章程相抵触”之规定，应归废止，财政部依据牙帖章程维持湖南财政厅之决定，确与现行法规相合，应予维持。在余德泰等陈诉全国烟酒事务署案中，平政院提出，“被告官署之决定是否合法，应以烟丝应否征税为断，烟丝应否征税，应以章程有无明定为准”，并以 1915 年（民国四年）安徽财政厅详部核准之安徽省《修正烟酒税章程》为法律依据作出裁决。浙江省议会不服省公署撤销该议会议决裁撤温属护商警察局案之处分提起行政诉讼一案（175），平政院认为护商警察局章程附则规定由浙江省行政长官核准颁行，“是该局显为自治行政，其章程自属该省单行条例，按照省议会暂行法第十六条第一项之规定，议会实有议决之权”，从而取消了被告官署撤销原告议决裁撤旧温属护商警察局一案的处分。在平政院裁决中，自治团体的立法权由宪法和法律授予，1914 年，北京政府颁布地方自治试行条例，1919 年后，又相继制定了《县自治法》《市自治制》及《乡自治制》，民国北京政府的自治地方包括省县市乡区，自治团体制定的法律成为平政院适用的效力渊源之一。

---

① 马君硕：《中国行政法总论》，商务印书馆 1947 年版，第 15 页。

② 《湖南牙帖章程》第 21 条第 3 项：“未经该行介绍之货，不得抑勒货客空出费用。”

③ 《湖南牙帖章程施行细则》第 8 条：“牙行违反第二十一条各项禁令，应处该牙行以五十元以上，五百元以下之罚金。”

④ 1917 年（民国六年）2 月财政部训令第三百四十七号：“凡属货物，无须牙行存储、转运以及介绍等，事应听凭商民自由买卖，牙行不得干涉，强令缴纳行用。”

四、无制定法的情形：合法性补充机制

由于民初法律体系缺乏周延性，且事实合法性与合理性不足，平政院为了满足裁决的合法性，在没有制定法可以直接适用的情况下，通过在裁决中引入道德、法律原则、法律方法，形成了裁判合法性的补充机制。在制度合法性得不到保障的情况下提高裁决的事实合法性，以达到民众信服的效果，提高裁决的执行力。由于法律没有相关的具体规定，平政院或运用法律解释方法，在现有制定法的基础上作出概念的延伸；或引用法律原则进行判断，使案件裁决符合法理的要求；或进行价值衡量，结合事理、情理、法理三者考量，提高裁决的合理性，从而弥补了舶来的法律在本土实践中的诸多缺陷。

（一）运用法律解释方法

由于民初的法律法规并不完备，平政院为了满足裁决的合法性，需要对法律进行解释，以完成从法律法规到案件的推理。法律并不是外延明确的概念，即便是同一条法律条文，通过不同的解释也可以造成不同的法律结果，“解释乃是一种媒介行为，借此，解释者将他认为有疑义文字的意义，变得可以理解”，[①] 通常是为了将法律适用到具体的案件事实，才会对法的规范进行解释，法律适用是将单纯的规范适用转变成了继续规定规范内容或加以补充的过程。规范整体是否有——得借助规整的基本思想或一般的法律原则加以填补的——“漏洞”存在，决定了是否应该进行法律解释。有学者如埃塞尔强调“先前理解”，认为要正确地解释法律，必须带着“先前理解”来面对法律条文，不仅需要了解法这个事物、关于法的相关语言，法律文字和法律裁判及传统脉络，还应当包括各种利益情境，包括对法律行为的目的、公共利益等考量。严格依照规定的法律解释透过其长期职业经验所积累的“先前理解”，直接形成法官关于“正当性的确信”，而拉伦茨认为，过分强调“先前理解”违背了“法官应受法律与法的拘束”的一般法律见解，他提出了解释的标准，包括：字义、法律的意义脉络、历史上的立法者之规定意向、目标及规范想法、客观的目的

① ［德］卡尔·拉伦茨：《法学方法论》，陈爱娥译，商务印书馆2020年版，第193页。

论的标准及合宪性解释的要求，形成了较为合理的法律解释标准框架。

平政院在裁决中充分运用其职权对法律条文作出了解释，首先，表现为对原告被告错误适用的修正，在上海僧人莲授提起行政诉讼一案（3）中，原告援引寺院暂行管理规则，平政院认为其对该规则的理解误解颇多。该规则中明确规定，寺庙财产不得赠与于人，但平政院认为条文中所指之“人”，仅包括私人，“惟地方善堂为公众慈善团体而非私人，则住持将财产捐助善堂自非该规则所禁。”此处从字义解释，运用目的性限缩，将法条中规定的“人”限制为私人。其次，表现为对法律漏洞的补充。在陈炳矿不服农商部取消其采矿权提起诉讼一案（90）中，《矿业条例》第13条第4款规定：“距著名古迹四十丈以内，未经主管官署或所有者及关系人准许者，不得领作矿区。”然而，关于计算四十丈之起点究以何种物体为界线却并无明文规定，原告提出应以该寺建筑物为标准，被告则认为应以该寺界址为范围，平政院提出：“此项解释法律之争点，自应以何方之理由充分为解决。”平政院认为：“按建筑物虽可为古迹之一种，而古迹不仅以建筑物为限，寺内崇碑、古松，寺外之浮屠、塔院，都作千百年之古物，均可视为古迹之所在。以建筑物为标准持论理由并不充分，而该寺界址四至，经明成化年间、清康熙年间两次上谕厘定，均有碑文可据，而内务部咨复文内又称应继续有效，说明界址既有历史上之关系，复经主管官署之认定，平政院从而认定以界址为界限。”平政院对于法律的解释严格依据条文文义，同时参酌双方观点，考虑立法目的，衡量相关利益，具有事实上和理论上的合法性。

（二）适用法理进行裁量

法理又称为条理，系指事物之当然道理而言，在外国或称一般原则（General principle of law）或事物之本质（nature der Sache）。[①] 在华实纺纱公司陈诉一案（27）中，湖南第一纺纱厂性质为官营产业，经前省长的行政命令由财政厅长出租给华实公司，订约手续成立，发生抵借关系，在法律上有效。平政院对于二者合约的生效、破废之判断，都依据了民法的相关法理，行政官署应重视相对人权利，要解除租约“得双方同意，经合法手续，不能以行政上之威权

① 杨仁寿：《法学方法论》，中国政法大学出版社2013年版，第273页。

任意处分”，斥行政行为滥用威权，行为违法，为将草约妥善解除，又布告招商投标出卖，侵害原告已得之权利，认为“揆诸法理，实有不合”，取消了被诉行政处分。在江西九江县民陈诉江西省公署处分违法一案（44）中，平政院为认定事实，必须判断当事人的意思表示，而切结作为意思表示的一种方式，是否有效要看原告具结意思表示是否有瑕疵，是否有瑕疵又以出具此切结是否被引诱胁迫为断。最后得出被告用引诱胁迫之手段令原告出具切结，原告主张撤销原切结属于适法行为的结论，取消被告违法的行政处分，也是适用民法法理裁决的表现。在安杨氏因遗产充公陈诉一案中，平政院同时引用通行习惯与民法法理，“按通行习惯及民法通理，兄弟妻女均有承受财产之权”。在京兆密云县民陈诉一案（67）中，平政院理由有言：“查契约之成立以当事人双方之合意为要件，该项预约既由双方合意订立，且揆之法理并无违背，自无禁其成立之理，固不必问其习惯之有无也。”可见法理在平政院裁决中具有法律效力，且于习惯优先适用。

行政法对于法理的适用并未作出规定，当法律没有明文规定，或者只做了比较笼统的规定，针对个案平政院具有充分的自由裁量权，于是评事引用法理作为裁判根据。平政院解决合约的生效破废之判断、无权处分之处理、是否为善意之判断、意思表示之确定、合同有无瑕疵之判断等法律问题时对于相关法理的适用表明，平政院会援引法理作为具有法律效力的渊源进行法律推理和事实解释，而平政院以“揆诸法理，实有不合”为由取消被诉行政处分，也表明法理具有行政上的法律拘束力，当行政行为违反法理，平政院有权取消该行政处分，但法理并未获得制度性权威认可，若非基于此而产生规范拘束力，则依然无法证成其法源地位。

清末民初以来，法学界通常将法理解说为法律原理，学者胡玉鸿将法理界定为“在综合各种法律现象的基础上，由学者所抽象，并为社会所认同的有关法律基础、法律根据、法律判准、法律渊源的基础性、普遍性原理”①，并认为法理具有证成行为正当、评价司法正当性的功能，② 法理可以决定行为的正当

---

① 胡玉鸿：《法理即法律原理之解说》，载《中国法学》2020 年第 2 期。

② 胡玉鸿：《法理的功能及与其他评价标准的异同——清末变法大潮中的法理言说研究之三》，载《法制与社会发展》2020 年第 4 期。

性与合理性，在清末法理甚至可以用来判断条文的真意,[①] 沈家本先生在《论杀死奸夫》一文中论述:“悖乎义者，不合乎法理……失其序者，不合乎法理……违乎礼者，不合乎法理……乖于情者，不合乎法理。”[②] 反证了法理的正当性。法理的实质正当性赋予其事实性权威，在说理上能够具备较强说服力，一般作为裁判理由在平政院裁决中发挥作用。

（三）提高裁决合理性

有观点认为，法律的“合法性”主要限于形式意义上，实质意义上的“合法性”已属于或渗入“合道德性”和“合理性”的范围。[③] 就平政院的司法裁决而言，国际局势危险，政权缺乏稳定性，种种因素导致仅凭法律的制度性权威不足以保障公民的法律认同，平政院发挥评事的个人智慧，通过确保对案件的合理性与合道德性，有效地补充了判决整体的合法性。

在人类社会的价值判断中存在着某些共性的东西，诸如平等、自由、法治等基本价值往往是不变的、永恒的，这是实质合理性最为抽象的表达方式，这些价值也常被保障于宪法之中，如人权、财产权在民初约法中的规定，一方面，平政院在裁决中维护公共利益，保护个人财产权、人权等基本权利，在矿商顾镍提起行政诉讼一案（79）中，如监督署当时依法指驳，则原告承受之两矿业权早已消灭，而监督署不特未行指驳，以自由裁量之权限，行其法外之指告，盖为保护矿权起见，平政院也对其行为予以肯定。而在天津县商民赵嘉宾陈诉一案中，省长发布了拆封民产谕令，警厅未考虑谕令是否合理就直接实行，且无视原告个人权益直接钉封其铺门，“溢出服从应有之范围”，违反了比例原则，此案争点在于原告是否拥有铺面所有权，平政院根据现有证据（供词，地契等）进行事实解释，推出原告合法享有铺面所有权的结论，裁决取消被诉行政行为，平政院认为:“原告改造楼房之时复呈准该管警察署有案，乃忽于事后

① 胡玉鸿:《清末变法中法理言说的兴起及其内涵——清末变法大潮中的法理言说研究之一》，载《法制与社会发展》2020 年第 2 期。

② 沈家本:《历代刑法考》，载徐世虹主编《沈家本全集》，中国政法大学出版社 2009 年版，第 651 页。

③ 严存生:《合法性、合道德性、合理性——对实在法的三种评价及其关系》，载《法律科学》1999 年第 4 期。

勒让封闭致滋侵损，殊难认为适法”，不仅体现出对民众财产权的保护，还质疑了官署侵害信赖利益的行为。另一方面，平政院通过事理、情理、法理的平衡，达到案件裁决的实质合理性。在湖南益阳县劝学所长夏赞熙等陈诉一案（22）中，原告在陈诉要旨中即提出“凡系争物之为公为私，应以当事人（捐助人）之意思为标准”而对于原告之言，被告亦有所回应，“未违反捐助人之意思一节，查该项学理各国定诸民法，我国民法尚未颁布，只有准情准理办理”，似意指没有法律规定的情形下自由裁量的要求是准情准理，由于这一案件没有直接相关的法律，平政院协调情理、事理、法理（事实兼顾、符合情事、情法两平）对处分进行变更，给予捐助人后代责任管理校产之权，又为保护捐助人劝学的本旨，令地方长官查核监督收支情况，“庶款不虚縻、学无旷废，事实兼顾，情法两平”。

五、结语

合法性问题对法学家来说十分重要，这主要是由于法的说服力问题，除非广大公众认为有某种道义上的义务遵守制定的法律，否则法律就有可能得不到执行。① 司法亦然依其合法性得到认同与执行。然而平政院裁判的合法性来源于司法权，但又无法满足要求，平政院作为行政机关，既可以在行政诉讼中解释法律，又可以直接在裁决中变更处分甚至作出“行政罚”，这在很大程度上削减了司法权供给的合法性。在北洋政府时期，军阀混战，政权交替，社会秩序不稳，又有复辟帝制、“贿选宪法”等丑闻，政府统治缺乏有效性，削弱了民众对政权乃至法律的认同。虽然存在合法性的缺陷，在民初法律体系尚不完善的前提和行政权相对自由的背景下，平政院充分发挥了自由裁量的权限，运用评事的个人智慧，结合法律相关理论，在不违反条文规定的情形下充分调动各种相关因素，形成了司法合法性的补充机制，尽可能地作出了相较正确的裁决，保障了司法裁判的合法性与合理性。通过借鉴平政院的审判智慧，我们可以增加行政诉讼可适用的认知渊源，进一步加强对行政权的控制，践行行政法治与实质正义。

---

① ［英］P. S. 阿蒂亚：《法律与现代社会》，辽宁教育出版社 1998 年版。

“三治融合”视域下新乡贤参与法治乡村建设研究

周子良* 张 雯**

摘 要：新乡贤参与法治乡村建设具有深厚的历史支撑与迫切的现实需求。当下，农村的“空心化”、治理主体能力不足、缺乏内生性动力等问题严重制约着乡村振兴战略的实施以及法治乡村的建设。新乡贤孕育于本土，兼具传统性与现代性，是解决法治乡村自治动力不足的宝贵资源。新乡贤参与法治乡村建设，应以法治方式确立新乡贤的地位、厘清乡村多元化治理主体间的相互关系、完善新乡贤的参与、监督机制，发挥新乡贤在助推法治乡村建设、激活自治体系、唤醒乡村德治传统三方面的作用，进而促进法治、自治、德治的相互融合，实现乡村振兴的目的。

关键词：三治融合 新乡贤 法治乡村

提升法治乡村建设水平关乎城乡二元结构的打破和国家治理水平的提高。党的十九大报告提出了“健全自治、法治、德治相结合的乡村治理体系”。自“三治融合”的治理方式被上升为国家的顶层设计以来，关于乡村治理的多元化方式引起了社会各界的广泛关注。但从实践层面来看，“三治融合”的治理模式仍存在不少问题，例如：乡村法治化建设不到位、自治主体力量不足等问题严重威胁着“三治融合”模式在乡村应用的实效。目前，关于“三治融合”的研究大多集中于其理念、模式、地方经验的探讨，忽视了治理的核心在

* 山西大学法学院教授、博士生导师，主要从事法律史与法律文化研究。
** 山西大学法学院硕士研究生，主要从事法律史与法律文化研究。

“人”。当前我国农村地区面临的最严重的问题是“空心化”趋势的不断加剧，人才外流，法治乡村建设主体力量不足，无法良好地践行“三治融合”模式在乡村地区的实践。因此，面对新时代乡村建设出现的诸多障碍，积极调动内发性力量助力法治乡村建设水平提升，显得尤为重要。2018 年《中共中央、国务院关于实施乡村振兴战略的意见》提出“深化村民自治实践……要积极发挥新乡贤作用。”① 2020 年 10 月，党的十九届五中全会指出要“推动乡村人才振兴”。② 2021 年 2 月，中共中央办公厅、国务院办公厅印发的《关于加快推进乡村人才振兴的意见》中提到要“加快培养乡村治理人才”。③ 由此，新乡贤受到重视。近年来，随着新乡贤不断加入法治乡村建设的实践中，为激发乡村内生性动力，在推动乡村经济发展、文化建设、法治乡村建设等方面发挥了关键作用，是实现乡村“善治”的重要力量主体。“三治融合”作为法治乡村建设达到善治的基本模式，在这一基本模式之下探索新乡贤参与法治乡村建设的路径，可以最大限度发挥乡贤参与法治乡村建设的优势，满足新时代乡村建设的需要。

一、新乡贤参与法治乡村建设的背景与模式

“新乡贤”一词的生成具有深厚的传统文化理念。“新乡贤”发源于中国古代的“乡贤”一词。中国古代的基层社会治理是“皇权不下县”，依靠“乡绅”治理的自治模式。由于这一群体本身威望盛行于乡，他们也被称为“先贤”，是乡村治理和乡村日常生活的核心。④ 不同于传统“乡贤”的含义，新乡贤具有明显的新时代特征，是在继承传统“乡贤”的内涵与社会功能上发展而来的。目前，关于“新乡贤”并没有准确的界定，关于其内涵，陈寒非、高其才

---

① 新华网：《中共中央、国务院关于实施乡村振兴战略的意见》，http：//www. Xinhuanet. com/politics/2018-02-04/c_1122366449. htm，最后访问时间：2022 年 6 月 18 日。

② 中国政府网：《中共中央关于制定国民经济和社会发展第十四个五年规划和二〇三五年远景目标的建议》，http：//www. gov. cn/zhengce/2020-11-03/content_5556991. htm，最后访问时间：2022 年 6 月 18 日。

③ 新华网：《关于加快推进乡村人才振兴的意见》，http：//www. Xinhuanet. com/politics/zywj/2021-02-23/c_1127130383. htm，最后访问时间：2022 年 6 月 18 日。

④ 韦统义、苏佳敏、吴明远：《新乡贤出场的三重要求及生成路径》，载《西北农林科技大学学报（社会科学版）》2020 年第 4 期。

认为："新乡贤是指具有一定知识和才能，品行高尚，具有一定的口碑威望，秉承现代民主法治精神和社会主义核心价值观，致力于一直生活的或曾经生活过的乡村建设的贤达人士。"① 张兆成的观点是："乡贤的范畴泛指那些在一定地域范围内德高望重、能力突出并致力于当地政治、经济、社会、文化公益事业，对地方有贡献的贤达之士较为妥当。"② 还有学者指出"新乡贤"不外乎都围绕两个基本要素展开：一是一定地域范围内的群体；二是德才兼备、积极投身社会主义现代化建设事业中的贤达之士。新乡贤的人员构成大多为："五老"人员、两委一代表人员、企业家等群体中关注家乡发展、自身品德高尚、能力突出的人员。

（一）新乡贤参与法治乡村建设的背景

1. 乡镇政府治理能力需要提升

乡镇政府是国家法律法规政策落实到"最后一公里"的重要执行者。③ 充当着实现政府管理与村级管理对接的桥梁作用，具有管理村民委员会的职能，对于村集体走向善治发挥着引导作用。近年来，我国基层治理能力虽逐步提高，但乡镇政府治理能力还是有着明显的桎梏。主要表现在以下两个方面：首先，财政能力限制自主治理。随着分税制改革，地方财政收入缩减，乡镇政府财政能力偏弱已经是公认的事实。乡镇政府受经济条件制约，独立自主开展基层社会治理工作困难，治理工作无法有效展开，导致乡镇政府的自主能力跟不上乡村发展形势，治理有效性不足。其次，乡镇政府公信力不足。主要表现：在公共政策的制定方面，群众参与性不高、政策制定标准不明；在政策执行方面，政策未能及时公布、不够公开与透明；从治理主体乡镇干部而言，干部自身整体素质和治理能力堪忧。与此同时，社会结构、经济体制、民众思想发生着深刻改变，民众维权意识强烈，对政府履行职责的要求不断提高等变化，都对政

① 陈寒非、高其才：《新乡贤参与乡村治理的作用分析与规制引导》，载《清华法学》2020 年第 4 期。

② 张兆成、李美静：《论新乡贤的出场与乡村治理新路径基于法政治学视角下的考察》，载《民间法》2016 年第 2 期。

③ 黄树贤：《加强乡镇政府服务能力建设　推进基层治理体系和治理能力现代化》，http：//opinion. people. com. cn/n1/2017-02-21/c1003-29094848. html，最后访问时间：2022 年 6 月 18 日。

府自身的处理能力与执行能力提出了更高的要求与挑战。一旦乡镇政府无法协调各方利益，很容易招致民众的不满，导致政府公信力下降，从而村民对政府的配合度降低，长此以往，陷入恶性循环。

2. 村级组织建设有待进一步完善

村民自治组织作为沟通村民与乡政府的中间载体，是乡村振兴多元力量中的重要一支，是达成乡村善治目标的中坚力量。我国现行法①对村民自治组织进行了规定，为保障农村自治的良好运行态势提供了法律保障。但从新时代农村建设的要求以及新时代乡村出现的新情况、新矛盾来看，村级自治组织仍有较大欠缺。在2020年针对山西省法治乡村建设的问卷报告②中显示，村民自治组织在实践中主要存在以下问题：经费欠缺，相关精神文化及法治宣传等活动无法开展；村务公开、小微权力监督等事项未形成机制落到实处；基层村级组织领导人员缺乏法治思维，存在贪腐现象；民主选举、民主决策中宗族势力干扰严重，不按法定程序办事；村“两委”关系紧张，相互扯皮③，不能及时、合理解决村民纠纷。

3. 乡村利益格局多元化，矛盾纠纷更加复杂与激烈

改革开放以后，乡村经济打破了以往以农业作为关键支撑的结构，农业劳动者、农民工人阶层、个体工商户、企业管理者等阶层争先登台，乡村的社会关系呈现多元化的发展趋势。各方利益主体不断进行着博弈。随着经济的快速发展，发展不平衡所带来的贫富差距拉大、农村居民心理失衡等问题出现在农村的各个利益阶层。乡村不同主体之间由于职业不同、分配方式不同，导致经济收入差别持续扩大，很容易导致不同主体阶层利益对立加剧，心理不平衡，矛盾冲突不断加大。且随着我国城镇化速度的加快，不少农村居民外出打工，农村空巢老人和留守儿童问题突出，人才外流，农村呈现“空心化”的特点，加之市场经济、个人本位思想的冲击，个人“原子化”特征明显。在此环境下，村自治组织领导人员贪腐频发，罔顾集体利益，村民与农村自治组织之间矛盾加剧。这些

---

① 《村民委员会组织法》为农村实行民主管理、民主决策提供了法律保障。

② 为2020年山西大学史凤林教授带领法理组人员进行的法治乡村建设的社会调查，主要采用问卷调查的方式进行数据收集，形成的调研报告中分析了法治乡村建设的现状、存在的问题、原因以及优化意见。

③ 冯任：《村民自治走进了死胡同》，载《理论与改革》2011年第1期。

矛盾的解决迫切需要专业、有威望、有实力的新治理主体来解决。

乡村社会在新时代面临着新机遇和新挑战，传统的治理格局已无法满足新时代背景下乡村建设提出的新要求。正是在乡镇政府治理能力不足、村民自治组织不完善、不成熟加之农村社会的利益格局复杂化的背景下，迫切需要一个具有传统生命力的内发性治理力量的出现。“新乡贤”在此背景下应运而生，为乡村善治注入新的活力。

（二）新乡贤参与法治乡村建设的模式

从当前新乡贤参与法治乡村建设的情况来看，各地乡贤参与基层治理基本上形成了两种模式。第一种模式是组织化的形式，即在村级组织上成立乡贤理事会（参事会）或乡贤工作室。这种模式又分为两种类型：一是通过乡镇政府或党政机关牵头成立，例如：浙江省德清县、临泉县等在乡镇（街道）建立“新乡贤工作站”，一并设置乡贤调解工作机制，并将调解人才纳入乡贤人才公示库。① 二是新乡贤自发形成的自治组织。这类模式一般是村“两委”与新乡贤组织并行，多存在于贵州等地。在这类模式下，乡贤组织并不依赖于村组织，反而具备独立决策的权能。形成了以乡贤理事会为主导的，由村组织执行其决策的，其他主体参与配合的村级民主自治模式。② 第二种模式是非组织化形式，即新乡贤以个人加入村自治项目。这种方式相对于成为理事会来说较为灵活。如山西闻喜县的“乡贤+金融”模式，③ 通过“引凤还巢”和“专家智库”项目，吸引人才返乡，将外来人才与本地乡贤成立综合服务社，建立“内置金融”反哺乡村。

---

① 《大力培养乡村道德模范　让“新乡贤”发挥榜样力量》，http：//fy. wenming. cn/ddjs/201812/t2018-12-06_5586215. html，最后访问时间：2022 年 6 月 18 日。

② 陈寒非、高其才：《新乡贤参与乡村治理的作用分析与规制引导》，载《清华法学》2020 年第 4 期。

③ 刘欢：《善治视域下新乡贤参与乡村治理研究》，辽宁师范大学 2020 年硕士学位论文。文中对这一模式进行了解释：“乡贤+金融”模式下成立的综合服务合作社，一方面，将社会资本和政府资金用于维护合作社的正常运营，另一方面，鼓励乡村中有声望、有道德的新乡贤以参股者的身份融入其中。在服务村民以及为村集体经济提供资金的同时，盈利部分还用于帮扶困难群众和乡村公共服务的建设与维护。“内置金融”的村社体制在新乡贤的带领下，汇聚各种社会资源注入乡村社会的治理和建设，实现了新乡贤和乡村建设的有机融合。

二、新乡贤参与法治乡村建设的作用

当前乡村振兴的总目标是实现农业农村现代化，而乡土社会带有深厚的传统性。在乡村振兴的实现过程中，如何平衡乡村的传统性与现代性是乡村振兴的核心命题之一。新乡贤“生于斯，长于斯”，了解本地的实际情况，同时，德才兼备，具备与现代社会接轨的能力。这一主体的出现，不仅满足了乡村在近代化转型过程中的需要，而且还保留了乡村的传统，最大化地尊重乡村的习惯，促使传统与现代达到平衡状态。在“三治融合”的治理模式下，有利于促进和实现自治、德治和法治在农村地区的有机结合。

（一）新乡贤助力推进法治乡村建设

法治乡村建设是实现乡村有效治理秩序的关键一环。在法治乡村的建设过程中，法治信仰与法治理念、法治的行为方式充分融入农村社会的发展。从而实现人民生活安定，乡村秩序井然。① 根据2020年针对山西省法治乡村问卷调查报告显示，法治乡村的建设现状不尽如人意。法治乡村建设存在村级组织领导作用不突出、法治宣传与法治教育工作不到位、乡村公共法律服务不健全、组织廉政建设仍存在薄弱环节、村民法治意识不强、基层民主规范不完善的问题。

亚里士多德曾在《政治学》一书中指出，“法治应包含两重意义：已成立的法律获得普遍的服从，而大家所服从的法律又应当本身是制订得良好的法律。”法治乡村建设也应当遵循这样的理论进路，即“良法+善治”。新乡贤参与法治乡村建设，可以对乡村的法治建设起到积极作用。一方面，从良法的角度而言，乡村法治不仅包括法律，更重要的是乡俗风情、村规民约等规范，新乡贤本身具有较高的法治素养和法律认同感，且对地方实际了解透彻，通过参与订立村规民约，矫正乡村陋习恶习等方式，促进乡村制定“良法”；另一方面，新乡贤有利于促进“善治”。新乡贤通过监督村委会的选举、决议流程，

---

① 翁中俊：《加强法治乡村建设，提升乡村发展动力》，https：//www.chinacourt.org/article/detail/2020-05/id/5185781.shtml，最后访问时间：2022年6月18日。

督促村干部履行职责，还利用自身的威信力，通过普法说理的方式，教化民众，化解纠纷。这些手段都有利于建立民众对治理乡村规则的普遍服从。此外，新乡贤还向村民普及法律知识，尽力维护村民的合法权益，有利于村民法治意识的提高。可以说，新乡贤参与乡村治理的过程，本身就是参与法治乡村建设的过程。

（二）新乡贤激发乡村自治活力

1998 年，全国人大常委会通过了《村民委员会组织法》，为村民自治提供了法律依据。村民自治主要依靠村民委员会（村委会）。村委会是村民实现自我管理、自我服务、自我监督的基层群众性自治组织。但随着农村“空心化”现象严重，人才外流，村级自治组织的干部自身素质不达标，村委会治理能力欠缺，村民自治陷入疲软状态。随着乡村利益结构发生变化，村民维权诉求困难，各种经济纠纷层出不穷等问题，仅依靠村委会的调整无法解决，迫切需要新主体加入乡村治理，使乡村自治焕发生机。①

新乡贤的出现，为乡村自治注入了新活力。新乡贤的组成人员大多是有才、有德、有社会威望的人员，他们“生于斯，长于斯”，既充分了解本地的乡土人情，又掌握先进知识文化，了解政策、法律，既利于落实上级政策，又能及时传达村民的诉求，发挥“桥梁作用”。同时，他们兼具传统性与现代性两大特征。一方面利用自身的威望和对乡情的了解解决村民之间的纠纷，另一方面还可以充分利用自身资源，在帮助乡村脱贫，带动乡村经济发展，传播优秀文化等方面发挥重要作用。如运城闻喜县的“乡贤=金融”模式，帮助闻喜县成功脱贫，并以“内置金融”的形式，将各种社会资源注入当地，充分发挥了新乡贤的帮扶作用，克服经济制约，为村民提供更加完备的公共服务。再如浙江省德清县东衡村，其乡贤参事会包括学者、企业家、厂长、个体户等。其中，学者通过制定通俗易懂、朗朗上口的打油诗为本村制定了村规民约，充分发挥了学者在参与法治乡村建设中的作用，此外，企业家们还通过引进外部资源因地制宜发展钢琴产业，充分激发了乡村的自治活力。

① 黄文记：《“三治”结合乡村治理体系中新乡贤的作用研究》，载《西南民族大学学报（人文社会科学版）》2021 年第 1 期。

（三）新乡贤有助唤醒乡村德治传统

中国传统社会的乡村自治是乡绅以道德性的基本原则进行治理。现代意义上的“德治”就是以“软约束”的方式，以人类共同的道德规范来约束行为的治理模式。近年来，随着国家政策不断向乡村倾斜，乡村在飞速发展的同时，个人本位、利己主义、金钱至上等观念也冲击着村民原有的认知，农村社会遭遇违诚失信、孝道丧失等道德伦理滑坡的危机。新乡贤有知识、有文化、有道德，通过举办道德讲座，组织精神文化活动，宣扬社会主义核心价值观，传导正确的是非观，充分挖掘当地的优秀传统文化，树立道德模范，遏制陋习恶习等手段，重塑了乡村道德体系，培育了文明乡风。

新乡贤参与法治乡村建设的过程，本身就是对“三治融合”模式的践行与丰富。他们充分发挥自身的模范作用，利用自身优势，沟通乡镇政府、村委会与村民，解决村民矛盾，普及法律知识，率先垂范，将自治、法治、德治三者有机结合起来，为“三治融合”模式在乡村的应用提供了新思路，推动了乡村社会多元治理结构的形成。

三、新乡贤参与法治乡村建设存在的问题

（一）新乡贤参与法治乡村建设可能会对乡村治理造成隐患

新乡贤参与法治乡村建设是通过权威型人物治理乡村。新乡贤参与法治乡村建设如果缺少制度约束，极其容易导致假公济私、村庄民主萎缩等问题。①究其原因，主要有以下几点：首先，新乡贤的组成人员大多是退休干部、老党员、经济实力雄厚的企业家、专家学者等在当地极具影响力与威信力的人，他们的行为对当地影响颇大。其次，从目前来看，各地的乡贤参与法治乡村建设的方式无外乎有两种，一种是专门成立乡贤组织，乡贤组织会受到来自两委、乡镇政府的监督；另一种是以个体加入法治乡村建设，这种方式没有统一的组

---

① 陈寒非、高其才：《新乡贤参与乡村治理的作用分析与规制引导》，载《清华法学》2020年第4期。

织机构，也没有明确的规章规定个人权利的行使，缺乏外部监督与制约。最后，新乡贤成长于乡村，乡村社会是典型的人情社会，尽管新乡贤具备法治思维与法治素养，但在当代法治与乡村固有理念、习惯发生冲突时，难免会在国家法律与乡土人情之间难以取舍。综上，由于新乡贤自身的特点以及缺乏法律规则制约和外部监督，当新乡贤掌握权力后，由于权力的扩张性属性，可能出现以权谋私、操纵选举、破坏基层民主、利用自身影响力攫取公共资源等行为，使村民自治成为“一家之治”“一人之治”，这对乡村的法治建设无疑是巨大的打击。

（二）对新乡贤不加以规范造成乡村自治的混乱

新乡贤参与法治乡村建设过程中，充当着村民与乡镇政府和村“两委”之间沟通的桥梁，作为村“两委”与乡镇政府公共治理的监督者，利用自身资源优势，带动乡村经济腾飞，为乡村自治打开了新局面，全面激活了乡村的自治体系。但在新乡贤参与乡村自治的过程中，由于自身定位不清、合法性主体地位不明、缺乏有效监督等原因，极易造成与村“两委”组织之间职能混乱、权责不清，甚至与村自治组织联合排挤村民参与村自治事务，对村民自治造成极大的危害。具体表现如下：

首先，新乡贤自身定位与职能不明确。目前没有明确的规章制度来规范新乡贤在乡村治理中的工作内容和职责，① 在各地治理实践中，新乡贤不仅发挥着带动经济发展、解决纠纷、引导监督的作用，还要承担风俗教化、道德宣讲、法治宣传的任务，原本属于村“两委”和乡镇人民政府的职能和工作都由新乡贤承担。这种情况易催生两种极端：一是乡贤组织发展壮大，由于新乡贤自身的威望和信服力，乡村原有的自治组织功能被弱化，甚至会出现村“两委”权力被“架空”的状态。二是由于新乡贤过度参与村级自治组织的事务，引发村“两委”与其争夺乡村的治理权，两者相互推诿内耗，各治理主体无法发挥应有的效能，破坏村民自治。

其次，新乡贤参与乡村自治缺乏监督。新乡贤参与乡村自治的过程中，依赖群体自身的高素质特性对基层党政机关、村“两委”履行职责起到了监督制

---

① 徐西月：《新乡贤参与乡村治理的困境及对策研究》，河北农业大学2020年硕士论文。

约作用。但相反，对新乡贤的监督机制并不完善，尤其对于以个人形式参与法治乡村建设的新乡贤，没有专门主体进行监督，易造成乡贤权力的滥用。

最后，新乡贤自身治理能力不足。新乡贤的人员构成多为退休干部、企业家等由经济实力和影响力的人，组成人员呈现老龄化的特点，缺乏年轻血液的输入。乡村现代化的建设离不开年轻主体的参与，尤其在大数据背景下，新乡贤可能无法应对数字化趋势带来的变化，治理水平不足以支撑乡村现代化建设。

四、新乡贤参与法治乡村建设的路径

新乡贤参与法治乡村建设对于我国乡村振兴战略的实施具有重要作用。当前乡村发展面临的重大挑战是乡村“空心化”现象严重，治理主体力量严重不足。需要发挥新乡贤的积极作用，克服其在治理过程中的消极影响，促进“三治融合”模式在农村地区取得良好的实践效果，推动乡村“善治”目标的实现。

（一）明确新乡贤治理主体的身份定位与权责划分

目前新乡贤参与法治乡村建设的实践才刚刚开始。关于新乡贤的法律规制尚未出台，与新乡贤密切相关的规章制度当属地方性规章与村规民约。大多数乡村并未对新乡贤组织或个人进行规制，新乡贤的主体资格也并未得到法律的承认，没有法律上的主体资格。关于新乡贤治理乡村过程中具体的治权范围与责任也不清晰。部分地区的新乡贤甚至承担了村“两委”的部分职能，造成村“两委”与新乡贤两者在农村地区权力张力紧张的局面。造成这一局面的首要原因在于新乡贤角色定位不明确以及由此带来的一系列职权范围不明确等问题。“对此，政府可以根据乡村治理情况进行现实考量，在商议确定新乡贤参与乡村治理的形式、方法、范围、职责和权限等基础上，明确新乡贤在乡村治理中的身份地位”。[①] 确定新乡贤获得权力来源的方式（村民选举）、程序，批准报备程序和注册程序。以法定程序确认新乡贤的合法身份，从而推进关于新乡

① 聂梦琪：《新乡贤参与乡村治理的功能、困境及化解对策》，载《宿州教育学院学报》2021 年第 2 期。

贤的一系列运行机制，以健全的程序规制和保障新乡贤各项工作的有序推进。鉴于我国乡村的实际情况，村民自治组织在乡村地区有多年实践经验，且村民自治组织被纳入法治体系，其监督与运行机制更为完善，由此，在法治乡村建设中，村“两委”仍是关键力量和主要依靠，新乡贤组织在本质上是自组织性质，① 其角色定位应限定在乡村治理的参与者与辅助者，② 其与基层党政机关是领导与被领导的关系，与村“两委”自治组织是辅助与主力、监督与被监督的关系。

（二）完善政策法律规定

新乡贤作为法治乡村建设的协同主体，其功能与作用的发挥需要其他治理主体的配合与支持，各个治理主体之间形成相互配合的协同机制。现如今，全国各地出现一股“新乡贤热”，纷纷宣传乡贤文化，成立新乡贤组织。2021 年 4 月通过的《乡村振兴促进法》第三章“人才支撑”中，涉及关于新乡贤等群体的身份定位及各级政府、村委会的相关职责及激励机制，为新乡贤参与法治乡村建设提供了法律保障。但也仅是笼统地规定，对于新乡贤参与法治乡村建设的具体运行机制并没有相关制度。因此，在下一步推进新乡贤参与法治乡村建设的具体事项时，应从两方面推进：

第一，地方立法应进一步细化落实关于新乡贤的配套机制，主要以政策方针的形式进行支持与指导。以国家立法为纲，地方立法和政策可以在总结各地先进治理经验的基础上进行细化规定，还应注意到，地方立法应做到因地制宜，在国家立法的框架下保留地方立法的灵活性。将各地经验予以建制化、正式化。③ 以地方政策的形式建立新乡贤激励机制，促使人才向基层流动，从而保证地方法与国家法之间步调一致，协调配合推进乡村善治的进程。

第二，村规民约的作用同样不容忽视。村规民约结合了我国乡村地区风俗

---

① 罗家德：《自组织——市场与层级之外的第三种治理模式》，载《比较管理》2010 年第 2 期。文中，对“自组织”的解释为：自组织是一群人基于自愿的原则主动地结合在一起，它有以下的特性：一群人基于关系与信任而自愿地结合在一起。结合的群体产生集体行动的需要。为了管理集体行动而自定规则、自我管理。

② 严旭：《协同治理视域下新乡贤参与乡村治理研究》，载《湖南省社会主义学院学报》2021 年第 1 期。

③ 姚中秋：《推动乡贤治理之制度化》，载《文化纵横》2018 年第 1 期。

习惯与国家制定法，在乡村地区的适用性极高。村规民约中应对新乡贤的角色定位（辅助性治理主体）、主要职能（建言献策、引领监督、移风易俗等）、与村“两委”的相互关系（领导与被领导、监督与被监督）及职能分工、新乡贤的遴选推出机制、推选标准、工作考核标准、决策机制、组织章程、激励机制等一系列关于新乡贤在参与法治乡村建设中的具体事项进一步细化规定，构建新乡贤参与法治乡村建设的制度化、协同化机制。

（三）建立全方位的监督机制

由于新乡贤的角色定位尚未明晰，关于其履行职责的监督机制也尚未形成。权力不受制约极易扩张，为避免出现部分乡贤“家长制”管理，破坏基层民主自治，应当在明确新乡贤地位与职能的前提下，建立全方位监督体系，将新乡贤的选举、运行、权力的行使置于多级监督之下。

第一，基层党政部门的监督。乡镇人民政府、党委要加强对新乡贤，尤其是乡贤组织参与村务的监督与管理，将乡贤组织的建设与运行状态纳入村“两委”班子目标责任及考核内容。[①] 还可以另外成立对新乡贤的巡视组，将对新乡贤的监督与引导作为一项经常性工作进行。

第二，村“两委”的监督。村“两委”是法律规定的农村基层自治组织，新乡贤及其运作组织是自发成立的自组织，其应受到村级自治组织的监督。村“两委”可通过定期听取工作汇报、走访村民，收集意见、参与新乡贤组织的议事决策流程等方式行使监督权。

第三，村民的监督。村民的自我监督是保障乡村自治运行不离民主轨道的重要方式。村民所具有的监督权受到宪法和法律的保障，村民对新乡贤参事会等自组织以及参与村务治理的新乡贤行使监督权，是合理正当行使公民权利的应有之义。

第四，纪委监察的监督以及新乡贤组织内部的监督。新乡贤群体的人员构成中，有党员身份的人居多，自然在基层纪委的监察范围之内。此外，新乡贤组织内部可以设立监督委员会，实行自我监督、自我纠正，保持新乡贤这一新

---

① 陈寒非、高其才：《新乡贤参与乡村治理的作用分析与规制引导》，载《清华法学》2020 年第 4 期。

兴治理主体的内部活力。通过新乡贤内部治理与外部监督相结合的方式，形成整体联动、逐步推进的工作态势。①

五、结语

新乡贤在“三治融合”的模式下参与法治乡村建设，通过发挥其在法治、自治、德治建设中的不同功能，充分发挥其内生性动力，丰富了法治乡村建设主体，提高了法治乡村建设能力。随着法治乡村建设模式的不断探索和发展以及现代化、城镇化的推进进程，多主体协同参与法治乡村建设必将是大势所趋。新乡贤作为兼顾传统与现实的新兴治理主体，对于“三治融合”模式在法治乡村建设具有十分重要的推进作用。此外，新乡贤参与法治乡村建设也存在一些问题。对此，需要明晰新乡贤这一类主体的身份定位，调动政府、村“两委”协同参与，共同搭建完善的新乡贤配套机制。此外，在大数据、数字化已成为不可忽略的趋势的时代背景下，还应顺应数字化潮流，充分运用数据网络平台在信息公开、职务履行状况、民情反映、监督制约等方面的积极作用，最大化提升法治乡村建设的效果。实现治理有效的关键目标，推动乡村振兴。

① 人民网：《推动新乡贤文化建设与乡村治理有机融合》，http：//theory. people. com. cn/n1/2020-12-09/c40531-31960071. html，最后访问时间：2022 年 6 月 18 日。

我国司法鉴定收费项目和收费标准研究

殷守革[*]　王瑾琳[**]

摘　要：司法鉴定中规定收费项目和收费标准能够明确收费项目基准价，为司法鉴定收费管理模式适用提供参照，并为“疑复重”案件收费浮动幅度提供基础，从而有利于保护司法鉴定当事人的鉴定权益、监督指导司法鉴定机构规范收费和确保司法行政部门依法管理收费行为。从我国地方司法鉴定收费项目和收费标准的制定方式上来看，主要有单独制定和附带规定两种方式。在收费项目的规定上，主要对法医类、物证类、声像资料类、环境损害类的司法鉴定项目进行了规定。在收费标准的规定上，主要通过规定基准价的形式来明确具体的收费标准，有的地方还规定了一般司法鉴定案件和“疑复重”案件可以围绕基准价享有一定的浮动幅度。但现阶段还存在司法鉴定收费项目不一、收费标准过高、浮动幅度过大等问题，应通过统一收费项目、降低收费标准和缩小浮动幅度等措施来完善我国的司法鉴定收费项目和收费标准。

关键词：司法鉴定　收费项目　收费标准

引　言

2015年《全国人民代表大会常务委员会关于司法鉴定管理问题的决定》（以下简称《决定》）修改后，我国司法鉴定收费管理制度从中央集中统一管理转变为地方分散管理。各地在制定司法鉴定收费管理制度时，一般都规定了司法鉴定收费项目的收费标准，以规范司法鉴定收费行为，保障司法鉴定机构

* 山西大学法学院副教授，主要研究方向为司法鉴定管理、行政法学。
** 山西大学法学院硕士研究生，主要研究方向为宪法学与行政法学。

和当事人的合法权益，从而维护司法鉴定收费管理秩序。通过对我国地方制定的司法鉴定收费项目和收费标准的梳理来看，各地制定的司法鉴定收费项目和收费标准呈现一定的差异性。这些差异主要表现在收费项目和收费标准的制定方式、收费项目类型以及收费标准基准价等方面。例如，有的地方在制定方式上表现为单独制定，有的表现为附带规定。在收费项目类型上，有的规定的是“三大类”（法医类、物证类和声像资料类）司法鉴定类型，有的规定的是“四大类”（法医类、物证类、声像资料类和环境损害类）等其他类型。在收费具体标准方面，由于各地经济发展水平等方面的差异，各地规定的收费标准基准价更是差异很大。虽然各地制定的司法鉴定收费项目和收费标准呈现出很大的差异性，但都对司法鉴定收费以及收费管理的规范化、科学化和法治化具有重要意义。

一、规定司法鉴定收费项目和收费标准的意义

（一）明确司法鉴定收费项目基准价

各地在制定司法鉴定收费管理办法时，重点关注法医类、物证类、声像资料类、环境损害类的司法鉴定类型，这符合我国司法鉴定管理体制改革的目标以及收费管理制度变革的方向。司法鉴定收费管理权下放至地方以后，司法部要求各地司法行政部门尽快会同当地价格主管部门，制定符合本地实际的司法鉴定收费管理办法，截至 2017 年 6 月 30 日，我国 31 个省级地方制定了司法鉴定收费管理办法，这为规范司法鉴定收费行为提供了基本的规范和指引。与此同时，由于司法鉴定收费管理办法较为笼统，可操作性弱，原则性强，无法针对司法鉴定收费实践中的具体收费额度提供指导，导致司法鉴定机构在收费时仍然没有具体可操作性的收费标准进行参照，从而不利于保护司法鉴定当事人的鉴定权益，有可能加重其经济负担。在这种情况下，各地在制定司法鉴定收费管理规范时，有的附带规定了司法鉴定收费项目和收费标准，有的是单独制定了司法鉴定收费项目和收费标准，从而进一步明确了司法鉴定收费项目的基准价。

（二）为司法鉴定收费管理模式适用提供参照

各地在制定司法鉴定收费管理办法时，都在收费管理规范中规定了司法鉴定收费管理模式。所谓司法鉴定收费管理模式是指司法鉴定机构收费和司法行政部门收费管理时所应遵循的基本准则和基本要求。各地制定的司法鉴定收费管理模式主要采用了政府定价、政府指导价、市场调节价、经营者自主定价、协商定价、最高限价等收费管理模式来分别或共同确定，以指导本地司法鉴定收费管理（如表1）。

表1　我国各地规定的司法鉴定收费管理模式

收费管理模式	适用地域
政府指导价	海南、新疆、吉林、西藏
政府指导价+市场调节价	上海、北京、河北、黑龙江、辽宁、陕西、宁夏、内蒙古、河南、福建、重庆、山东、广西、云南、甘肃、青海、江苏、广东、湖南
政府定价+经营者自主定价	湖北
政府指导价+经营者自主定价	浙江
政府指导价+协商定价	安徽
政府指导价+协商定价	江西
政府指导价+协商定价+市场调节价	天津
最高限价+协商定价	四川
政府指导价+省级价格主管部门确定收费管理形式	山西
最高限价+市场调节价	贵州

具体来说，政府定价意味着不得在基准价基础上上下浮动，但最基本的问题是需要先制定基准价作为政府定价标准，这就需要制定收费项目和收费标准。政府指导价意味着司法鉴定收费可以在基准价基础上进行一定程度的上下浮动，但问题还是需要先制定基准价，作为上下浮动的基础和参照，故而还是需要制定收费项目和收费标准，以作为政府指导价适用的参照。市场调节价也面临同样的情况。从这个意义上来讲，制定司法鉴定收费项目和收费标准能够为司法

鉴定收费管理模式的适用提供参照。没有司法鉴定收费项目和收费标准，司法鉴定收费管理模式无从适用。

（三）为“疑复重”案件收费浮动幅度提供基础

各地制定的司法鉴定收费管理办法，一般规定了两种类型的司法鉴定案件。一类是一般司法鉴定案件，另一类是疑难、复杂和有重大社会影响的司法鉴定案件。相对于一般司法鉴定案件，各地在规定“疑复重”司法鉴定案件收费时，一般都规定了“疑复重”案件可以在基准价基础上进行一定程度的浮动，原因在于“疑复重”案件所耗费的成本、时间和精力会比一般司法鉴定案件更多，故而司法鉴定机构享有一定的浮动幅度。

表 2　我国各地规定的“疑复重”案件收费浮动幅度

浮动幅度	适用地域
基准价 2 倍	上海、宁夏、四川
基准价 1 倍	青海、陕西
基准价 50%	重庆、云南、福建
基准价 40%	广东
基准价 30%	海南、江苏、河北、广西、甘肃、山东
基准价 20%	江西、新疆、西藏、湖南
基准价 15%	贵州
基准价 10%	安徽
协商确定	北京、天津、黑龙江、山西、河南、内蒙古
司法鉴定机构自主确定	湖北
未明确规定	浙江、吉林、辽宁

由表 2 可知，我国大部分地方的“疑复重”司法鉴定案件都可以在基准价基础上进行一定程度的浮动。但问题是需要先制定一般司法鉴定案件的基准价，只有先有了基准价，才能谈得上“疑复重”案件的浮动幅度问题。从这个意义上来讲，各地制定的收费项目和收费标准基准价，能够为“疑复重”司法鉴定案件的浮动幅度提供基础和参照。

（四）监督指导司法鉴定机构规范收费

规定司法鉴定收费项目和收费标准，能够为司法鉴定机构的收费提供具体指引。虽然司法鉴定收费管理办法规定了司法鉴定机构收费的基本原则、收费模式、收费要求等内容，但可操作性不强，无法确定具体的收费项目和收费标准，在这种情况下，司法鉴定机构就有可能任性收费，随意收费，任意规定收费项目和收费标准，这无疑严重危害司法鉴定收费管理制度，违背司法鉴定的公益性。因此，规定司法鉴定收费项目和收费标准能够达到监督和指导司法鉴定机构规范收费的目的。

（五）保护司法鉴定当事人的鉴定权益

司法鉴定收费项目和收费标准除了能够监督和指导司法鉴定机构规范收费以外，其更为重要的目的还在于能够减轻司法鉴定委托人或当事人的经济负担，避免被任意、任性和随意收取司法鉴定服务费。由于司法鉴定收费项目和收费标准是公开的，司法鉴定委托人或当事人也可以看到收费项目和收费标准，其就能够作为一方，对于司法鉴定机构是否依法与合理收费进行监督。从这个意义上来讲，司法鉴定收费项目和收费标准能够保护司法鉴定委托人或当事人的合法权益不受侵害。

（六）确保司法行政部门依法进行收费管理

司法行政部门承担着司法鉴定收费管理的职能，应当对司法鉴定收费行为进行依法监管。为了实现依法行政，司法行政部门应当有法可依。具体到司法鉴定收费的管理，就是要有具体的收费项目和收费标准作为执法参照，按照司法鉴定收费项目和收费标准确定的基准价，并结合司法鉴定收费管理模式和浮动幅度确定的空间范围进行监管，只有规定了明确的收费项目和收费标准，司法行政部门才能对司法鉴定收费依法管理。因此，通过规定司法鉴定收费项目和收费标准，司法行政部门才能做到依法行政，从而维护良好的司法鉴定收费管理秩序。

二、我国各地规定的司法鉴定收费项目和收费标准

通过对我国31个省级地方规定的司法鉴定收费项目和收费标准的梳理来看，各地制定的收费项目和收费标准存在一定的差异。现就我国各地的规定情况进行介绍。

（一）收费项目

所谓司法鉴定收费项目是指司法鉴定机构可以针对哪些项目进行鉴定和收费。按照《决定》等相关法律法规政策文件的规定，结合司法鉴定管理体制改革的精神和意见，我国现阶段司法鉴定类型主要有法医类、物证类、声像资料类、环境损害类四大司法鉴定类型，对于其他司法鉴定类型不纳入国家统一登记管理的范畴。通过梳理，我国31个省级地方规定的司法鉴定收费项目的具体情况统计（如表3）。

表3　我国各地规定的司法鉴定收费项目

收费项目	地域
“三大类1”：法医类、物证类和声像资料类	上海、北京、宁夏、浙江、湖北、甘肃、海南、新疆、吉林、辽宁、重庆、河南、安徽、陕西、内蒙古、河北、江苏、云南、广西、福建、黑龙江、四川、广东、贵州、山西、天津、青海
“三大类2”：法医类、物证类和交通类	山东
“四大类1”：法医类、物证类、声像资料类和环境损害类	江西
“四大类2”：法医类、物证类、声像资料类和其他类	湖南
“五大类”：法医类、物证类、声像资料类、环境损害类和其他类	西藏

从各地规定的司法鉴定收费项目来看，主要有以下几种类型：第一，“三大类1”，包括法医类、物证类和声像资料类，例如上海市、北京市、宁夏回族自

治区、浙江省、湖北省、甘肃省、海南省、新疆维吾尔自治区、吉林省、辽宁省、重庆市、河南省、安徽省、陕西省、内蒙古自治区、河北省、江苏省、云南省、广西壮族自治区、福建省、黑龙江省、四川省、广东省、贵州省、山西省、天津市和青海省。[①] 第二，“三大类 2”，包括法医类、物证类和交通类，例如山东省。[②] 第三，“四大类 1”，包括法医类、物证类、声像资料类和环境损害类，例如江西省。[③] 第四，“四大类 2”，包括法医类、物证类、声像资料类和其他类，例如湖南省。[④] 第五，“五大类”，包括法医类、物证类、声像资料类、环境损害类和其他类，例如西藏自治区。[⑤]

从各地制定的司法鉴定收费项目和收费标准的时间来看，主要集中在 2016 年至 2019 年之间，主要原因在 2015 年《决定》修改以后，国家下放司法鉴定收费管理权，司法鉴定收费管理权下放到省级地方以后，司法部要求各省级司法行政部门尽快会同当地物价部门制定司法鉴定收费管理办法、收费标准，各地也是积极行动，纷纷在上述期间制定了当地的司法鉴定收费标准。但也存在

① 《上海市司法鉴定项目基本目录和收费标准》(2016)；《北京市司法鉴定政府指导价项目和收费标准基准价》(2016)；《宁夏回族自治区司法鉴定收费项目和收费标准》(2017)；《浙江省司法鉴定机构鉴定服务收费项目和标准表》(2019)；《湖北省实行政府指导价的司法鉴定基准收费标准》(2016)；《甘肃省司法鉴定收费项目与基准价目录》(2017)；《海南省司法鉴定收费标准表》(2018)；《新疆维吾尔自治区司法鉴定项目基本目录和收费基准价格》(2017)；《吉林省司法鉴定收费标准》(2016)；《辽宁省司法鉴定收费标准》(2016)；《重庆市实行政府指导价管理的司法鉴定收费项目目录和收费标准》(2017)；《河南省司法鉴定收费项目和收费标准》(2017)；《安徽省司法鉴定收费项目和收费标准基准价》(2016)；《陕西省试行政府指导价的司法鉴定收费项目和收费标准表》(2017)；《内蒙古自治区司法鉴定服务收费标准》(2017)；《河北省司法鉴定项目和收费标准》(2017)；《江苏省司法鉴定收费项目和试行标准表》(2017)；《云南省实行政府指导价的司法鉴定收费项目和收费标准》(2017)；《广西壮族自治区司法鉴定收费项目和收费标准》(2017)；《福建省司法鉴定收费项目和收费标准表》(2018)；《黑龙江省司法鉴定收费项目和收费标准》(2016)；《四川省司法鉴定项目和收费标准》(2017)；《广东省司法鉴定收费项目和收费标准表》(2019)；《贵州省政府定价的司法鉴定项目和收费标准》(2016)；《司法鉴定项目和收费标准》(山西省，2016)；《司法鉴定收费项目和收费标准》(天津市，2017)；《青海省司法鉴定项目基本目录和收费标准基准价》(2017)。

② 《山东省司法鉴定指导收费标准》(2019)。

③ 《江西省司法鉴定收费项目和收费标准基准价》(2017)。

④ 《湖南省司法鉴定收费项目目录和收费标准》(2016)。

⑤ 《西藏自治区司法鉴定服务收费项目和收费标准》(2017)。

一些问题，例如山东省的司法鉴定收费项目只涵盖了法医类、物证类，并没有包括声像资料类，并把交通类纳入收费项目，这其实并不符合我国司法鉴定统一管理体制的精神。此外，按照2015年《最高人民法院、最高人民检察院、司法部关于将环境损害司法鉴定纳入统一登记管理范围的通知》（司发通〔2015〕117号）的要求和精神，环境损害类司法鉴定项目已经被纳入统一登记管理，各地除了江西省、西藏自治区以外，其他全部省份都没有规定环境损害类的司法鉴定项目。上述通知是2015年所下发，各地制定的司法鉴定收费项目和收费标准都是在2015年以后，大部分省份都没有制定环境损害类司法鉴定项目，这也没有完全契合我国现有司法鉴定项目类型。

（二）收费标准

所谓司法鉴定收费标准是指司法鉴定机构针对收费项目所能收取的基准价，也是司法行政部门管理司法鉴定收费行为是否规范合理的参考依据。鉴于各地制定的司法鉴定收费标准存在一定的差异，特选取某一司法鉴定收费项目的收费标准进行研讨。

1. 一般司法鉴定案件收费标准

鉴于各地都对晚期尸体常规解剖司法鉴定项目进行了规定，在这里就选取各地对晚期尸体常规解剖司法鉴定项目作为参照，以对各地相关的司法鉴定收费标准情况一探究竟。

表4　各地一般晚期尸体常规解剖司法鉴定案件收费标准

地域	基准价（元/具）	浮动幅度	最高价格（元/具）
北京	4000	上浮不超过50%	6000
天津	4000	上浮不超过40%	5600
山东	4500	上下浮动不超过30%	5850
河北	1000	下浮不超过30%	1000
江苏	4000	上下浮动不超过20%	4800
湖北	4000		4800
青海	4800	上浮不超过20%，下浮不限	5760
广东	4400	上浮不超过20%	5280

续表

地域	基准价（元/具）	浮动幅度	最高价格（元/具）
内蒙古	4600	上下浮动不超过 10%	5060
重庆	4000	上浮不超过 10%，下浮不限	4400
江西	1000	上浮不超过 10%	1100
安徽	4000	上浮不超过 10%	4400
上海	6000	不得上浮	6000
宁夏	4000		4000
四川	4000		4000
云南	5000		5000
福建	4500		4500
海南	5000		5000
广西	4800		4800
湖南	5000		5000
黑龙江	4500		4500
河南	1000		1000
辽宁	6000		6000
陕西	4800	不得上浮，下浮不限	4800
甘肃	4000		4000
新疆	4000		4000
西藏	2500		2500
贵州	4000		4000
山西	2000		2000
浙江①	3000		7500
吉林	4000		4000

由表 4 可知，各地针对晚期尸体常规解剖一般司法鉴定案件的收费标准基准价进行了规定，结合当地经济发展水平，考虑本地司法鉴定当事人的经济承

① 浙江省针对尸体解剖司法鉴定进行单独最高限价。

担能力，制定的基准价从1000到6000元/具不等。浙江省则相对例外，浙江省没有单独规定晚期尸体常规解剖，在收费标准备注部分提到，尸体解剖最高限价是7500/具元。有的地方考虑到不同的司法鉴定案件存在一定的差异，又规定了一定的浮动幅度，例如有的规定可以在基准价基础上上浮50%、40%、30%、20%等不同的浮动幅度空间，便于司法鉴定机构合理确定收费标准。有的地方则是直接规定了本地规定的司法鉴定收费标准是最高限价、不得上浮，或者不得上浮、下浮不限，以便给司法鉴定机构和当事人提供更为直接、简单的收费指引，避免司法鉴定任性收费。

2. “疑复重”司法鉴定案件收费表标准

相较于一般司法鉴定案件，“疑复重”司法鉴定案件在收费方面具有一定的不同，主要在于“疑复重”案件所耗费的成本、时间和精力要多于一般案件，这主要体现在浮动幅度方面的差异。

表5　各地“疑复重”晚期尸体常规解剖司法鉴定案件收费标准

浮动幅度	地域	基准价（元/具）	最高收费价格（元/具）
基准价2倍	上海	6000	18000
	宁夏	4000	12000
	四川	4000	12000
基准价1倍	青海	4800	9600
	陕西	4800	9600
基准价50%	重庆	4000	6000
	云南	5000	7500
	福建	4500	6750
基准价40%	广东	4400	6160
基准价30%	海南	5000	6500
	江苏	4000	5200
	河北	1000	1300
	广西	4800	6240
	甘肃	4000	5200

续表

浮动幅度	地域	基准价（元/具）	最高收费价格（元/具）
基准价 20%	江西	1000	1200
	新疆	4000	4800
	西藏	2500	3000
	湖南	5000	6000
基准价 15%	贵州	4000	4600
基准价 10%	安徽	4000	4400
协商确定	北京	4000	无上限
	天津	4000	无上限
	黑龙江	4500	无上限
	山西	2000	无上限
	河南	1000	无上限
	山东	4500	无上限
	内蒙古	4600	无上限
司法鉴定机构自主确定	湖北	4000	无上限
未明确规定	浙江①	3000	7500
	吉林	4000	不明确
	辽宁	6000	不明确

由表 5 可知，按照各地规定的“疑复重”司法鉴定案件收费浮动幅度，结合当地晚期尸体常规解剖的基准价，按照基准价基础上浮动幅度 2 倍、1 倍、50%、40%、30%、20%、15%、10%等浮动幅度的比例。晚期尸体常规解剖最高收费是上海市 18000 元/具，最高收费价格中最低的是 1200 元/具。其中还有最高收费的地方有宁夏回族自治区、四川省是 12000 元/具，青海省最高价格是 9600 元/具。此外，从横向比较而言，因浮动幅度差异较大影响最高价格的情况也存在。例如宁夏回族自治区、四川省、重庆市、江苏省、甘肃省、新疆维吾尔自治区、贵州省的基准价都是 4000 元/具，因各地浮动幅度的差异，可能

① 未直接规定晚期尸体常规解剖的鉴定项目，参照死亡鉴定项目，但备注部分规定了尸体解剖的最高限价。

导致最高收费价格呈现宁夏回族自治区和四川省的是 12000 元/具，重庆市是 6000 元/具，江苏省和甘肃省是 5200 元/具，新疆维吾尔自治区是 4800 元/具，贵州省是 4600 元/具，显示不同地方最高收费价格存在悬殊。此外，有些地方规定的是协商确定收费价格，例如北京市、天津市、黑龙江省、山西省，河南省、山东省和内蒙古自治区，虽然规定了基准价，但由于没有具体规定浮动幅度，由司法鉴定机构与当事人参照基准价协商确定最后收费价格，充满了不确定性。另外，湖北省由于是规定的司法鉴定机构自主确定，再加上没有浮动幅度的控制，又没有当事人参与协商，风险巨大。

三、存在的问题

（一）收费项目不一

按照我国司法鉴定统一管理体制改革的要求以及《决定》等法律法规政策文件的规定，我国已经确立了法医类、物证类、声像资料类以及环境损害类这四大类司法鉴定纳入国家统一登记管理。而各地制定的司法鉴定收费项目则存在不一致的情况，大部分地方主要规定了三大类，即法医类、物证类和声像资料类，没有规定环境损害类，明显不符合我国统一司法鉴定管理的改革趋势和方向。有的地方在收费项目中规定了交通类、其他类的司法鉴定收费项目，也不符合我国司法鉴定统一登记管理体制改革的方向。因此，各地在后续修订司法鉴定收费项目时，应当考虑将环境损害类司法鉴定都纳入收费项目。

（二）收费标准过高

从各地规定的晚期尸体常规解剖一般司法鉴定案件的收费标准基准价来看，基数差异较大，例如最高的是上海市、辽宁省 6000 元/具，最低的是河北省、河南省和江西省 1000 元/具，两个基准价相差竟然高达 5000 元。即使是同一收费标准，但基于当地经济发展水平的不同，又凸显差异性。例如，上海市是 6000 元/具，而辽宁省也是 6000 元/具，显然，上海市与辽宁省的经济发展水平差异较大，而司法鉴定收费标准却相同，辽宁省的收费标准基准价显然是过高了。此外，这里的收费标准是省级标准，省级地方都是由市、区、县、乡镇等组成，即使一个省级地方内不同的市、县、乡也存在很大的经济差距，例如陕西省的西安市和延安市，等等。如果都按照省级统一确定的收费标准来适用的话，就存在收费标准不适宜经济较差地区的情况，在一个省级地方适用同一收费标准对有些地方而言，也存在收费标准过高的问题。

（三）浮动幅度过大

我国地方规定的司法鉴定收费浮动幅度主要有两类，第一类是一般司法鉴定案件的收费浮动幅度，第二类是“疑复重”案件的收费浮动幅度。从一般司法鉴定案件的收费浮动幅度来看，主要规定的浮动幅度比例有 50%、40%、30%、20%和 10%这几类，总体来看，规定得较为合理，以北京市晚期尸体常规解剖一般鉴定案件的最高收费来看，按照浮动幅度 50%的比例，原基准价是 4000 元/具，那最高收费价格是 6000 元/具，总体较为合理。但“疑复重”司法鉴定案件的收费浮动幅度的比例就存在过大的问题，各地规定的浮动幅度比例有基准价基础上的 2 倍、1 倍、50%、40%、30%、20%、15%和 10%这几类。考虑各地有的鉴定类型基准价本身就较高，再按照 2 倍、1 倍的幅度进行浮动，以晚期尸体常规解剖为例，上海市、宁夏回族自治区和四川省的司法鉴定收费最高收费则高达 18000 元/具、12000 元/具，显然，部分地方“疑复重”司法鉴定收费的浮动幅度明显过高，再考虑各地的经济差异，宁夏回族自治区的晚期尸体解剖“疑复重”案件是 12000 元/具，四川省也是 12000 元/具，造成价格虚高的主要原因在于浮动幅度过大，最终导致最高收费价格过高。

四、完善的举措

（一）统一收费项目

按照我国司法鉴定统一管理体制改革的目标和方向，在传统“三大类”的法医类、物证类和声像资料类的基础上，我国司法鉴定统一登记管理的类型已变为“四大类”的法医类、物证类、声像资料类和环境损害类。从各地规定的具体收费项目来看，大部分地方规定的收费项目主要是传统的“三大类”，将环境损害类的司法鉴定纳入收费项目的地方极少，这不符合我国司法鉴定统一登记管理体制改革的目标，在各地修改收费项目时，应当将环境损害类的司法鉴定类型纳入收费项目，确保高层决策机关通过法律法规等政策性文件确定的司法鉴定类型统一纳入地方司法鉴定收费项目，以维护司法鉴定统一管理体制改革的目标。需要特别注意的是，2015 年国家修改《决定》第 15 条，只是将司法鉴定收费标准制定权下放到省级地方，并未将司法鉴定项目确定权下放，各地要严格按照“四大类”司法鉴定项目制定收费标准。

（二）降低收费标准

从各地规定的司法鉴定收费标准来看，以晚期尸体常规解剖为例，基准价最高的是 6000 元/具，最低的是 1000 元/具，先不考虑各地的经济差异，基准价相差 5000 元的额度，从总体上来看，收费标准相差较大，不完全符合我国当前经济发展的水平和老百姓的经济承受能力。晚期尸体常规解剖收费标准基准价 6000 元的是上海市和辽宁省。显然，上海市规定 6000 元/具还较为符合经济发展水平和当地老百姓的承受能力，但辽宁省的收费标准也是 6000 元/具，则明显不符合当地经济发展水平和老百姓承受能力。河北省、江西省和河南省的晚期尸体常规解剖收费标准基准价是 1000 元/具，则收费标准可能相对偏低，可以在这个基准价基础上适当上调，属于特别例外情况。

（三）缩小浮动幅度

一般司法鉴定案件的收费浮动幅度主要集中在 10%—50%之间，较为科学合理。但“疑复重”司法鉴定案件的收费浮动幅度则主要集中在 10%—2 倍之间，结合现有收费标准基准价，2 倍、1 倍的浮动幅度属于浮动空间过大。例如上海市的晚期尸体常规解剖基准价是 6000 元/具，按照“疑复重”案件 2 倍的浮动幅度，最高收费是 18000 元/具，可见收费浮动幅度影响很大。宁夏回族自治区和四川省的基准价是 4000 元/具，按照 2 倍的浮动幅度，最高收费是 12000 元/具，显然，最高收费标准明显过高。青海省和陕西省的基准价是 4800 元/具，按照 1 倍的浮动幅度，最高收费价格是 9600 元/具，显然，这两地的最高收费属于偏高。此外，又因为省级地方的市、县、乡等基层区域也存在很大经济差异，统一适用同一浮动幅度，也明显不符合当地的经济发展水平和老百姓的承受能力，有待区别规定不同地域的浮动幅度。建议“疑复重”司法鉴定案件的浮动幅度在 10%—1 倍之间较为合理。各地可在后续修订收费浮动幅度时，结合当地经济发展水平和老百姓承受能力，科学、准确评估，制定合理的“疑复重”司法鉴定案件浮动幅度。

行政处罚“主观过错”规范的反思

——基于《行政处罚法》第33条第2款的法教义学分析

祁小敏* 杜珂蕊**

摘 要：新《行政处罚法》新增的“主观过错”条款，开启了我国行政处罚中将行政相对人的主观过错考虑在内的先河。但从法教义学角度上看，该条款在条文表述上有一些不足，导致“主观过错”作为构成要件产生解读歧义、相关举证责任分配有失公平以及证明标准规定模糊等问题。究其原因，主要是由于对构成要件与裁量要件的差异发生混淆，违背了举证责任分配的原理并且背离了立法的明确性原则。针对上述立法不足，为了准确理解和以后更好地适用“主观过错”条款，本文进行了相应的立法完善的探讨。

关键词：行政处罚 主观过错 构成要件 举证责任 证明标准

2021年修订的《行政处罚法》将“主观过错”写入法律条文内，是行政处罚立法上的新亮点，是对行政相对人权利的又一保障，是有效限制政府权力的又一举措，在我国行政法发展历史进程中具有里程碑意义。随着“主观过错”在实践中不断深入与发展，法理探求与教义学解释在行政处罚中的地位也越来越重要。围绕着新《行政处罚法》第33条第2款“主观过错”的表述，有学者对该规范内容产生了不同解读，从而引发了该规范的法教义学方面的问题。鉴于此，本文试图通过法教义学分析，对《行政处罚法》规范第33条第2款的表述进行一定的探讨，力求厘清行政处罚中“主观过错”的立法意图，阐明“主观过错”的内在

* 山西大学法学院讲师，主要研究方向为宪法学、行政法学。

** 山西大学法学院硕士研究生，主要研究方向为宪法学、行政法学。

价值，以描绘出具有现实意义的行政处罚中的“主观过错”制度。

一、行政处罚“主观过错”规范的教义分析

2021年修订的《行政处罚法》第33条第2款是行政处罚“主观过错”的具体规范，其明确规定：“当事人有证据足以证明没有主观过错的，不予行政处罚。法律、行政法规另有规定的，从其规定。”这是我国首次将主观要件写入行政处罚法条文，是我国行政处罚立法进程中的一大进步。但是，从法教义学的角度来讲，该条款仍存在一些问题，具体而言：

（一）作为构成要件产生解读歧义

《行政处罚法》第33条第2款规定，“当事人有证据足以证明没有主观过错的，不予行政处罚”。体现出当事人如果可以证明其主观上不存在过错，不受行政处罚。但此规定容易引起“主观过错”在行政处罚中究竟是构成要件还是裁量要件的解读歧义。

对于此条款，将“主观过错”解读为构成要件的观点认为，这一条款的规定符合行政处罚构成要件的内涵。虽然《行政处罚法》第33条第2款并未直接表达，但从《行政处罚法》的规制目标与价值取向来看，其目的是想要将“主观过错”作为认定违法行为的构成要件，以最大限度保护行政相对人的利益。所以即使主观过错的大小在一定程度上会影响行政责任的轻重，但其不是裁量的决定性因素。若将“主观过错”定性为裁量要件，不能体现出行政处罚的功能定位与新法的立法逻辑。所以将“主观过错”作为构成要件更符合《行政处罚法》的基本立场和目的。①

但是也有观点认为无法直接从该条款中将“主观过错”解读为行政处罚的构成要件。因为一方面，从《行政处罚法》第33条第2款中“……没有主观过错的，不予行政处罚”的规定来看，该条款的“不予行政处罚”体现的是行政处罚不成立的情形，所以可以将“主观过错”解读为行政处罚的构成要件。

---

① 喻少如、姜文：《论行政处罚的主观要件——以新修订〈行政处罚法〉第三十三条第二款为中心》，载《湖南警官学院学报》2021年第3期。

另一方面，从该条中规定的“当事人有证据足以证明没有主观过错”来看，当事人主张的证据是否可以达到“足以证明”的标准是由行政机关自行裁量的，所以又可以将“主观过错”看作行政处罚的裁量要件。

（二）举证责任分配规定有失公平

在举证责任的分配上，从《行政处罚法》第33条第2款中“当事人有证据足以证明没有主观过错”的规定来看，证明当事人主观上是否存在过错的主体是自己本身，而不是行政机关，这一规定有失公平。

在行政处罚中，应当由行政机关对其作出的处罚决定承担举证责任。当事人可以提供证据补充证明其没有主观过错，并对不存在主观过错做出合理解释，排除行政机关的怀疑。① 这样既有利于保障当事人充分发挥证明自己主观无过错的权利，又不会过多增加当事人的举证负累，从而实现举证责任的公平分配。

倘若根据该条文将“主观过错”视为行政处罚的构成要件，按照一般规定，这一证明责任显然应当由行政机关来承担。然而，现有条文却要求当事人提供证据自证不存在主观过错，这对当事人而言显然属于一种“证明负担”。②在此情形下，如果当事人不能证明其主观无过错，就会陷入更为不利的状态。这与行政处罚中应当由行政机关对其做出的处罚决定承担举证责任的规定，以及公平分配行政机关与当事人之间举证责任的要求相违背。

（三）证据证明标准规定不甚明确

在证明标准方面，《行政处罚法》第33条第2款规定，“当事人有证据足以证明没有主观过错的，不予行政处罚”。然而，何谓“足以证明”，该条款并没有做出明确规定，具有一定模糊性。

同样地，在各专门领域立法中，关于当事人证明主观无过错的证明标准，规定也不够明确。例如，2021年最新修订的《医疗器械监督管理条例》第87条规定：“医疗器械经营企业、使用单位履行了本条例规定的进货查验等义务，

---

① 《新〈行政处罚法〉中“主观过错”条款的适用思考》，载微信公众号“福建英合律师事务所”，2021年8月18日。

② 尹培培：《论新〈行政处罚法〉中的“主观过错”条款》，载《经贸法律评论》2021年第3期。

有充分证据证明其不知道所经营、使用的医疗器械为……可以免除行政处罚。”其中“充分证明”的表述也比较模糊。

这样不明确的规定，不利于“主观过错”在实践中的适用。因为新《行政处罚法》第33条第2款对“主观过错”的证明标准没有具体规定，所以在实践中可能会导致行政机关在进行行政处罚的事实认定上，因没有具体的证明标准而随意扩大自主裁量权，对当事人的合法权益造成侵害。也可能使当事人因无法依据证明标准准确收集证据，证明自己主观上无过错，而遭受不应受到的行政处罚。

二、行政处罚“主观过错”规范的法理反思

对于以上所述的《行政处罚法》第33条第2款的规范问题，究其原因，在一定程度上与对行政处罚构成要件内涵的解读、行政处罚举证责任分配的遵循、对“主观过错”证明标准的理解有关，下面将逐一展开分析。

（一）混淆了构成要件与裁量要件的差异

对《行政处罚法》第33条第2款“主观过错”条款作为行政处罚构成要件产生解读歧义，其主要原因是对构成要件与裁量要件的内涵发生了混淆，没有准确区分裁量要件与构成要件对行政处罚结果产生的不同影响。

行政处罚的构成要件，是指应受行政处罚的行为所必须具备的法定条件。它是行政机关实施行政处罚的前提，直接关系到行政处罚决定的合法性和有效性。因此，“主观过错”作为构成要件影响的是行政处罚是否可以成立的问题。① 行政处罚的裁量要件，是指行政机关在法律事实要件确定的情况下，在法律授权范围内，依据立法目的和公正、合理原则，自行判断行为条件，自由作出行政决定行为的参考要件。所以，“主观过错”作为裁量要件影响的是行

① 主张“主观过错”是行政处罚的构成要件的观点认为：行政违法责任的构成一般采用过错原则，即只有当违法行为人主观上有过错时才承担违法责任，主观没有故意或过失的违法人不受处罚。（参见杨解君：《行政处罚适用的主观过错条件》，载《法学天地》1995年第3期；张进：《食品卫生行政处罚中过错认定问题浅见》，载《中国卫生事业管理》1999年第8期；刘席宏：《行政处罚归责原则研究》，载《黑龙江省政法管理干部学院学报》2015年第1期。）

政处罚结果的处罚幅度问题。

一方面，《行政处罚法》第33条第2款中"……没有主观过错的，不予行政处罚"的规定体现出"主观过错"是行政处罚的构成要件，在此情况下，如果当事人有证据足以证明其主观上不存在过错，则不受行政处罚。"不予行政处罚"是针对违法事实不构成行政处罚意义的违法，指本不应该处罚而不对行为人进行行政处罚的情况。"主观过错"作为构成要件，会引起"不予行政处罚"的结果，而不会引起"免予行政处罚"的结果。① 另一方面，条款中规定"当事人有证据足以证明没有主观过错的"，在此情形下，"主观过错"又可以被看作行政处罚的裁量要件。因为此时当事人主张的证据能否达到"足以证明"的标准是由行政机关自行裁量的，"主观过错"能否对行政处罚结果产生影响也是由行政机关决定的。这种规定混淆了构成要件和裁量要件的差异，进而引起了从中将"主观过错"明确解读为构成要件的歧义。

（二）违背了举证责任分配的原理

《行政处罚法》第33条第2款规定的举证责任分配有失公平主要是因为违背了行政处罚法中举证责任分配的原理。该规定让当事人承担了过重的证明责任，在一定程度上可能会导致行政权力的滥用，与有限政府的行政目标相悖。

《行政处罚法》第40条规定："公民、法人或者其他组织违反行政管理秩序的行为，依法应当给予行政处罚的，行政机关必须查明事实；违法事实不清的，不得给予行政处罚。"由此可见，在行政处罚程序中，一般应当由行政机关承担举证责任。从行为责任上来说，行政机关负有查明违法事实的责任；从结果责任上来说，如果行政机关没有查明违法事实，不得给予行政处罚。② 在行政处罚中，如依据"过错责任"③ 理论，当事人的过错显然属于这里的"事实

---

① "免予行政处罚"是针对违法事实已构成行政违法但只是考虑到有特殊情况存在，不再科处行政处罚的情况。"不予处罚"与"免予处罚"的区别是：前者是指该行为不符合处罚条件，本就不应当受到处罚；后者是对于那些本应当予以处罚的行为，因为某些原因而免去了处罚。

② 何茂斌：《简论行政处罚程序中的举证责任》，载中国论文下载中心，https://china.findlaw.cn/info/xzss/sskw/150723.html。

③ 姜明安：《行政违法行为与行政处罚》，载《中国法学》1992年第6期；应松年主编：《行政行为法——中国行政法制建设的理论与实践》，中国法制出版社1993年版，第473—474页；杨解君：《行政处罚法适用的主观过错条件》，载《法学天地》1995年第3期。

范畴”，而将“事实不清”的澄清义务完全归属于当事人承担，毫无疑问增加了其证明负担。并且按照“谁主张，谁举证”的一般举证原则，行政机关应当就其作出的行政行为提供法律和事实依据以支持其主张，这在《行政复议法》与《行政诉讼法》中均有体现。① 在行政处罚中，当事人本就属于弱势一方，故若将主观方面的举证责任全部归属于当事人，就会给其增加更多负累，且可能因为证明责任与证明能力不平衡问题而增加当事人遭受行政处罚的风险，最终导致行政目标的难以实现。

但是《行政处罚法》第 33 条第 2 款规定“当事人有证据……”，该条款既没有明确规定应受行政处罚行为人应当因其主观上存在过错而受行政处罚的一般要求，也没有明确规定行政机关作为制裁机关所需要承担的证明责任。该条款将证明不存在“主观过错”的举证责任全部分配给了当事人，违背了上述行政处罚中举证责任的分配原理，这一做法有失公平。

（三）背离了立法的明确性原则

《行政处罚法》第 33 条第 2 款对当事人用于证明其主观无过错的证明标准的规定较为模糊，其主要原因是背离了立法的明确性原则。这样模糊的规定，容易在当事人收集证据证明其主观无过错时给其造成困扰。

我国《立法法》第 7 条第 2 款规定：“法律规范应当明确、具体，具有针对性和可执行性。”这就是立法的明确性原则。该原则要求立法的内容应当肯定、明确而不能含糊或模棱两可；要求立法的概念应当清楚，规则表达应当清晰，语言没有歧义，规范的逻辑关系应当严密。如果明确性原则能够切实得以遵循，那么对于法律规定的诸多困惑就必将减少。从立法的目的来讲，立法的明确性原则与预告规则这一重要功能息息相关，所以立法者制定法律首要的功能就是定规立范，为民众的行为提供一般指引。② 因此法律在制定时，在用语上应当清楚、明白，易于一般民众了解，从而有利于民众根据法律规定有序地安排自己的行为，便于社会上下遵守，进而形成稳定的秩序。所以《行政处罚法》第 33 条第 2 款对主观无过错证明标准的规定应当具体明确，能够被当事人准确理解，

---

① 《行政复议法》第 23 条第 1 款；《行政诉讼法》第 34 条第 1 款。

② 裴洪辉：《在价值理想与客观认知之间：法律明确性原则的理论空间》，载《法学论坛》2019 年第 2 期。

当事人才能通过了解法律规范预见其主张的证据可否证明自己主观无过错。

根据《行政处罚法》第33条第2款“当事人有证据足以证明……”的规定来看，当事人用于证明自己主观上不存在过错的证据需要达到“足以证明”的标准，但该条文并没有明确说明如何界定“足以证明”，这与上述《立法法》所要求的明确性原则相背离。这里的“足以证明”过于笼统和模糊，并没有明确规定当事人用以证明自己主观上不存在过错的证据需要达到什么标准，从而可能导致当事人因不知证明标准，而在收集证明其主观无过错的证据后，因未达到标准而遭受行政处罚。

三、行政处罚“主观过错”规范的完善路径

“主观过错”条款作为本次《行政处罚法》修订的一大亮点，其制度构成既要符合法理逻辑，也要回应现实需要和司法、执法的合理状态。上述对“主观过错”条款的规范分析，最后仍然需要转化为立法上的完善。只有进一步完善立法规范，才能更好地将“主观过错”条款落实在行政处罚领域中。

（一）明确“主观过错”作为构成要件

将“主观过错”明确作为行政处罚构成要件，是当前国际上普遍奉行的立法规定。目前，德国、奥地利等国家，以及我国台湾地区，出台了专门的行政处罚法律及规范性文件，并在相关条款中将“主观过错”规定为构成要件。①借鉴上述国家和地区规定，针对《行政处罚法》第33条第2款规范中体现出“主观过错”作为构成要件产生解读歧义的问题，可以从以下两种途径将“主观过错”明确规定为行政处罚的构成要件：

其一，通过立法解释明确。可以对《行政处罚法》第33条第2款进行立法解

---

① 德国《违反秩序罚法》第10条规定：“只有故意行为方可作为违反秩序行为处罚，但是法律明确规定对过失行为应当处以罚款的除外。由此可见德国的行政处罚法以处罚故意为原则，对过失行为的处罚以法律明文规定为限。”我国台湾地区“行政处罚法”采“有责任始有处罚原则”，其第7条第1项规定“违反行政法上义务之行为非出于故意或过失者，不予处罚”。（参见尹培培：《论新〈行政处罚法〉中的“主观过错”条款》，载《经贸法律评论》2021年第3期。）

释，对有关于“主观过错”的规定作出专门说明。明确“主观过错”作为行政处罚的构成要件，为“主观过错”条款在行政处罚成立中的适用提供具体的规范依据。

其二，通过立法修改明确。可以将《行政处罚法》第33条第2款中“当事人有证据足以证明没有主观过错的，不予行政处罚”改为“调查终结后，行政机关认定当事人没有主观过错的，不予行政处罚”，这样可以严格区分构成要件和裁量要件的差异，从而避免对“主观过错”作为构成要件还是裁量要件产生解读歧义。

（二）合理规定举证责任分配

合理分配行政机关与当事人的举证责任，是保障当事人合法权益的重要举措，并且有利于规制行政机关的行政裁量权，符合建设有限政府的要求。因此，针对上述《行政处罚法》第33条第2款中举证责任分配有失公平的问题，可以从以下两个方面进行立法完善：

其一，在《行政处罚法》第33条第2款中增加当事人证明主观无过错具体情形的内容。具体而言，就是在“不予行政处罚”后增加“包括紧急避险、正当防卫、不可抗力等”的内容。① 通过这样的修改，明确当事人可以举证的证据方向，便于当事人证明主观上不存在过错。

其二，在《行政处罚法》第5章第3节中增加行政机关的举证责任和调查证据的内容。具体而言，在《行政处罚法》第56条后增加一条，规定“在法律、法规明确规定当事人主观过错为应受行政处罚行为的构成要件时，② 由行政机关承担证明当事人的主观状态符合规定的应受行政处罚的举证责任；在法律、法规没有特别规定的情形下，③ 当事人需提供证据证明其没有主观过错，

---

① 熊樟林：《应受行政处罚行为模型论》，载《法律科学》2021年第5期。

② 如《道路交通安全法》第11条规定要求机动车号牌应按照规定悬挂并保持清晰、完整，再根据罚则条款第95条规定，如果不安装车牌，或故意遮挡、污损车牌的，予以处罚。这便是对主观过错有特殊要求的规定，在行政机关对遮挡、污损、未安装机动车车牌的行为进行认定时，需要由行政机关承担证明相对人主观上具有过错的举证责任。

③ 如《城市道路管理条例》第42条规定，列明如未在城市道路施工现场设置明显标志和安全防围设施的；占用城市道路期满或者挖掘城市道路后，不及时清理现场等违反城市道路管理的情形，而未规定行政相对人的主观状态。此时由相对人承担证明自己主观上无过错的证明责任。

而行政机关也需要对当事人提交的证据进行调查”的内容，这样既规定了当事人的举证责任，又规定了行政机关的举证责任，有利于减轻当事人的证明负担，合理分配当事人与行政机关对于主观要件所应当承担的举证责任。

（三）细化“主观过错”证明标准

明确规定“主观过错”的证明标准，符合立法的明确性原则，有利于当事人有针对性地收集和提供证据，从而证明其主观无过错。所以，针对上述《行政处罚法》第 33 条第 2 款规定的证明标准表述模糊的问题，可以从以下两个路径进行完善：

其一，通过立法解释，明确“主观过错”的证明标准。可以参考刑事诉讼中的证据需要达到排除合理怀疑的标准以及民事诉讼中的证据需要达到高度盖然性的标准。通过对《行政处罚法》第 33 条第 2 款的立法解释，规定行政处罚中用于证明当事人主观无过错证据的证明标准是优势证据标准,① 以便于当事人根据证明标准准确提供证据证明其主观无过错。

其二，细化专门规范，规定特定领域的证明标准。在道路交通、食药监管、安全生产等专门领域内明确关于优势证据的证明标准，以便使“主观过错”条款在不同领域内进行更好的适用，从而更好地实现行政处罚维持社会秩序的目的。

四、结语

法律是治国之重器，良法是善治之前提。《行政处罚法》作为行政机关维护社会秩序的法律，在立法目的上具有平衡保障人权和法律秩序的追求。本文从法教义学的角度分析了新《行政处罚法》第 33 条第 2 款的一些问题，并深入探究了上述问题的法理原因，最终针对这些问题提出了相应的完善建议。然而《行政处罚法》的修改并不是一个终点，要想充分发挥“主观过错”条款在行政处罚中的作用，还需要时间和实践的检验。

---

① 阎魏认为，应当构建以明显优势标准为一般标准的行政诉讼证明标准体系，“明确而令人信服”等表述在证明程度上等同于明显优势证据标准。参见阎魏：《行政诉讼证据规则原理与规范》，法律出版社 2019 年版，第 73 页、第 111 页。

行政协议单方变更、解除权的比较研究

何建华*　文瑞华**

摘　要：行政机关在行政契约中可以基于公共利益对行政契约进行变更或者解除，在大陆法系国家和地区，德国、法国以及我国台湾地区的行政契约制度较为完备。英美法系国家也有特殊的规则。而行政契约所兼具的行政性和契约性不仅为其识别造成了困难，而且为其变更与终止设置了障碍，当事人在选择诉讼程序时经常会遇到困难，因此，分析对比不同国家和地区的制度，以期比较出各种制度的特点。

关键词：行政契约　变更解除权　公共利益

随着行政契约概念的引进，无论是在学界还是在实务界，都对这一概念产生了很大的争议。从识别标准，到可适用的规则，再到诉讼程序，都无一不引起广泛的讨论，而在其他国家和地区，对行政契约制度的构建由来已久，已经较为成熟和完善，比如德国、法国、我国台湾地区以及英美法系国家，都有对行政契约这一概念独特的理解，因此本文将对以上国家和地区的制度进行分析，并进行总结。

一、大陆法系比较研究

（一）德国比较研究

1. 制度基础

奥拓·迈耶在 1895 年出版的《德国行政法》中曾经充分地表明其认为

* 山西大学法学院副教授，主要从事宪法学与行政法学研究。

** 山西大学法学院硕士研究生，主要研究方向为宪法学与行政法学。

“并没有公法与私法共同的法律制度。并没有能够直接产生民事法律效力的公法制度。对于国家而言并无混合的法律制度。”① 在公法中产生私法或公法的效果，奥拓·迈耶认为这是独特的。因此，他认为公法应该与私法完全分开，不可混合。德国学界对此种公、私混合契约的定性一直存在争议。主要分为肯定说、否定说两种观点，否定说认为一个法律关系仅有一个法律属性，即行政法律关系应该具有行政属性，民事关系则具有民事法律属性，二者不可混合，且有些学者认为行政法最为重要的是依法行政，而非依约行政，因此公法合同并无适用的实际益处。② 肯定说是德国学界和实务界大多数的观点，即在一个契约中同时存在两种属性，尽管对于该种契约的定性如何尚未有确定的结果，但是这种契约在理论上没有排除其存在的可能。③ 随着“二战”之后对公民平等权理念的提高，公民在国家地位的逐渐提高，公法合同也可以被认为是行政行为的一种延伸，让“法律上的平等”即形式平等在公法合同中逐渐成为可能。④

2. 制度规则

根据德国《联邦行政程序法》第 54 条第 1 款的规定，行政合同是指设立、变更和终止公法上的法律关系的合同。明显的是，行政合同的客体是公法法律关系，根据以上概念可以分析出三个判断标准：首先，合同目的是执行公法规范。其次，包含有作出行政行为或者其他主权性职务行为的义务。最后，针对公民公法上的权利义务。⑤ 学界根据《联邦行政程序法》第 54 条第 2 款的规定，即“公法领域的法律关系可以通过合同成立、变更或废止，但以法律条文没有作出相反规定为限。尤其行政机关可以与相对人签订公法合同，以代替原来拟发布的具体行政行为。”行政合同被分为对等性合同和主从权合同，所谓对等性合同是指原则上地位相同的当事人之间，特别是具有权利能力的行政主体之间签订的合同，针对不能通过行政行为处理的法律关系。所谓主从权合同是

---

① ［德］奥拓·迈耶：《德国行政法》，刘飞译，商务印书馆 2021 年版，第 125—126 页。

② 吴庚、盛子龙：《行政法之理论与实用》，三民书局 2018 年版，第 400 页。

③ 江嘉琪：《公司法混合契约初探——德国法之观察》，载《中原财经法学》2002 年第 9 期。

④ ［德］平特纳：《德国普通行政法》，朱林译，中国政法大学出版社 1999 年版，第 148 页。

⑤ ［德］哈特穆特·毛雷尔：《行政法学总论》，高家伟译，法律出版社 2000 年版，第 351 页。

指具有命令服从关系的当事人之间，即行政机关为一方、公民或者其他位于行政之下的法人为另一方签订的合同。① 主从权合同是大多数行政合同的范式。

行政合同的变更和解除权也分为不同的情况。根据德国《联邦行政程序法》第60条第1款的规定："若合同原始情势自合同订立后发生重大变化，继续履行原合同对一方显失公平，则该方可要求变更合同内容以适应新情况，若无法变更或不合理变更，该方可终止合同。行政机关为防止或排除对公共福祉之重大不利益，亦得终止契约。"根据该款第一句的规定，是"行为原因消灭"理论在行政法领域的运用，该理论是诚实信用原则的具体体现。合同变更的条件是：当事人不能左右的情况下发生了变更，对合同内容的遵守产生了决定性的影响。变更理由的严重性表现为一般合同风险的大范围发生。该项规定是以情势变更理念为依据，变更请求是向对方当事人提出的，变更以合同的形式进行，属于从属性解除合同的类型。与之不同的是，该款第二句是对特殊解除权的规定，特殊解除权属于行政机关，其为了避免或者消除对公共福祉的严重损害，可以解除行政合同，这是因为，为了执行公共利益所产生的行政任务，行政机关必须有这种权力。②

就广义而言，行政机关的单方变更权和解除权都为行政机关的单方终止权，不论是变更还是解除，都是以一个后成立的合同去代替前一个合同，因此，都是对原有行政契约的取代。这种变更或者解除都是私法领域的常客，并非公法领域的专属。无论是"一般合同风险"还是"公共福祉的保护"，都是从行政机关应该有的义务和责任的角度出发，行政机关在与当事人订立行政契约时是从自身职权的角度出发，以比较柔和的形式实施行政权力，即所谓"柔性行政"。但行政契约应兼具行政性和契约性，其契约性的部分以行政机关和当事人的合意为基础，因此如果发生了合同订立时无法预见或者无法改变的事情发生，则可以对行政契约进行变动。

本条中行政机关行使单方终止权后，有学者认为应该适用《联邦行政程序

---

① ［德］哈特穆特·毛雷尔：《行政法学总论》，高家伟译，法律出版社2000年版，第353页。

② ［德］汉斯·J. 沃尔夫、奥托·巴霍夫、罗尔夫·施托贝尔：《行政法》（第2卷），高家伟译，商务印书馆2002年版，第161页。

法》第49条的规定对缔约相对人进行补偿。① 然而有学者认为不应该适用《联邦行政程序法》第49条的补偿规定。从学理上讲，行政机关可以因公共利益的风险问题单方面解除行政契约，这虽然是“公益优于私益”的体现，但需要在解除合同后对相对缔约方的损失进行补偿。②

德国民法中率先提出“情势变更”的概念，基于对合同严守原则的践行，德国对情势变更这一规则持否定态度，但由于第一次世界大战的发生，原本稳定的契约关系变得动荡，使得民众对合同严守产生怀疑，随着理念的转变，在新修订的《德国民法典》第313条③中规定了情势变更原则。④ 而在行政契约变更的规定中，运用了情势变更的理念，充分体现了行政契约中的“契约性”。

以上是对德国行政契约中行政机关单方变更解除权的一个总体概述。从其中可以看出，德国行政契约中单方变更解除权的制度基础还是民法中的情势变更规则，以及有关合同变更的规则，因此德国行政契约的变更解除权民法意旨较为突出。

（二）法国比较研究

1. 制度基础

与德国行政合同已经规定在实体法中不同的是，法国针对行政合同主要以判例的方式规定。其将一些较为重要和长期的行政契约汇编在《公共合同法典》中，并以判例的形式进行补充，从判例中总结出的一般原理和理论共同构

---

① ［德］哈特穆特·毛雷尔：《行政法学总论》，高家伟译，法律出版社2000年版，第381页。

② 陈淳文：《论行政契约法上之单方变更权——以德、法法制之比较为中心》，载《台湾大学法学论丛》2005年第2期。

③ 《德国民法典》第313条（法律行为基础的障碍）：（1）已成为合同基础的情事在合同订立后发生重大变更，而假使双方当事人预见到这一变更就不会订立合同或会以不同的内容订立合同的，可以请求调整合同，但以对一方当事人来说，在考虑到个案的全部情事，特别是合同所定或者法定的风险分配的情况下，对未予变更的合同的维持是不能合理地期待的为限。（2）已成为合同基础的重要观念表明系错误的，与情事的变更相同。（3）合同的调整为不可能或对一方当事人来说系不能合理地期待的，受不利益的一方当事人可以解除合同。就长期债务关系而言，通知终止权替代合同解除权。

④ ［德］卡斯腾·海尔斯特尔：《情事变更原则研究》，许德风译，载《中外法学》2004年第4期。

成了对行政契约的规定。基于判例得出行政契约的判断标准主要有三个，一是缔约各方至少有一方是公法人；二是缔约目的是实施公用事业任务；三是契约条款中需要包含超出普通法的条款。①

基于上述的判断标准，最为重要的判断标准就是“公共事业”，也可以表述为“公共利益”。关于公共事业这一判断标准一直以来都充满争议，司法机关一方面对于可能扩大公共事业的范围充满忧虑，另一方面担心公法人可能会运用私人契约逃避责任。因此，在司法实践中总结出一个平衡这两方面忧虑的标准，即“直接参与公用事业经营”的概念。那么，针对此种契约产生争议后究竟由哪些法院进行管辖，不在于是否经营公用事业，而在于所经营公用事业的性质。②

2. 合同履行中行政主体的特权

（1）单方变更权

单方改变共同契约者（契约相对人）责任的权利，可使其责任增加或者减少。有学者认为这一权利与私法上契约不能变更的原则相违背，因此不认可单方变更责任的权利，但是判例结束了这样的争论，判例认为，只要是基于公共利益，公法人是可以对共同契约者的责任做出变更的。③ 但是需要基于严格的限制条件，即这一原则的适用必须建立在使公共事业适应新形势的基础上；另外不能使共同签约人少于初始契约所约定的利益；如果使得共同契约者的利益受损，公法人应该给予其适当的补偿。④

单方变更合同标的权。行政机关可以在合同履行的过程中，随时变更当事人的给付标的，可以扩大其给付义务，也可以缩小其给付义务。变更的基础依旧是公共利益。因为公共利益在合同履行的过程中发生变化，因此行政机关需

---

① ［法］让·里韦罗、让·瓦利纳：《法国行政法》，鲁仁译，商务印书馆2008年版，第550页。

② ［法］让·里韦罗、让·瓦利纳：《法国行政法》，鲁仁译，商务印书馆2008年版，第553—554页。

③ 1910年的Comgagnie générale française des tramways判决书。参见王必芳：《论法国行政契约的特点——从台湾行政程序法行政契约章的立法设计谈起》，载《台北大学法学论丛》2017年总第102期。

④ ［法］让·里韦罗、让·瓦利纳：《法国行政法》，鲁仁译，商务印书馆2008年版，第569页。

要根据公共利益的变化对当事人的给付义务进行调整。最高行政法院认为这是维护公共秩序的一种表现形式，并且行政合同放弃这一权利的条款无效。①

然而，行政机关这一单方变更权有无限制呢？根据“王的行为”理论，似乎可以得出单方变更权有所限制，但是“王的行为”理论存在于私法契约中，意指在契约履行中国家机关的行为，但在行政契约中，行政机关已经成为合同的一方当事人，因此在履行合同的过程中所做的行为都有可能是“王的行为”，这对另一方当事人而言非常不公平，因此在行政契约中通常适用“不可预见理论”对单方变更权进行限制。② 这里的“不可预见理论”主要考虑的是经济偶然事件，即在合同履行的过程中，突如其来的事件使得与公法人签订契约的对方当事人破产或失去履行契约的能力，从而导致合同无法履行的后果。该理论的适用需要满足三个条件，首先是基于战争、严重金融危机等引起形势变化；其次是独立于缔约双方的意志之外；最后是该事件不可避免地扰乱了契约履行的条件。法院认为此种情况一般是暂时的，但如果该情况长时间存在，双方当事人可以就契约的履行再行约定，如果双方无法达成合意，可以申请法院判令解除合同。③

综上所述，行政机关单方变更权的前提是公共利益的变化，因此，行政合同的履行需要随着公共利益的变化而不断变化，这也是法国行政合同的特点之一。并且根据“财务平衡原则”，④ 当变更或者解除损害了契约相对人的利益，使其并未得到初始契约中所约定的利益，公法人应该对此进行完整补偿，以期利益的平衡。

（2）单方解除权

行政机关在合同缔结后或者履行时，当公共利益发生变化的时候，所缔结的合同无法解决现有的问题或者对现有的情况无法解决时，则有权解除合同。⑤

---

① 王名扬：《法国行政法》，北京大学出版社 2016 年版，第 152 页。

② 陈淳文：《论行政契约法上之单方变更权——以德、法法制之比较为中心》，载《台湾大学法学论丛》2005 年第 2 期。

③ ［法］让·里韦罗、让·瓦利纳：《法国行政法》，鲁仁译，商务印书馆 2008 年版，第 574—577 页。

④ 关于报酬的条款，不受单方修改权的限制。参见［法］让·里韦罗、让·瓦利纳：《法国行政法》，鲁仁译，商务印书馆 2008 年版，第 573 页。

⑤ 王名扬：《法国行政法》，北京大学出版社 2016 年版，第 152 页。

当行政机关解除合同后，行政法院可以对其解除行为进行审查，如果符合公共利益之目的，那么解除合理；如果不符合公共利益的目的，那么解除决定可能会被行政法官撤销。就算解除决定合理，那么也应该对当事人因履行合同而支出的全部费用以及合同履行完毕后期待获得的利益进行完整的补偿。而这样的终止权适用于所有的公法合同。①

综上所述，法国的行政契约规则多是从判例中总结而出的，其认为行政契约的存在以公共利益为基础，这也是行政机关可以享有一些特权的原因。但是，公共利益的判断标准又极为严格，多是以法官的自身倾向作为重要参考，与德国的规定不同的是，法国行政契约自成体系，但也并没有舍弃行政契约中的“契约性”，相反，行政机关有时也并非强势一方，其还需要遵守“财务平衡原则”，对契约相对人所付出的经济利益以及预期利益进行补偿或者赔偿，这些都是法国行政契约中值得学习的部分。

二、我国台湾地区比较研究

（一）制度基础

我国台湾地区针对行政契约的规则是在德国和法国制度的基础上发展而来的，与法国不同的是，我国台湾地区将行政契约的相关规则规定在“行政程序法”中，规定了概念、类型、合法要件、瑕疵及其法律后果、法律关系的进展、请求权的贯彻以及民法规定的准用等。② 其中，在“行政程序法”的第135条的前段规定了行政契约的概念，即“公法上法律关系得以契约设定、变更或消灭之。”因此学界在定义行政契约时也都以此为依据，而行政契约除了意思表示达成一致的契约性以外，行政契约的设立最为重要的目的是实现公法上的任务，即契约标的是达成行政法上的法律效果。

对于公法契约与私法契约的区分，吴庚在其著作中提出了五个标准：（1）协议之一方为行政机关。（2）协议之内容系行政机关一方负有作成行政处分或高

① 余凌云主编：《全球时代下的行政契约》，清华大学出版社2010年版，第177页。

② 江嘉琪：《我国台湾地区行政契约法制之建构与发展》，载《行政法学研究》2014年第1期。

权的事实行为之义务。（3）执行法规规定原本应作成行政处分，而以协议代替。（4）涉及人民公法上权利义务关系。（5）约定事项中列有显然偏袒行政机关一方之条款者。而这些特权若未规定进协议中，行政机关仍可以按照法条的规定对其进行适用，若以书面形式规定在契约中，则被认为是行政协议的特征。①

（二）履行时行政机关的特权

这一部分被规定为行政契约法律关系的进展，即在履行的过程中可能会因为“情势变更”或者其他“履行障碍”，而使得行政契约终止履行。我国台湾地区将此种情形规定在“行政程序法”第146条至第147条，下面分别进行分析：

根据我国台湾地区“行政程序法”第146条第1项规定，“在隶属契约情形，行政机关为防止或除去对公益之重大危害，得于必要范围内调整契约内容或终止契约，惟若因此造成相对人之损失，亦应有所补偿。”因此该条第2项规定：“行政机关非补偿相对人因此所受之财产损失，不得径行调整契约内容或终止契约。”

由此可见，该条基于对公共利益的保护，赋予了行政机关变更或终止契约的权利。但是该权限的行使需要受到限制，必须是在公共利益受到损害之时才能适用，且需经过法院的审理。因此，“公共利益”仍然是行政机关所应考虑的最大因素。② 除此之外，行政机关对行政契约的变更或者终止还有另一种可能，即“情势变更”。根据我国台湾地区“行政程序法”第147条规定，“行政契约缔结后，因有情事重大变更，非当时所得预料，而依原约定显失公平者，当事人之一方得请求他方适当调整契约内容。如不能调整，得终止契约。前项情形，行政契约当事人之一方为人民时，行政机关为维护公益，得于补偿相对人之损失后，命其继续履行原约定之义务。”第1项之请求调整或终止与第2项补偿之决定，应以书面叙明理由为之。相对人对第2项补偿金额不同意时，得

① 吴庚、盛子龙：《行政法之理论与实用》，三民书局2018年版，第405页。
② 吴庚、盛子龙：《行政法之理论与实用》，三民书局2018年版，第413—414页。

向“行政法院”提起给付诉讼。① 特别的是，在行政契约中，如果是为了维护公共利益且基于情势重大变更，非缔约当时之预料，则行政机关可以主动变更或者终止契约。② 而此种情势变更所依据的理论为“不可预见理论”“王的行为”理论以及最为重要的“公共服务持续”理论，换言之，也可以称为“公权力持续”理论，是行政机关公权力延伸的一种形式。本质上还是行政机关自身特权的体现。③ 可见，公共利益是行政机关可以拥有相应特权的核心。

三、英美法系比较研究

（一）英国比较研究

英国行政法将行政合同认为是契约政府的最新成果。韦德爵士表示，以前完全由国家承担的政府行为私营化日益普遍以及在有可能的情况下引入某种形式的竞争机制行为的私营化日益普遍以及在可能的情况下引入某种形式的竞争机制。这一发展是基于这样的认识，即国家提供服务和行使职能的效率往往不是很高。而私营部门由于受竞争的驱动，往往能够更有效率地行使这些职能和提供这些服务。应当给予公众选择的权利，他们自然会选择更好的服务。于是，在这些领域中，国家的角色就将局限在决定如何引入市场约束机制以供各竞争者遵循，并向私营部门提供机会以使他们能够提供这些服务和职能，而该服务通常的接受者却往往不是该合同的缔约方。④

英国行政法认为内部契约是不能审查的，主要理由包括：第一，内部契约是不具有独立法人资格的单位之间签订的，因此并不是真正意义上的契约，不能要求法院强制执行；第二，内部契约可能会涉及比较复杂、政治敏感的问题；第三，基于成本的考虑，政府不愿意将宝贵的公共资源浪费在昂贵的诉讼费用

---

① 江嘉琪：《行政契约：第五讲——行政契约法律关系的进展》，载《月旦法学教室》2008 年总第 63 期。

② 吴庚、盛子龙：《行政法之理论与实用》，三民书局 2018 年版，第 413—414 页。

③ 陈淳文：《论行政契约法上之情势变更问题》，载《公法学与政治理论：吴庚大法官荣退论文集》，元照出版有限公司 2004 年版，第 656 页。

④ 应松年主编：《英美法德日五国行政法》，中国政法大学出版社 2015 年版，第 39—40 页。

上；第四，内部契约存在长期合作关系，需要一个特殊的解决方式，既能解决纠纷又能恢复信任，而在诉讼中无助于实现这样的目标，因此戴维斯认为，应该适用选择性纠纷解决机制（ADR，alternative dispute resolution），即先进行协商，协商不成再诉诸仲裁，这样既能解决纠纷，又能将争议的范围缩小，有助于信任的恢复。①

综上所述，英国关于行政契约的规定与民事合同有异，但有关“特权”的规定较为零散，以“诱导式”为其主要特点。有关司法审查的部分，其认为并非所有的契约都能在行政诉讼中进行审理，而且，提出了一个可以灵活解决纠纷的方式，既能解决纠纷又不至于丧失信任，值得借鉴和学习。

（二）美国比较研究

美国对于行政合同通常采用政府合同的概念，因其没有私法、公法概念之区分，因此政府合同即为合同的一种形式，但是与一般合同适用的规则有异。施瓦茨教授认为，政府合同的概念与“特许权”的概念紧密相连，所谓“特许权”是指政府给予个人某种东西，而在此之前他对这种东西并无“权利”，那此种权种就是“特许权”，特许权可以任意收回，除法律规定的程序权利之外，不受正当程序条款的保护。② 因此在订立程序上有特殊的规定。在面对合同履行过程中出现的特殊情况时，行政机关与相对人需要经过协商的程序上有特殊的规定，例如需要经过招投标程序，而且经过缔约官（政府代理人）缔结的约定才是有效的约定。

正是基于“特许权”概念和正当程序原则，政府在合同履行中拥有一些特权，比如在面对合同履行过程中出现的特殊情况时，行政机关与相对人需要经过协商的程序对合同进行变更，并且必须以书面形式。而在极为特殊和紧急的情况下，即涉及公共利益的时候，行政机关可以单方面变更合同，并通知合同相对人按照变更后的合同继续履行，对合同相对人造成损失的应该进行赔偿或者补偿。③

---

① 余凌云：《行政契约论（第二版）》，中国人民大学出版社2006年版，第143页。

② ［美］伯纳德·施瓦茨：《行政法》，徐炳译，群众出版社1986年版，第194页。

③ ［美］Daniel J. Mitterhoff：《建构政府合同制度——以美国模式为例》，杨伟东、刘秀华译，载《行政法学研究》2000年第4期。

综上所述，美国政府合同中行政机关的特权来自“特许权”概念，因此可以在合同履行过程中，基于公共利益而单方变更或者解除合同，但协商的空间较大，且合同从订立到履行，程序规定较为明确，已经形成体系化的规则。在司法审查方面，首先是程序正当原则，行政机关应该严格按照行政合同的相应程序实施行政行为；其次对当事人有非常充分的权利救济制度，相对人可以在合同变更或者解除后依旧得到预期利益或者损失赔偿。

四、借鉴与总结

针对上述对不同国家和地区的比较研究，可资借鉴的是不同体制下对“公共利益”的不同理解，以及在司法审查的过程中司法权对行政权的监督和制约机制的不同表现。

在大陆法系国家和地区中，德国的“情势变更”模式更接近于民法规则，因行政契约本身的协议性，因此将民法中的“情势变更”规则用于行政契约也并无不妥，而解除或者变更的基础是“基于公共福祉”，从法律的规定来看，体现出较强的控权性，即政府行使单方变更解除权时需要受到“公共利益”的判断的约束，且行政机关在合同中权利主体的身份不明确，有些权利，比如强制执行权需要对方的同意才能取得，因此，特权作为一种例外而非必然享有。可资借鉴的是德国行政程序法中对该项权利的规定还较为明确，而且在行政协议中双方的地位并非完全表现为形式上的平等，有很多地方都体现了实质的平等，而行政机关的特权，也并非完全不可推翻的。在法国的有关规定中，行政机关的特权和“财务平衡原则”是法国行政契约制度的两大特点，其完全的公私分明，赋予了行政机关在合同履行中的双重身份，既是行政机关又是合同当事人，因此其享有完全的行政特权。但是，“财务平衡原则”却又是对特权的一种制约和对相对人的救济，这也是可资借鉴的地方。兼采二者的我国台湾地区的相关制度则更适宜借鉴，其没有类似法国的严格特权制度，也不似德国偏向民法，而在特权方面显得单薄。因此，我国台湾地区的行政契约制度在一定的框架内，又不失行政特权性和合同的平等性。

而在英美法系中，英国的行政契约制度无法跳脱普通法的框架，而且没有形成体系，而在争议解决部分则更多地需要借鉴普通法的争议解决模式，可以是多元化的，并不局限于诉讼审查，也可以是仲裁或者是协商解决。其处理形式较为灵活，这也是可资借鉴的方向。美国的政府合同有其特定的程序和履行方式，比如招标、协商等一系列流程，可资借鉴的是其对于变更以及解除程序的规定，例如，每一次协商或者变更的过程都有书面记录，以后成立的合同代替先成立的合同，这为后续的争议解决提供了证明的依据。

综上所述，大陆法系的国家和地区中，德国、法国以及我国台湾地区的行政契约规则现在已经足够完善，无论是从判例经验还是实体规则，都十分完整。英美法系中，受到普通法的约束，没有形成体系化的规则和特殊处理方式。基于此，行政机关在契约履行过程中的特权因不同国家的实际情况而不同，但总体而言，公共利益十分重要，行政机关可以以此为据，对契约行使变更或者解除权。但行政机关并不可以滥用这些特权，如果对契约相对方造成了损失，则需要赔偿或者补偿，这也是利益平衡原则的要求。因此，了解和比较各国不同的法律制度对研究我国的制度有着重要的作用，经过对比分析后更加清晰地认识行政契约的概念，也会对行政机关的单方特权有更深刻的认识。

无权代理人的责任研究

王淑娟[*]　冀国芳[**]

摘　要：《民法典》第 171 条第 3 款、第 4 款仅根据相对人善意与否来区分行为人应当承担的无权代理责任，且未将相对人恶意作为免责事由，并确立选择责任模式等规定都是值得肯定的。不过，其依旧存在尚不够明确的内容，应通过司法解释对相对人善意的认定标准、履行债务责任可适用的场合与法律效果、损害赔偿责任的范围等问题加以明确，允许恶意相对人与行为人就责任承担事先约定，并明确何为按照各自的过错承担责任。

关键词：无权代理　善意相对人　恶意相对人　履行债务　损害赔偿

在交易日益膨胀的现代社会，代理制度作为扩张意思自治的重要手段，发挥了不可或缺的作用，得到越来越广泛地运用。然而，与此相伴而生的是如无权代理这样一些问题的出现。米泰斯（Mitteis）曾经形象地指出，就无权代理人责任问题而言，法律的判断力被同情和恐惧所包围。凡属无权代理人责任所涉及的问题，几乎无一例外地存在争议。虽然我国《民法典》对无权代理人责任所作的规范整体来看值得肯定，但也依旧不可避免地存在一些不甚具体的内容，本文研究的重点即是对该规定中不甚明确的内容加以厘清，以期为日益精细化的司法实践提供一些可供参考的建议。

* 山西大学法学院副教授，主要从事民法学研究。
** 山西大学法学院硕士研究生，主要从事民法学研究。

一、无权代理人责任的基本概念

（一）无权代理的含义

无权代理是指行为人没有代理权而以被代理人的名义为法律行为。无权代理有广义与狭义之分，广义的无权代理包括表见代理与狭义的无权代理。①

就表见代理来说，法律规定表见代理行为有效，即发生有权代理的法律后果，由被代理人直接向相对人承担责任，于此情形中，相对人的地位与代理人有权代理时相比，未曾陷于不利。

就狭义无权代理而言，责任的承担将依据被代理人是否追认而有所不同。被代理人一旦行使追认权，该行为自始对被代理人发生效力，此时相对人所处的地位与代理人有权代理时并无二致。②

（二）无权代理人责任的含义

代理制度在贯彻意思自治的同时也注重平衡代理关系中三方主体的利益，也就是说，代理制度不仅维护被代理人意思自治，也应注重对相对人的利益保护，若无权代理行为既未得到被代理人追认，亦未构成表见代理，即狭义无权代理未得到被代理人追认，此时应如何保障相对人的利益是必须予以考虑的问题。尤其是对于因信赖代理人有代理权或者无权代理行为将得到被代理人追认而已然作出一定安排的相对人而言，其利益极有可能受到损害，对此不应漠视，此时狭义无权代理人的责任便随之产生。

概言之，无权代理人的责任是指在狭义无权代理中，无权代理人对相对人所承担的责任。对此，学界已基本达成共识，在可查阅到的文献中，凡论及无权代理人的责任，一般均指狭义无权代理人对相对人的责任。故笔者在下文的论述中，若未加以特别说明，所称无权代理即指狭义无权代理。

本文把“无权代理人”称为“行为人”，如此方能与《民法典》第171条

---

① 陈华彬：《民法总则》，中国政法大学出版社2017年版，第621页。

② 汪渊智：《论无权代理之追认》，载《江淮论坛》2013年第2期。

的规范用语相对应，而且这一中性表述更为合理，对于无权代理行为的对方当事人则亦遵循法律规定，使用“相对人”这一称谓。

二、无权代理人责任的相关立法

（一）我国关于无权代理人责任的立法

我国《民法典》通过第 171 条第 3 款与第 4 款的规定对无权代理人责任进行规范，其第 3 款规定：“行为人实施的行为未被追认的，善意相对人有权请求行为人履行债务或者就其受到的损害请求行为人赔偿。但是，赔偿的范围不得超过被代理人追认时相对人所能获得的利益。”第 4 款规定：“相对人知道或者应当知道行为人无权代理的，相对人和行为人按照各自的过错承担责任。”

根据以上规定，我国法律上未完全将恶意相对人排除于保护范围之外，未根据行为人主观状态之不同而令其承担不同的责任，且确立了履行债务或者损害赔偿的选择责任模式。此外，也对损害赔偿责任的范围作出了规定，只是尚不够具体明确。

（二）德国、日本关于无权代理人责任的立法

1. 德国法的相关规定

《德国民法典》第 179 条分三款对无权代理人责任进行规范。其第 1 款规定：“以代理人的身份订立合同的人，如果不能证明其有代理权，而且被代理人又拒绝追认的，合同另一方当事人有权依其选择责令代理人履行义务或者赔偿损害。”该款确立了履行义务或者损害赔偿的选择责任模式。该条第 2 款规定：“代理人不知其无代理权时，仅对因相信其有代理权而受损害的合同另一方当事人负损害赔偿责任，但赔偿额不得超过合同另一方当事人在合同有效时可得到的利益。”该款隐含了区分行为人主观状态而异其责任的规定，也就是说，若行为人为善意，则其仅对善意相对人承担以履行利益为限的信赖利益损害赔偿责任，若行为人为恶意，则其责任的承担不再受此限制，事实上，据此也可以推知，非善意的行为人对善意相对人所负之损害赔偿责任的范围为相对人的履行利益损失。该条第 3 款规定：“合同另一方当事人明知或者可知代理人无代理权

的，代理人不负责任。代理人为限制行为能力的，亦不负责任，但经其法定代理人同意的行为除外。”该款则将恶意相对人排除于无权代理人责任制度的保护范围之外。

2. 日本法的相关规定

《日本民法典》第117条分两款对无权代理人责任进行规范，其中，第1款规定：“以他人的代理人之名订立合同者，除了能证明自己有代理权或本人予以追认之外，应依据相对人的选择，对相对人承担履行或损害赔偿的责任。”该款确立了履行债务或者损害赔偿的选择责任模式。第2款规定：“存在以下情形的，不适用前款规定。相对人知道作为他人的代理人订立合同者没有代理权的；相对人因过失不知道作为他人的代理人订立合同者没有代理权的。但作为他人的代理人订立合同者知道自己没有代理权的，不在此限；作为他人的代理人订立合同者的行为能力受限制的。”该款一方面排除对恶意相对人的保护，另一方面则同样对行为人主观状态加以考虑，根据该款规定，若行为人不知自身代理权欠缺，则有过失的相对人将无法请求行为人承担第1款中所规定的责任，若行为人知道自身代理权的欠缺，即行为人为恶意，则有过失的相对人仍然能够依据第1款请求行为人承担履行债务或者损害赔偿的责任。

（三）我国关于无权代理人责任的立法与德国、日本的异同

与德国法、日本法上关于无权代理人责任的规定相比，《民法典》第171条主要与其存在两方面的区别，一是未根据行为人主观状态之不同而异其责任，二是未将相对人恶意作为免责事由。这两种差异的存在，在学界引起了较大的争议，对于《民法典》所作的这两方面的创新，学者持或肯定或否定的态度。另外，与德国法、日本法相一致的是，我国《民法典》亦确立了履行债务或者损害赔偿的选择责任模式，不过，其虽对损害赔偿责任的范围作了规定，但与德国法上的规定相比，则不够具体明确，这同样可能导致学界对之存在不同理解。因而，对这些问题加以厘清是极为必要的。

为厘清以上问题，须明确无权代理人责任性质。考虑到行为人应承担的无权代理责任在性质认定以及责任承担等方面可能因相对人主观状态之不同而异，因此须首先明确相对人主观状态的认定标准，并在此前提下对无权代理人责任性质作出认定。

三、无权代理人责任性质之分析认定

（一）相对人善意的认定标准

根据《民法典》第171条第3款与第4款分别就相对人善意与恶意作出规定的这一编排体例，既然第4款中将相对人恶意规定为“相对人知道或者应当知道”，那么基于反对解释，第3款中的善意应解释为相对人不知道且不应当知道，不知道即主观上并不知情，存在疑问的是对于“不应当知道”的解释。所谓“不应当知道”即相对人对其不知情并无过失，就此仍需探讨的问题是该过失意指何种程度上的过失。对此，学界目前存在三种观点，[①] 本文支持第三种观点，即相对人须不知且非因过失不知行为人于行为时并无代理权，该过失包括一般轻过失。

（二）行为人对善意相对人责任的性质

学界就行为人对善意相对人所负责任之性质的界定存在侵权责任说、缔约过失责任说、合同责任说、默示担保责任说以及法定特别责任说与法定担保责任说等多种学说，本文支持法定特别责任说，并在此基础上进一步将之认定为法定担保责任。

首先，根据法定特别责任说，行为人所承担的责任系基于法律所作出的特别规定，无须行为人主观上有过失，因而在一定程度上克服了侵权责任说与缔约过失责任说所固有的缺陷。其次，由于行为人系直接基于法律规定承担责任，而不再囿于无权代理行为在行为人与相对人之间生效或者行为人基于默示担保而承担责任，从这一角度来说，其克服了合同责任说与默示担保责任说所固有的有悖于意思自治原则与代理制度基本理念的这一缺陷。最后，既然行为人的责任取决于立法上所作的规定，那么由立法规定其承担履行债务或者履行利益

---

① 第一种观点为，只要相对人于行为当时对行为人无代理权的事实并不知晓即可，至于其有无过失则在所不问。第二种观点为，只要相对人于行为当时不知且非因重大过失不知行为人为无权代理，即可认定其为善意。第三种观点为，只有当相对人于行为时不知行为人欠缺代理权且不存在任何过失时才可以认定其为善意。

的损害赔偿责任自亦无不可，何况立法作出该规定并非随意，而是有其政策上的考量，因而采用法定特别责任说并不会与现行法体系产生矛盾。

鉴于法定特别责任的适用须非常慎重，学者在认可法定特别责任说的基础上，为行为人责任的承担找寻更坚实的理论基础，目前学界普遍认为行为人责任的承担应诉诸担保责任原理，认为行为人以被代理人名义为行为时，引起了相对人对其代理权的信赖，以为行为将在其与被代理人之间发生法律效力，在这种情况下，为保护善意相对人的合理信赖，立法专门作出规定，由行为人对相对人承担相应的责任，因而宜将该责任定性为法定担保责任。①

（三）行为人对恶意相对人责任的性质

由于学界多将相对人恶意作为行为人免除无权代理责任的事由，其自然不会涉及对该责任性质的探讨，故学界对该问题的论及者是比较少的，即使是对此有所论及的学者，其就该问题的论述并不深入，而且目前就该问题的争议仍然是比较大的，主要存在合同责任说、侵权责任说与缔约过失责任说这三种观点。笔者支持缔约过失责任说。

缔约过失责任即当行为不成立、无效或者被撤销后，有过错的一方应赔偿对方由此遭受的损失。从我国的民事立法历程来看，原《合同法》第42条、第58条均对缔约过失责任作出了规定，《民法典》第157条则基本是对原《合同法》第58条规定的继承，只是其作为《民法典》总则部分的内容，并非仅针对合同，而将“合同”改为了“民事法律行为”。由于《民法典》第171条第4款的规范表述与以上立法中的表述非常接近，因而笔者认为宜将该款所定责任的性质认定为缔约过失责任。

四、无权代理人的责任承担

（一）行为人对善意相对人的责任

学界对该问题的争议不仅体现在行为人责任的具体承担这一微观层面上，

---

① 王泽鉴：《民法学说与判例研究（重排合订本）》，北京大学出版社2015年版，第274页。

还体现在是否应根据行为人主观状态的不同而区别其责任的承担这一宏观层面。由于对宏观层面这一问题的不同回答将会影响到责任的具体承担，因而厘清宏观层面的争议是对该款进行解释的前提。

1. 无须区分行为人主观状态而异其责任

行为人对善意相对人的无权代理责任为法定担保责任，即法律规定由行为人承担无权代理责任，且其理论基础在于对相对人信赖的保护。由此，若该行为因欠缺代理权且未得到被代理人追认而无效，则行为人应承担履行债务或者履行利益的损害赔偿责任，且无须区分行为人的主观状态而有不同。毕竟，不论行为人对其代理权欠缺的事实系明知、因过失而不知抑或是非因过失而不知，均不会对相对人的信赖产生影响，自然也不应对相对人受保护的程度产生影响，否则将会导致对信赖责任的人为割裂。

因此，只要相对人符合善意的认定标准，不论行为人主观状态如何，其均应对相对人承担履行债务或者损害赔偿的责任。须注意的是，该款对这两种责任承担方式所作的规范尚需加以明确。

2. 应认可履行债务责任并作出相应限制

我国法律上所采用的是包括履行债务在内的选择责任模式，本文支持此种模式。履行债务责任的问题仅在于限制的欠缺，通过解释加以明确即可。

（1）履行债务责任具有正当性

行为人承担履行债务责任有其法理基础。在法定担保责任之下，行为人承担履行债务责任并不意味着其成为无权代理行为的一方当事人，其是依照法律规定所进行的责任承担，也就是说，在行为人与相对人之间产生了与无权代理行为内容相一致的法定之债的关系，以更好地保护相对人的合理信赖。对于善意相对人而言，其所信赖的内容是行为能够在其与被代理人之间生效，从而由被代理人实际履行，若因行为人无代理权且事后未得到被代理人追认而导致善意相对人这一合理期待落空，那么这一后果应由引发无权代理行为的行为人来承担，以使善意相对人处于如同行为人有代理权时的地位，如此才能有效保护交易安全，并维护代理制度的信用。

（2）履行债务责任应作出的限制

由行为人承担履行债务责任虽有其意义所在，但该种责任承担方式并非在任何情况下均可适用。

首先，行为人履行债务责任的承担以被代理人的履行能力为限。若被代理人即使追认也无履行能力或者无法完全履行，则行为人也无须履行或者仅须履行被代理人追认后所能履行的部分。毕竟，相对人不能因代理权欠缺而获益，被代理人履行能力的欠缺乃是相对人在市场交易中所面临的固有风险，这种交易风险不应通过行为人代理权的欠缺而得以补正。

其次，行为人履行债务责任的承担以其客观上有履行能力为前提。① 从立法理性的角度来讲，义务的承担应当以可能为前提，若行为人客观上并无履行债务的能力，相对人却仍然可以选择请求行为人履行债务，从而使欠缺履行能力的行为人甚至需要对相对人承担违约责任，这不仅会架空立法规定损害赔偿责任的功能，毕竟在这种情形下理性相对人通常会选择请求行为人履行债务，也会使得对于行为人而言过于严苛。

最后，行为人履行债务责任的承担应以符合法的社会经济目的为限。② 随着私法上的权益保护原则由最初的权利本位到义务本位，再到现代社会本位的演进，民事立法不仅承担着保护私权主体的功能，同时承担着保护社会公共利益的职能，这一原则应体现在民事立法的方方面面，在无权代理中同样应当坚持和贯彻这一原则。

（3）选择履行债务的法律效果

如前所述，行为人承担履行债务责任并非意味着其成为无权代理行为的一方当事人，由此，即使行为人几近于取得行为当事人的法律地位，但在权利的享有方面其与真正的当事人也仍然存在差别。该差别主要体现为，在行为人完成自身所负担的履行义务之前不得主动向相对人主张权利，要求相对人履行合同，而只能在其完成自身所负担的给付义务后才得以要求相对人为对待给付，除此之外其享有如同行为当事人那般的权利。③

3. 明确损害赔偿责任的范围为相对人履行利益损失

关于损害赔偿责任的范围，学界存在信赖利益赔偿说与履行利益赔偿说。我们不得不承认，学界在将损害赔偿责任范围认定为相对人履行利益损失时所

---

① 李永军主编：《中国民法典总则编草案建议稿及理由（中国政法大学版）》，中国政法大学出版社 2016 年版，第 319—320 页。

② 李永军：《合同法上赔偿损失的请求权基础规范分析》，载《法学杂志》2018 年第 4 期。

③ ［德］维尔纳·弗卢梅：《法律行为论》，迟颖译，法律出版社 2012 年版，第 958 页。

作的论证有很强的说服力。尤其是基于相对人信赖保护所作的分析是应被认可的，相对人在市场交易中虽不可避免地将会面临风险，但作为代理人行事之人欠缺代理权的风险并不属于相对人在交易中所应面对的固有风险，因而相对人对行为人关于代理权存续之声明的信赖理应得到尽可能全面的保护，徒对其信赖利益加以保护显然并不足够。

（二）行为人对恶意相对人的责任

本文认为恶意相对人亦有其值得保护性，应将《民法典》第 171 条第 4 款解释为行为人对恶意相对人的责任承担。

1. 恶意相对人存在值得保护性

首先，无权代理责任原则上应由行为人承担。行为人虽无代理权，但多数情况下，其是基于与被代理人之间所存在的特定关系而以被代理人的名义行为，故相较于相对人，其对于自身代理权的状况更具有信息优势，因而其更容易判断行为是否为无权代理，从而更有能力避免和控制发生无权代理的风险。况且，即使相对人并非善意，无权代理也非由相对人一方所致，而是由其与行为人共同导致，而且无权代理行为系由行为人主动引发，因此，由行为人原则上来承担无权代理责任是更妥当的，并且此种状况在相对人为恶意的情况下亦未有所改变。

其次，一概排除行为人对恶意相对人的无权代理责任将有损于代理制度的信用。在将相对人“恶意”解释为知道或者因过失不知道行为人无代理权的这一前提下，相对人一般轻过失的存在即排除对其善意的认定，在这种情况下，相对人所负担的注意义务很高，为避免无权代理情况的出现，甚至需要审查行为人所声称的代理权是否存在，但相对人原则上应无此义务。

最后，将《民法典》第 171 条第 4 款解释为行为人对恶意相对人应当承担的责任并不会与第 3 款产生矛盾，毕竟，行为人基于第 3 款与第 4 款所承担的责任并非立足于同一责任基础。相反，如此解释将使无权代理人责任规范更加周全。恶意相对人并非不值得保护，只是与善意相对人相比，其值得保护性会有所降低。

2. 行为人对恶意相对人的责任承担

在得出恶意相对人具有值得保护性这一结论后，需要进一步加以明确的是行为人对恶意相对人责任的具体承担。对此，应立足于缔约过失责任来予以考虑。另外，在相对人为恶意的情况下需要考虑到相对人与行为人关于责任承担存有约定的可能性。

（1）相对人与行为人就责任承担存在约定的情形

只有在相对人明知行为人无代理权的情况下，才存在相对人与行为人之间就责任承担作出预先安排的可能。明知代理权欠缺的相对人能够预料到行为可能会因被代理人拒绝追认而无效，因而为避免行为无效可能带来的不利，极有可能在与行为人为行为时就责任承担作出约定。作为相对人与行为人基于自己意思而作出的责任安排，此种约定的效力在不违反法律强制性规定的情况下应被认可。因而，在双方有约定的情况下，行为人应直接依据该约定承担责任，而无须考虑《民法典》第 171 条第 4 款的适用。

（2）相对人与行为人就责任承担并无约定的情形

若恶意相对人对于行为人欠缺代理权的事实并非明知，或者虽为明知却未对责任的承担作出约定，则应依据第 4 款的规定来对行为人责任的承担作出认定，因而对该款的正确解释是认定行为人责任承担的关键所在。对此，应将之解释为无权代理行为在未得到被代理人追认而无效时，根据缔约过失的法理，行为人所承担的责任为过错责任，只有当行为人就代理权欠缺的事实存在过错时才需要承担无权代理责任，否则恶意相对人就其因无权代理行为而遭受的损失应自负其责。在行为人有过错的情况下，其对恶意相对人承担信赖利益的损害赔偿责任，并同时存在过失相抵的适用空间。①

五、结语

无权代理人责任在代理法领域中向来是争议较大的问题，虽然我国《民法典》对无权代理人责任作出的规范整体来看值得肯定，但也依旧不可避免地存在一些不甚具体的内容。本文即通过对学界就该问题所存在的争议进行梳理、对比较法上的相关规定进行分析借鉴，得出了对无权代理人责任规范的合理解释，鉴于无权代理人责任规范仅是存在不甚明确之瑕疵，再加上维护法典稳定性的需要，本文认为将来通过司法解释对该规范需要明确的内容加以具体化不失为一种可行做法。

---

① 尹志强：《论与有过失的属性及适用范围》，载《政法论坛》2015 年第 5 期。

论执行程序中税收优先权的废除

潘　婷*

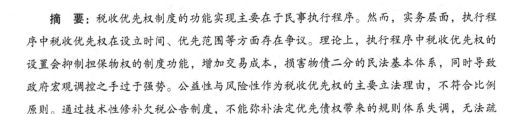

摘　要：税收优先权制度的功能实现主要在于民事执行程序。然而，实务层面，执行程序中税收优先权在设立时间、优先范围等方面存在争议。理论上，执行程序中税收优先权的设置会抑制担保物权的制度功能，增加交易成本，损害物债二分的民法基本体系，同时导致政府宏观调控之手过于强势。公益性与风险性作为税收优先权的主要立法理由，不符合比例原则。通过技术性修补欠税公告制度，不能弥补法定优先债权带来的规则体系失调，无法疏通理论经络与实践障碍。执行程序中税收优先权的废除成为必要的制度选择。

关键词：执行程序　税收优先权　担保物权　欠税公告

一、问题缘起

税收优先权是指纳税人的未缴税款与其他未偿债务同时存在且其剩余财产不足清偿全部债务时，税收可以排除其他债权优先受偿的权利。① 税收优先权的实现可通过税收征管程序、民事执行程序以及破产清算程序，实现的阶段可以分为已进入破产程序、未进入破产程序。进入破产程序的案件优先适用企业破产法，未进入破产程序，在税收征管程序中，税务机关申请法院强制执行或者作出税收处理决定而向法院申请执行，就已经得到了一个优先受偿的地位。② 税收优先权制度的价值实现主要在于民事执行程序。然而，执行程序中税收优先

* 山西大学法学院硕士研究生，主要研究方向为经济法学。

① 刘剑文、熊伟：《税法基础理论》，北京大学出社2004年版，第298页。

② 熊伟、王宗涛：《中国税收优先权制度的存废之辩》，载《法学评论》2013年第2期。

先权在司法实践中面临税收优先权是否可参与执行分配、未依法进行公告的税收债权是否具有优先效力、税收债权的优先范围如何等问题。这制约着税收优先权的功能实现，进一步拷问着税收优先权设置的合理性。本文从执行程序中税收优先权的司法争议梳理入手，归纳税收优先权的实践困窘，进而深入分析税收优先权设置的理论障碍，最后在检视税收优先权存在合理性和改进可能性的基础上，提出废除执行程序中税收优先权的理据。

二、执行程序中税收优先权的实践困窘

税收征管属于税务机关的行政职权，民事执行程序中，税务机关作为公法上的税收债权权利人，① 与私主体对本就有限的执行财产争先受偿，税收债权的实现本身即面临争议，税收优先权的设置无疑使得争议扩大化。本文以执行程序中税收优先权相关的 86 个案例为样本，梳理分析后，发现实践中主要呈现以下两大类争议。②

（一）实现方式之争议

表 1　税收优先权实现方式争议分类

争议问题	不同观点	案件举要
税收优先权是否属于执行异议受理范围	支持：税务机关对法院的冻结行为，其债权是否予以优先清缴、优先清缴数额等内容有异议，可提出执行异议	沙坡头区税务局与宝路通公司案；③ 张掖地税局与博金公司案④

① ［日］金子宏：《日本税法》，战宪斌译，法律出版社 2004 年版，第 21 页。

② 本文在无讼案例网（https：//www. itslaw. com）以“税收优先”为关键词进行检索，共找到 206 个案例，其中案由为“执行”的共 125 个，排除与执行程序中税收优先权运行实践之评价关联性较弱的案例，如案外人以税收优先权为由要求法院解除位于税务机关之后的强制措施等类似案例 39 个，剩余 86 个案例。

③ 参见中卫市沙坡头区人民法院（2019）宁 0502 执异 12 号执行裁定书。

④ 参见江苏省高级人民法院（2018）苏执复 142 号执行裁定书。

续表

争议问题	不同观点	案件举要
	反对：税收优先权属于行政权，通过民事争议程序——执行异议主张缺乏程序正当性	安阳税务局与安阳企业国有资产经营有限公司案；① 孟连县税务局案②
税收债权可否在民事执行中参与分配	支持：税收优先权可在民事执行程序中参与分配	淄博市地税局与孙某某案；③ 张掖地税局与博金公司案④
	反对：税收优先权系行政法律关系，不可在民事执行中参与分配	抚顺市新抚区与亚星投资公司案⑤

民事执行程序中税收优先权的实现方式面临巨大争议。一是税务机关以税收优先权为由向法院提出执行异议主张税收优先的，裁判分野显著。沙坡头区税务局与宝路通公司案中，法院因合同纠纷冻结被执行人的账户，沙坡头区税务局以税收债权优先于普通债权为由，提起执行异议，法院予以支持；而在安阳税务局与安阳企业国有资产经营有限公司案中，法院认为，税收征管权属于行政职权，而执行异议程序解决的是债权、物权等民事权利争议问题，通过执行异议程序解决行政权行使问题缺乏程序正当性。

二是税务机关是否可以通过要求参与分配来优先实现税收债权，司法裁判态度亦不相同。淄博市地税局与孙某某案中，法院认为，税收债权可在民事执

① 参见安阳市中级人民法院（2019）豫05执复74号执行裁定书。

② 参见云南省高级人民法院（2018）云执复173号执行裁定书。相关案例还包括：平顶山市中级人民法院（2016）豫04执异132号执行裁定书；合肥市中级人民法院（2019）皖0104执异11号执行裁定书；云南省高级人民法院（2018）云执复173号执行裁定书。

③ 参见淄博市淄川区人民法院（2017）鲁0302执异111号执行裁定书。

④ 参见淄博市淄川区人民法院（2018）鲁0302执异105号执行裁定书。相关案例还包括：延边朝鲜族自治州中级人民法院（2018）吉24执复4号执行裁定书；南京市中级人民法院（2020）苏01执异23号执行裁定书；福州市中级人民法院（2019）闽01执复112号执行裁定书；通化市中级人民法院（2019）吉05执异64号执行裁定书；淄博市中级人民法院（2018）鲁03执复169、170号执行裁定书；丽江市中级人民法院（2018）云07执复8号执行裁定书；福州市中级人民法院（2018）闽01执复22号执行裁定书；从化市人民法院（2018）粤0117执异14号执行裁定书；温州市中级人民法院（2014）浙温执复字第56号执行裁定书。

⑤ 参见成都市中级人民法院（2019）川01执异2115号执行裁定书。

行中参与分配，但只有在被执行人的财产不足以清偿所有债务时，税收债权才具有优先效力。另一部分案件中，法院则以税收优先权系行政法律关系为由，直接排除其在民事执行程序中的适用，例如，抚顺市新抚区与亚星投资公司案。

（二）实现范围之争议

表2　税收优先权实现范围争议分类

争议问题	不同观点	案件举要
税收债权的产生时间	观点一：税务机关首次发布欠税公告之时	江宁税务局与吴某某案;① 龙岩公司案②
	观点二：税务机关作出清算决定书并送达义务人之时	柳银村镇银行股份公司与安能物业公司案③
司法拍卖中产生的税款可否在拍卖款中优先扣除	支持：竞买协议约定拍卖产生的税费由买受人承担，有违司法拍卖应当遵循的公平原则，拍卖所产生的税费应从拍卖款中优先扣除	陈某某与交通银行股份有限公司绍兴分行案;④ 江苏暖田公司与金晖公司案⑤
	反对：净买协议约定拍卖产生的税费由买受人承担系双方真实意思表示，未违反法律法规规定，税款不可在拍卖款中扣除	乐东县税务局与三亚承阳公司案⑥

① 参见南京市中级人民法院（2020）苏01执异23号执行裁定书。

② 参见龙岩市中级人民法院（2019）闽08执复20号执行裁定书。

③ 参见从化市人民法院（2018）粤0117执异14号执行裁定书。

④ 参见绍兴市中级人民法院（2019）浙06执复117号执行裁定书。

⑤ 参见绍兴市中级人民法院（2019）浙06执复106号执行裁定书。相关案例还包括：宿迁市中级人民法院（2020）苏13执复22号执行裁定书；大连市中级人民法院（2019）辽02执复320号执行裁定书；徐州市贾汪区人民法院（2018）苏0305执922号执行裁定书；江苏省高级人民法院（2018）苏执复113号执行裁定书；广东省高级人民法院（2018）粤20执异4号执行裁定书；石家庄市中级人民法院（2018）冀01执复318号执行裁定书；烟台市中级人民法院（2018）鲁06执复64号执行裁定书；湖北省高级人民法院（2018）鄂执复123号执行裁定书；泰安市中级人民法院（2018）鲁09执复84号执行裁定书；广东省高级人民法院（2018）粤执复254号执行裁定书；江苏省高级人民法院（2017）苏执复45号执行裁定书。

⑥ 参见海南省高级人民法院（2015）琼执复字第8、9号执行裁定书。

续表

争议问题	不同观点	案件举要
	反对：拍卖中产生的税款非“历史的欠税”，不具有优先权	晟融公司与李某某案①
税收滞纳金是否具有优先效力	支持：滞纳金在征缴时视同税款管理，具有同税款本金相同的优先效力	威诺德公司与东升税务局案②
	反对：滞纳金属于行政强制执行中执行罚的一种形式，非税款，不具有优先效力	刘某与和景公司案③

若肯定税务机关参与分配或提出执行异议的权利，税收优先权的实现将面临以下问题。第一，税收债权对于普通债权的优先效力，是否以公告公示为前提。肯定一方认为，根据《税收征管法》第45条第3款规定，公示乃税务机关职责，以税务机关首次发布欠税公告的时间作为对抗善意第三人的条件，赋予税收债权以优先效力，不仅可以督促税务机关履行职责，避免国家税收流失，还可以保障交易安全。江宁税务局与吴某某案中，法院以税务机关发布欠税公告的时间晚于执行依据的时间，裁定税收债权不享有优先效力。而在柳银村镇银行股份公司与安能物业公司案中，法院否定公告效力，以税务处理决定书送达被执行人的时间作为税收优先权的产生时间。

第二，司法拍卖产生的税费是否属于税收优先权的范围，以及司法拍卖中对税费承担主体约定的效力如何。实践中，拍卖多以格式条款的形式规定一切税费由买受人承担，税务机关或买受人对此提出异议，主张拍卖税款属于税收优先权的范围。支持异议的法院主要基于三个理由：一是司法拍卖实际上是民事主体之间的一种特殊形式的平等买卖关系，如果要求买受人全部承担买卖双

① 参见青岛市中级人民法院（2020）鲁02执复52号执行裁定书。
② 参见佛山市禅城区人民法院（2019）粤0604民初16270号民事判决书。
③ 参见涡阳县人民法院（2020）皖执异3号执行裁定书。

方本应各自承担的税费，有违司法拍卖应当遵循的公平原则；① 二是税负承担事关税收基本秩序与国家财政安全，属于法律强制性规定，不应允许当事人之间以合同形式约定；三是因司法拍卖产生的税费是为实现申请人债权而产生的，属于债权实现的费用，应从拍卖款中优先扣除。驳回异议的理由主要有两种。其一，买受人作为具有完全民事行为能力的一方，有义务清楚了解拍卖公告的信息，其自愿参加竞买，属于接受拍卖公告规定的相关条件。买受人竞买成功后变动拍卖条件，对未参加拍卖的潜在竞买人而言有失公平。其二，如果拍卖财产上设置担保物权，根据《税收征管法》第45条第1款，税收债权对于担保物权的优先效力，以其设立在担保物权之前为前提，而拍卖产生的税款明显发生于担保物权设立之后，不应从拍卖款中优先扣缴。

第三，税收优先权的效力是否及于税收滞纳金。威诺德公司与东升税务局案中，法院认为，税收强制执行、出境清税等相关条款都明确滞纳金随税款同时缴纳，故税收滞纳金具有同税款本金同样的优先效力。而刘某与和景公司案中，法院则认为，税收滞纳金属于行政强制执行中执行罚的一种形式，并非《税收征管法》第45条所称税款，不具有优先受偿效力。

（三）运行实践之评析

首先，根据《税收征管法》第45条税收优先权的法定优先效力、排斥其他债权的能力，税收债权属于执行异议受理范围，并且可以参与分配。税收本质为公法之债，我国立法也采取“债务关系说”的观点，民事权利与行政权力冲突的理由显然站不住脚。由此看来，税收债权在民事执行程序中参与分配的地位似乎应予肯定。

其次，关于税收优先权的设立时间。税收优先权的设置意在保障国家税收，为避免行使中过分侵害其他债权，应使其他债权人知悉税收债权的存在，了解交易风险。税务处理决定书由税务机关向义务人出具，缺乏对外公示性，不能

---

① 《最高人民法院关于人民法院网络司法拍卖若干问题的规定》第30条规定：“因网络司法拍卖本身形成的税费，应当依照相关法律、行政法规的规定，由相应主体承担；没有规定或者规定不明的，人民法院可以根据法律原则和案件实际情况确定税费承担的相关主体、数额。”绍兴市中级人民法院（2019）浙06执复117号执行裁定书中，法院认为由买受人全部承担相关税费，增加了买受人成本，有违公平原则。

以此作为税收优先权的产生时间。有学者主张以欠税公告作为税务机关获得税收优先权的前提。① 通过完善欠税公告配套制度，赋予欠税公告公信力与对抗效力，即使公告信息有误，对于相信欠税公告而进行交易的第三人信赖利益也应予以保护。② 此种观点看似兼顾各方利益，但存在一定的理论与实践漏洞，下文详述。

再次，司法拍卖中产生的税款不得在拍卖公告中约定承担主体，应从拍卖款中优先扣除，但这并不是税收优先权的立法本意或功能所在。税法的功能不只在保障国家税收，还包括合理分配纳税人的税负负担，不应允许私法随意约定，否则将危及税收基本秩序。③ 虽然，《税收征管法》第 45 条中规定的“欠缴的税款”应当理解为扣缴义务人因应税行为应缴而欠缴的税款，即历史“欠税”，执行法院协助税务机关抵扣的税款并非“欠税”，司法拍卖产生的税款也明显滞后于设定担保物权的债权人。但是，拍卖产生的税费是为变价债务人财产，满足债权人权利而产生，类似破产程序中的费用，而费用本身应从拍卖财产中优先清偿。所以，以税收优先权的名义优先执行拍卖税款，文不对题且略显赘余。

最后，税收滞纳金在是否具有优先性的问题上应与税款本金保持一致。关于税收滞纳金是否具有优先性，不仅各级法院观点不一，国家税务总局与最高人民法院之间也存在严重分歧。国家税务总局认为，税收滞纳金征收时视同税款管理，即应具有优先权，最高人民法院则持相反观点。④ 从性质上分析，税收滞纳金属于税款本金的附带给付，⑤ 应与税款本金享有相同的权利。但最高人民法院的反对也不无道理，目前我国并未对税收滞纳金的上限做出规定，实

---

① 李俊英、黄轶琛：《税收优先权适用范围的法律规制研究》，载《税务研究》2020 年第 5 期。

② 曹艳芝：《我国税收优先权制度存在的缺陷及其完善》，载《税务与经济（长春税务学院学报）》2005 年第 1 期。

③ 郭昌盛：《执行程序中税收优先权的法律适用困境及其化解》，载《税务研究》2019 年第 6 期。

④ 《最高人民法院关于税务机关就破产企业欠缴税款产生的滞纳金提起的债权确认之诉应否受理问题的批复》（法释〔2012〕9 号）中认为：“破产企业在破产案件受理前因欠税产生的滞纳金属于普通破产债权。”

⑤ 叶姗：《论滞纳税款加收款项之附带给付属性》，载《法学》2014 年第 10 期。

践中滞纳金一旦产生可能无限扩大，危及其他债权人利益。作为税收附带给付，执行程序中税收滞纳金是否具有优先性的探讨，建立在税款本金具有优先性的基础之上。

三、执行程序中税收优先权的理论障碍

优先权的产生不需要公示外观，因而具有一定秘密性,① 允许优先权存在必须有正当必要的实践与理论支撑，还要有明确适当的应用范围。前文已述，执行程序中税收优先权的运行实践存在诸多争议，实际上税收优先权在理论逻辑上亦面临障碍，税收优先权的正当性面临质疑。

（一）税收优先权抑制担保物权的制度功能

税收优先权的设置会增加交易成本，影响担保物权带来的交易稳定性、可预期性，抑制担保物权制度功能的实现。担保物权制度是强化市场信用的手段之一，能够促进商品流通、提高社会信用。② 而信用经济的实质是降低交易成本。税收优先权的设置增加了交易的信息成本。同一纳税义务人，其所要缴纳的税负可能分属不同税务机关征管，为充分保护担保物权的受偿效力，债权人在设立担保物权时要向不同税务机关查询债务人的欠税情况，在浩瀚的税务信息中查询特定债务人的欠税情况，显然会增加担保物权设立的经济成本。此外，税收优先权作为债权在执行程序中对本就有限的被执行财产优先受偿，会增加担保物权受偿不能的风险，使得当事人的合理预期得不到尊重，市场交易规模萎缩，制约经济效率。

（二）税收优先权侵损物债二分的民法基本体系

税收立法赋予作为债权的一般优先权——税收优先权等同于物权的效力，面临侵损物债二分民法基本体系的风险。优先权分为一般优先权和特别优先权,③ 从《税收征管法》第 45 条的条文逻辑可看出，税收优先权为一般优先

---

① 向逢春：《质疑税收优先权》，载《财税法论丛》2010 年第 11 期。
② 徐洁：《担保物权功能论》，西南政法大学 2004 年博士论文。
③ 宋宗宇：《优先权制度研究》，西南政法大学 2006 年博士论文。

权。一般优先权因欠缺物权的特定性、支配性，并且与物权公示原则相悖，实际归于特种债权之一种特殊效力——优先受偿效力。物权优先于债权是民法的基本原则，而税收债权却因为税收优先权获得与担保物权同等级的优先效力。虽然税收优先权配套有相应的公告程序，但税收公告与税收债权无法保持严格一致，公告与否并不影响税负的产生，税务机关缺乏积极公告的动力，公告的公示公信效果有限。此外，担保物权的设立由第三方机关公示，税务机关自我公示的公开性、公信力不应强于第三方公示机关。由此，税收债权这一请求权获得与支配权抗衡的法律效果，不仅损及债权的平等性，还抑制担保物权的支配性和排他性，扰乱物债二分的体系秩序。

（三）税收优先权导致政府过度干预市场

税收优先权可能导致政府过度干预市场。经济利益是市场自发性的驱动力来源，债权人基于对担保物权对抗性的信任，承担融资风险，在执行程序中笼统赋予税收债权抗衡担保物权的效力，无疑会增加债权人的融资风险，影响其经济利益。私主体一旦遭遇不合理对待，将挫伤其参与市场经济的积极性，引发市场失灵的风险。宏观调控的谦抑性是使市场在资源配置中起决定性作用和更好发挥政府作用的制度回应。税收作为宏观调控的基本手段，其实施应保持必要的限度。市场规制和宏观调控应相互依赖、相互补充、相互配合，① 财税法作用于宏观之维，市场机制是其运行的前提和基础，税收优先应当尊重市场。

四、废除执行程序中税收优先权的理由

税收优先权的运行实践与理论逻辑均存在障碍，而税收公益性、风险性作为税收优先权的立法理由，不符合比例原则，通过技术性的修补公告制度并不足以弥补弊端，废除该制度成为必要的立法选择。

（一）合理性质疑：税收优先权的设置不合比例原则

首先，税收优先权最强有力的理论基础，当属其公益属性。但公共利益具

① 薛克鹏：《经济法基本范畴研究》，北京大学出版社2013年版，第141页。

有不确定性，即利益内容的不确定性与受益对象的不确定性，① 对不确定的公共利益进行突破法律原则（物权优先于债权）的保护可能导致公共利益的滥用。实际上，税收并非天然具有公益性，税收债权的受偿顺序并非完全由公益性决定，而且公益价值并非绝对价值，价值取向应从与秩序、公平、平等和效率等价值的冲突来分析。②

其次，税收风险性理论的主要理由在于，税收债权缺乏直接对待给付性，履行可能性较私法债权薄弱。事实上相对于一般债权，风险性使税收债权拥有异常强大的自救能力——立法赋予税务机关强制执行权，在符合法定程序的前提下，税务机关可采取查封、扣押、冻结义务人财产等强制措施优先受偿。③

诚然，实践中各种各样的“合理避税”危及国家税收，但执行程序中税收优先权的设置与其带来的困窘并不符合比例原则。比例原则包括三个子原则：适当性原则、必要性原则和狭义比例原则。④ 适当性原则强调手段对于目标实现的妥当性，必要性原则强调手段所造成损害的最小化，狭义比例原则则要求获益与致损成比例。具体来看：第一，优先权的设置对于税收目标的实现不具有手段上的妥当性。优先权的适用范围仅限于个人和非法人组织，这部分只占税收收入的一小部分，适用范围的有限性大大限缩了税收目标的实现。第二，税收优先权并不是损害最小的税收强制举措。前文已述，税收优先权会损害市场机能，进而损害税源，还会带来税务机关怠于履职的风险。因为义务人欠缴税款时，税务机关只要守株待兔，待相关债权人提起诉讼并进入执行程序时主张税收优先权，即可对本就有限的财产优先受偿。⑤ 在替代举措上，可以通过强化税务机关强制执行权的行使来保障税收债权的实现。第三，税收优先权的设置不符合狭义比例原则。如上文所述，税收优先权的设置不仅带来了一系列实践争议，同时面临重重理论逻辑障碍。

---

① 陈新民：《德国公法学基础理论》，山东人民出版社 2001 年版，第 182—187 页。

② 徐洁：《担保物权功能论》，西南政法大学 2004 年博士论文。

③ 参见南京市中级人民法院（2020）苏 01 执异 23 号执行裁定书；龙岩市中级人民法院（2019）闽 08 执复 20 号执行裁定书。

④ 刘权：《目的正当性与比例原则的重构》，载《中国法学》2014 年第 4 期。

⑤ 参见淄博市淄川区人民法院（2017）鲁 0302 执异 111 号执行裁定书。

（二）改进可能：完善公告制度不足以祛除制度弊病

为平衡执行程序中税收优先权引起的利益冲突，实践中有观点主张将解决方案落脚于完善税收公告制度，以公告发布时间作为税收优先权产生时间。[①]税收本质上是债权，赋予其法定优先地位必须有强大的公信力支撑，以消除债权因法定优先产生的负外部性，完善税收公告制度并不具备此能力，还会引发各类问题。

第一，将公告发布时间解释为税收优先权产生时间，存在过度扩大解释之嫌。法律解释应以文义解释为基本的解释方法，合目的性解释不能超越法文本、法体系、法秩序。不受拘束的解释方法，将导致法律解释的任意性，损及法律的稳定性和可预期性。根据《税收征管法》第45条之规定，应将税收优先权的产生时间解释为税收债权产生之时。第二，公告时间不能严格对应税收债权的产生时间。税收债权产生于纳税义务人做出应税行为之时，而公告只是税务机关在税收债权产生之后对义务人欠缴税款的情形进行公布。债权产生在前，公告发布在后。此外，对于产生于公告之后的税收滞纳金，从性质上考量其属于税收附带给付，应具有同税款本金相同的优先效力，但并未对外公布，无法产生法定优先效力。公告制度无法解决这一矛盾。第三，公告信息的完整性、及时性不足，公示公信能力较弱。如前所述，同一纳税人的欠税信息分散，税务机关缺乏及时公告的积极性，影响公告信息的完整性与及时性。若税收债权与担保物权同时存在，即使税务机关发布欠税公告在先，担保物权由第三方专门机关公示，由此产生的公信力应当强于税务机关公告之公信力。第四，新增其他争议。如若义务人故意采取措施逃避欠税，致使税务机关未及时公告的欠税，此时由于义务人的过错导致的受偿不能风险应由谁承担不免发生争议。此外，对于产生于欠税公告时间之后的拍卖税费，是否属于税收优先权的范畴也存在争议。

（三）废除理由：理论与实践的交相辉映

从理论逻辑上看，税收优先权的设置会抑制担保物权制度的功能，损害市

---

① 参见南京市中级人民法院（2020）苏01执异23号执行裁定书；龙岩市中级人民法院（2019）闽08执复20号执行裁定书。

场信用，增加交易成本；税收优先权作为特种债权之一种，具有优先于担保物权的特殊效力，会侵损物债二分的民法基本体系；同时，税收作为宏观调控的基本手段，优先权的设置可能引发政府过度干预市场等诸多风险，最终损害税收之源。税收公益性、风险性为税收优先权设置的理论根据与其所带来的风险并不符合比例原则。执行程序中，税款本金不应具有优先效力，滞纳金亦是如此。

从立法实践来看，税收优先权的适用范围逐渐压缩，趋于消亡。如前所述，税收优先权在税收征管程序中的设置实无必要，2006 年《企业破产法》颁布后，税收优先权的适用范围限于民事执行程序中的非企业主体。事实上，我国《企业破产法》一直被称为半部破产法，也正是因为非企业法人破产制度的缺失。为完善破产制度，2019 年 6 月，由发改委牵头，最高人民法院等十三部委联合发布关于推进建立自然人破产制度的通知。[①] 2020 年 8 月，深圳市率先出台《深圳经济特区个人破产条例》。由此可见，全面建立个人破产制度是我国立法趋势。个人破产制度作为破产法体系的重要组成部分，有关个人欠税的受偿顺位，必然遵循破产法先例，即税收债权仅可优先于普通债权受偿。此外，最高人民法院也倡导，要消除执行转破产的障碍，充分发挥破产程序的制度价值。[②] 执行程序与破案程序的有效衔接会进一步压缩税收优先权的适用空间。民事执行程序中，税收优先权的适用要求被执行人财产不足清偿所有债务。而不论是自然人、非法人组织还是企业法人，立法发展倾向于使其进入破产程序，破产程序对于税收优先权的否定态度早已明确。

综上所述，技术性的改进措施难以突破理论障碍和现实制约，维护国家税收债权是执行程序中税收优先权难以承受之重任，同时，随着破产法的不断完善，税收优先权也与立法发展背道而驰。因此，我国应废除执行程序中税收优先权。

---

① 参见《国家发展改革委、最高人民法院、工业和信息化部等关于印发〈加快完善市场主体退出制度改革方案〉的通知》（发改财金〔2019〕1104 号）。

② 参见最高人民法院关于印发《全国法院破产审判工作会议纪要》的通知（法〔2018〕53 号）。

试论税收征管改革中涉税信息共享机制的构建

郭荣靖*

摘　要： 在“十四五”规划出台的背景下，税收征管改革受到中央的高度重视，而涉税信息共享机制的构建则是改革的重要内容，是推进税收征管现代化、创新征管模式、优化税收服务的关键，也是提高政府整体工作效率的重要条件。本文从构建涉税信息共享机制的必要性出发，研究了当前税收领域存在的问题，即缺乏法律制度保障、信息化管理水平低、第三方共享信息的积极性不足、对纳税人信息保护机制不完善等，并以此提出相应的建设性意见。

关键词： 税收征管　涉税信息共享　税收立法　纳税人信息保护

2021年3月11日，第十三届全国人民代表大会第四次会议表决通过了《中华人民共和国国民经济和社会发展第十四个五年规划和2035年远景目标纲要》的决议。该纲要明确提出了完善现代税收制度改革的目标，要求优化税制结构，深化税收征管制度改革，推动税收征管现代化。3月24日，中共中央办公厅、国务院办公厅印发了《关于进一步深化税收征管改革的意见》，细化了税收征管改革的要求，指出要全面推进税收征管数字化升级和智能化改造，加快推进智慧税务建设，深化税收大数据共享应用，加强部门协作和社会协同。①

* 山西大学法学院硕士研究生，主要研究方向为宏观调控法。

① 参见2021年3月24日中共中央办公厅、国务院办公厅《关于进一步深化税收征管改革的意见》。

在此背景下构建涉税信息共享机制是当务之急，是顺应税收征管改革的重要工作，通过该机制优化税收服务、降低税收风险，充分发挥税收在国家治理中的基础性、保障性作用。

涉税信息共享即税务机关与纳税人、其他非税务行政机关与部门、企事业单位、社会组织以及其他个人掌握的，与纳税主体有关的能表现税收经济行为与状态的信息、服务资料等进行共享。随着我国国民经济快速发展，税收环境发生了明显变化，税源状况日益复杂，纳税人的涉税信息越发分散地由多方政府部门或相关组织机构掌握，这也大大提升了税收征管的难度。随之涉税信息共享的重要性在税收实务中日益凸显，因此迫切需要政府建立一个跨部门、跨机构、多方参与、规范有序的税收综合治理机制，加强涉税信息互联互通，提升税收征管工作的效率，从而保证税收足额入库、实现社会公平正义。

一、构建涉税信息共享机制的必要性

（一）顺应税收征管改革，响应时代要求

在“十四五”规划的背景下，税收征管改革受到了党中央的高度重视。《关于进一步深化税收征管改革的意见》既是党中央、国务院对于“十四五”税收征管改革的重要制度安排，也是当前新发展阶段推进税收现代化的总体规划。该文件在指导思想中便提及要建设“以税收大数据为驱动力的具有高集成功能、高安全性能、高应用效能的智慧税务”，并且多项内容指出要“全面推进税收征管数字化升级和智能化改造”“加快推进智慧税务建设”“深化税收大数据共享应用”。大数据作为科学技术发展的产物，在多个领域都发挥着重要作用，实践经验证明，越能掌握丰富的数据信息，则越能享有更强的核心竞争力。涉税信息共享机制是大数据与税收征管的深度融合，可以在很大程度上提升税收征管的工作效率。

文件同时还指出，应当“加强部门协作和社会协同”，加强税收征管能力建设。而涉税信息共享机制的重点，往往在于第三方主体的信息共享，需要其他非税务机关、第三方社会组织、其他个人的积极参与，该项制度才能深度贯彻落实。因此，涉税信息共享机制的构建，既能与现代科技融合发展，又能促

进各方工作的协调，符合党中央文件的精神，顺应税收征管改革之要求。

（二）有利于降低税收风险，减少税款流失

税收是国家财政收入的重要保障，而涉税信息的获取直接影响着国家税收工作的成效。依据我国现有的税收制度，税务机关获取涉税信息主要依靠纳税主体主动提供或税务机关自主收集。这两种方式都存在着一定的弊端，纳税主体作为市场经济运行的推动者，往往会过度追求自身利益最大化，不可避免地会隐瞒对自己不利的涉税信息；税务机关面对广泛的信息获取对象，受限于客观物质条件使得自主收集方式难以面面俱到，因此导致了纳税主体和税收机关之间信息的不对称性。若想拓宽涉税信息来源的渠道，构建第三方涉税信息共享机制尤为必要。应当赋予税务机关掌握纳税主体涉税信息的权力，且其他非税务政府部门、社会组织和其他个人有主动共享涉税信息、积极配合税务机关的义务，不仅可以大大提升税务机关的税收征管效率、税源控管能力，同时可以最大限度地降低税收风险，减少国家税款流失。

（三）有利于实现税收公平正义的目标

税收公平原则是税法的重要原则之一，在英美国家被认定为税收最重要的核心原则，最能体现税收的本质特征。税收公平原则表现为税务机关在征税时应当保证各个纳税主体的税负与其经济负担能力相适应，并使不同收入水平的纳税主体之间税负水平保持基本平衡，在保障税收足额入库的同时缩小贫富差距、实现社会公平正义。

在国外有学者提出“中产阶级陷阱”，即中产阶级在财产信息不透明的情况下，往往是征税环节中最大的利益受损者。因为中产阶级多属于工资性收入群体，实行代扣代缴的纳税方式，税费征收最为规范。低收入群体往往因为生活难以自足而免去税负，并且有社会保障作为其“安全网”。而作为数量最少的富裕群体一般多以财产性收入为主，然而目前这方面的信息透明度很低，这给避税留下了广阔的空间。在这种格局下，中产阶级所承担的纳税负担显然相对最重，在无形中造成了对中产阶级事实上的不公。①

---

① 朱昌俊：《“涉税信息共享”遇阻的多重启示》，载《长江商报》2012年第12期。

这种现状可以依靠涉税信息共享机制来得到改观，该机制使税务机关全面掌握纳税主体的涉税信息，无论是劳动所得抑或财产收益及投资所得皆在监管之下，逐渐营造良好的征税纳税环境，保证税收正义，从而实现社会整体公平正义。

（四）满足与国际税收实务接轨的需求

当前，一些经济发达国家的税法典或单行税法中详细规定了第三方涉税信息共享的义务。

如美国《联邦税法典》规定了与纳税主体相关的涉税信息的范围，包括利息和股息的支付、股票交易、不动产销售、特许权使用费、失业补偿、合伙企业权益转让、赠与财产转让等情况。① 同时在该法典第 75 章规定，若不上报以上信息将承担民事责任或刑事责任，可能面临高昂的罚金或一年以下监禁。我国税收法律应当借鉴其经验成果，制定切合本国实际的法律法规及配套措施，以满足与国际税收实务接轨的需求。

同时，按照当前国际形势，为规避跨国税基侵蚀和利润转移的不当行为，经济合作与发展组织推进的 BEPS 行动计划在全球范围内受到积极响应，跨国涉税信息交换工作正在有序进行。若我国的涉税信息收集能力过于薄弱，势必会阻碍国际税收合作的进程。希望从其他缔约国处获取更多相关信息的前提是我国有能力给予他国同样全面、高质量的涉税信息，因此构建涉税信息共享机制的重要性不言而喻。

二、涉税信息共享的现状中存在的问题

（一）法律法规不健全，配套制度不完善

我国目前没有统一的税法典，现有的法律法规对涉税信息共享制度的规定较为笼统，内容不够全面。《税收征管法》的第 6 条只是对该制度进行了宏观性

① 转引自潘雷驰、叶桦：《美国涉税信息综合治理机制对我国税源专业化管理的启发》，载《税收经济研究》2012 年第 4 期。

的规定，明确了涉税信息共享制度的法律地位，[①] 但并没有详细规定涉税信息共享的主体、对象、法律责任等相关事项；《税收征管法实施细则》明确了地方政府部门有配合税务机关进行信息共享的义务，[②] 但依然规定得较不完备，缺乏可操作性；《企业所得税》和《个人所得税》规定了扣缴义务人向税务机关定期申报的义务；[③]《环境保护税法》则规定了环境主管部门与税务机关的双向沟通机制。[④] 此外，各地方政府也出台了税收保障行政法规、规章对涉税信息共享问题做出了相应的规定。

总体而言，有关涉税信息共享制度的法律法规数量稀少，不成体系，且缺乏相应的配套机制，涉及信息共享的主体、客体、信息的时效、追责机制和其他部门的协助程序等内容几乎为空白，缺乏这些具体规定，涉税信息共享机制的构建寸步难行。即使各基层政府有当地的税收保障行政法规、规章作为指导税收的依据，但不同地区实际情况不同，探索方式存在很大差异，信息共享只能在各自行政区域内进行，由于缺乏全国统一的税收保障法律的引领，各地方信息共享机制自成一派。再加上地方性法规、规章立法层次较低，缺乏强制力，导致税收执法中遇到层层障碍，无法有效推动涉税信息共享的进程。

（二）信息管理水平较低，缺乏统一的涉税信息共享平台

在税收实务中，非税务机关政府部门或单位组织在履行社会管理和公共服

---

① 《税收征收管理法》（2015 修正）第 6 条：“国家有计划地用现代信息技术装备各级税务机关，加强税收征收管理信息系统的现代化建设，建立、健全税务机关与政府其他管理机关的信息共享制度。纳税人、扣缴义务人和其他有关单位应当按照国家有关规定如实向税务机关提供与纳税和代扣代缴、代收代缴税款有关的信息。”

② 《税收征收管理法实施细则》（2016 修正）第 4 条第 2 款：“地方各级人民政府应当积极支持税务系统信息化建设，并组织有关部门实现相关信息的共享。”

③ 《企业所得税法》（2018 修正）第 40 条：“扣缴义务人每次代扣的税款，应当自代扣之日起七日内缴入国库，并向所在地的税务机关报送扣缴企业所得税报告表。”《个人所得税法》（2018 修正）第 14 条第 1 款：“扣缴义务人每月或者每次预扣、代扣的税款，应当在次月十五日内缴入国库，并向税务机关报送扣缴个人所得税申报表。”

④ 《环境保护税法》（2018 修正）第 15 条：“生态环境主管部门和税务机关应当建立涉税信息共享平台和工作配合机制。生态环境主管部门应当将排污单位的排污许可、污染物排放数据、环境违法和受行政处罚情况等环境保护相关信息，定期交送税务机关。税务机关应当将纳税人的纳税申报、税款入库、减免税额、欠缴税款以及风险疑点等环境保护税涉税信息，定期交送生态环境主管部门。”

务职能的过程中往往能掌握纳税主体大量经济贸易、业务往来的第一手数据信息。而税务机关除了通过发票管理、纳税申报等手段以外，几乎很难及时获取此类信息，致使税务机关与纳税主体之间出现信息不对称的问题，导致税收征管的“信息壁垒”。即使第三方主体主动将涉税信息报送税务机关，较为落后的信息处理技术和尚未统一的数据分析标准也加大了税务机关利用信息数据的难度。

2015 年税务系统全面启动“互联网+税务”行动计划，旨在推进互联网先进技术与税收工作深度融合，该计划是新时代“智慧税务”建设的一大创举。2018 年 12 月 31 日，“个人所得税”软件正式上线使用，该 App 是国家税务总局推出的官方税收管理、个税申报系统手机应用，所有申报个人所得税的纳税人都可以通过下载手机 App，在完成自己身份信息填写后履行税务申报义务。2021 年 1 月 13 日，国家税务总局发布公告称，要进一步明确“金税四期”工程部署，搭建各部委、人民银行以及商业银行等参与机构之间信息共享和核查的通道，实现企业相关人员手机号码、企业纳税状态、企业登记注册信息全部联网。由此可见，国家高度重视数据的潜在价值，并采取一系列涉税信息建设的措施。但当前的数据分析方式陈旧，机关内部人员素质参差不齐，导致税务机关对数据的分析结果仍不够精确。

此外，不同地区、不同政府部门之间缺乏统一的涉税信息共享平台，现阶段尽管各地税务机关已经搭建了许多涉税数据综合分析平台，但鉴于各地区经济发展水平步调不一致以及部门间业务性质存在差异，信息化建设在多个平台上呈现不同的样态。各个业务主管部门间缺乏统一的数据交换系统，采集数据时没有统一的指标体系，造成税务机关难以直接利用其取得的信息，必须花费额外的时间、精力对信息进行再加工，① 较差的信息管理能力和缺乏统一的平台、统一的标准，导致了税收征收管理效率低下。

（三）有关部门及第三方主体缺乏共享信息的主动性

在涉税信息共享机制建设中，部门协调往往是实践中面临的主要问题。很多非税务部门掌握的涉税信息内容不全面、传递不及时，同时主观上怠于履行

① 樊俊伸：《涉税信息共享法律问题研究》，华东政法大学 2017 年硕士学位论文。

共享义务，配合的积极性较低，加剧了信息共享的难度。由于上位法的缺位，非税务部门和第三方社会组织的信息共享义务被规定在层级较低的地方性法规、地方规章中，导致缺乏一定的执法强制力，再加上缺乏事后的奖励机制和惩戒机制，使得信息共享往往被第三方主体有意识地忽略。一些单位时常以信息共享影响其本职工作、部门内经费和人员不足、数据统计任务繁杂或信息涉密等问题拒绝提供涉税信息。

除了事后的奖励机制和惩戒机制没有确立外，上位法在事前也未明确划分出各部门的职责范围以及归责机制，使得出现了政府部门间合作失序、彼此推诿的局面。在追责机制不健全的情况下，上位法仅一句“口号式”的规定形同虚设。第三方为了维护自身的小利益，不愿意积极主动地向税务机关提供涉税信息，甚至有意提供虚假信息企图蒙混过关。为保证税收政策高效、有力地执行，有必要明确各方的职责范围和奖惩机制。在税收治理工作重要性逐渐提升和社会经济高速发展的当下，政府部门各自为政、相关社会主体冷眼旁观的治税格局，必须得到彻底扭转。①

（四）对纳税人涉税信息安全管理机制缺位

根据税收实践经验的要求，在构建涉税信息共享机制时，我们必须处理好“信息共享”与“信息保护”这一对天然对立的矛盾。涉税信息是税务机关进行税收征管工作的重要基础，但前提是它首先属于纳税主体的个人信息，纳税人对其享有天然的产权，具有占有、使用、收益、处分的权能。《税收征管法》的第 8 条规定了税务机关对涉税信息的保密义务。但实践证明，税务机关对纳税人个人信息的保护力度远远不够，再加上跨部门、跨领域的信息共享与流通，纳税主体的个人信息难以确保不被过度利用或泄露，而事前税务机关也没有足够的物质条件去征询每一位纳税主体的意见，确保被共享的信息不侵犯其隐私权。

而其他非税务政府部门与第三方社会组织也同样陷入两难境地。现代市场经济对于信誉的重视性不言而喻，第三方主体只有严格遵守对交易相对人的信

① 郭志东：《政府部门间涉税信息共享的困境及破解思路》，载《税收经济研究》2016 年第 4 期。

息保密义务，才能依靠其产生的信赖利益而获取市场份额。但与此同时，税务机关要求第三方主体共享的涉税信息势必会有很大一部分与纳税主体的个人隐私信息相重叠，若强行打破保密格局，必然会丧失对方的保密信赖，而导致自身市场交易能力降低；若严格履行保密义务，则需要投入更多的信息管理成本，同时还不可避免地违反税务机关的信息共享要求。

为保护纳税主体的个人信息权，应当兼顾、平衡涉税信息共享中各方主体的利益诉求，保障涉税信息共享的公平性和规范性。有必要提供纳税人参与制定涉税信息共享规则的渠道，广泛收集纳税人的意见和建议，进一步完善对涉税信息的不当使用、泄露、滥用等相关问题的问责机制和法律责任。

三、构建涉税信息共享机制的具体思路

（一）加快完善相关法律法规，推动信息共享法治化

依据税收实践经验，推进我国涉税信息共享机制的建设受阻，应当首要解决的问题是完善相关法律法规并构建相应的配套措施，法律制度的保障是提高税收征管工作质量的关键。应当以《税收征管法》的修订和《税法总则》的编纂为契机，将涉税信息共享制度的相关规定以高位阶的法律形式确定下来，并以此来指导实践。

应当将现行的《税收征管法》中对于涉税信息共享的原则性规定予以保留，并将具体制度细化。首先，明确划定涉税信息共享的主体范围，根据主体的职能进行划分，应当包括负有公共管理职能的行政部门以及公检法在内的司法机关等国家机关、具有公共性质的事业单位、特殊行业的单位机构如银行、证券、保险、中介类单位以及其他负有信息共享义务的单位和个人。其次，明确规定共享涉税信息的具体义务和实施规则，而不是含糊其词地用“提供帮助”四个字来应对变化多端的实际情况。可以采用列举的方式将需要共享的涉税信息种类、共享信息的方式方法、共享信息的法定程序和法定期限等一系列内容确定下来。负有涉税信息共享义务的其他部门、单位和个人，应各司其职，将涉税信息定期报送至税务机关，不得拒绝税务机关因税收征管需要提出的信息共享需求。同时规定相应的保障措施，从机构、人员、经费等方面提供保障，

确保涉税信息共享机制有效、高效运行，保证其常态化发展。最后，严格规定法律责任及追责机制，以法律的威慑作用来确保各主体及时有效地履行信息共享义务，避免其蓄意拖延或借口拒绝。同时税务机关或第三方主体必须在职责范围内依法管理、使用涉税信息，不得用于除公务外的其他用途，若为非正当目的而使用涉税信息的，应当承担相应的法律责任。

（二）搭建涉税信息应用共享平台，推动信息共享智能化

税收征管需要的涉税信息内容繁杂、数据量大，而当前税务机关对信息的管理水平较差，且缺乏统一的信息共享平台，已严重阻碍了税收征管改革的推进。中央文件中已明确指出要求“全面推进税收征管数字化升级和智能化改造”，因此提升税收领域整体的信息化水平，是涉税信息共享机制得以建立和完善的基础，也是税收征管改革的重要内容。

应当在明确涉税信息共享的管理规则的前提下，进一步完善其工作机制，在“金税四期”工程持续建设、个人所得税 App 持续运行的基础上，搭建全国统一的涉税信息应用共享平台和数据库，充分发挥“大数据”“云计算”功能，消除不同行业、不同部门因信息平台无法统一、数据处理标准差异带来的“信息壁垒”，推动信息共享的智能化。

同时税务部门应当加强内部信息管理机制的建设，重视涉税信息的采集、分析、使用等环节，在分析信息的过程中，构建合理的数据分析模型。从多方面拓宽收集信息的来源和渠道，扩大共享的范围，把涉税信息转变为进行税源监控的重要依据。实现信息共享完整、采集交换便捷、比对分析富有成效，及时查补漏缴税费，助力税收服务，促进依法治税，防范税收风险，降低办税成本，达到税收高效征管目标。①

（三）促进涉税信息共享联合激励、惩戒机制，激发信息共享活力

掌握涉税信息的其他第三方主体配合性不高、缺乏共享的主动性，往往导致了税务机关很难及时掌握纳税主体的信息，应当建立起信息共享的联合激励

---

① 林溪发：《推进涉税信息共享的〈税收征管法〉修订思考》，载《税务研究》2020年第11期。

或惩戒机制，激发共享的活力。首先，要建立绩效评价奖励机制，定期对政府各部门和社会组织信息共享质量、与税务机关合作情况进行充分评估，根据其绩效情况对积极配合并表现优秀者进行通报表彰。同时为信息共享的第三方提供必要的经费保障，将涉税信息提供所需经费纳入年度财政预算，对各部门提供信息增加经济和社会效益的，按照一定比例给予财政资金奖励，[①] 保证各个部门和社会组织的信息共享工作顺利展开。

其次，建立完善追责考核体系。在对积极提供信息、获得显著成效者进行奖励的同时，对不提供信息或提供虚假信息的单位和部门进行相应的惩戒。详细量化信息共享的考核指标，建立起联合激励、惩戒机制，依靠奖惩分明的考核体系来激发涉税信息共享的活力。

（四）完善信息安全管理制度，保障纳税人涉税信息安全

在信息技术快速发展的时代，所有数据都具有公开透明性，而涉税信息共享操作难度较大、工作程序复杂、跨领域部门广泛、涉及人员众多，涉税信息的安全保障成为税收实践中不可忽视的问题。在纳税主体个人信息权的保护和涉税信息共享产生冲突时，应当全方位地平衡各涉税信息利益主体的诉求，通过相互合作实现各方利益的共赢。需要厘清国家财政利益与纳税人涉税信息利益、征税主体的征管效率与第三人的守诺利益两对矛盾。

在涉税信息共享的实践中，当纳税主体的信息利益和国家财政利益产生矛盾时，国家财政利益应当优先于纳税人涉税信息利益。“财政收入是社会运行的基础，税收的本质仍是为了社会得到永续发展的公共目的，因而其本身也是个人利益得以实现的前提，应具有优于个人利益的地位”。[②] 纳税主体对于其个人信息中影响税收征管工作的内容有义务提供给税务机关，但这并不意味着纳税主体的涉税信息利益要受到无条件的压榨，对于属于纳税主体的商业秘密和个人隐私的涉税信息，作为纳税人的个人信息权和隐私权的范畴，属于被法律保护的正当权利，同样应当得到重视。对该类信息进行共享的前提是必须获得纳税人的同意，同时需要严格规定可共享的主体和共享的程序，明确其信息安全

---

① 隋大鹏：《如何加强涉税信息共建共享》，载《税务研究》2015 年第 10 期。

② 王霞：《涉税信息共享中的信息利益冲突与平衡》，载《税务研究》2017 年第 6 期。

受损时各主体的责任承担方式。

另外，为了更多地获取纳税主体的信任，让其更放心地与税务机关共享本人涉密的涉税信息，相关机制的建设不可缺位。如设置专门的涉税信息管理机构，“各种科学的和专门化的统计方法和手段，是保障公民信息权利和获取高质量统计信息的必要举措”,① 设置规范化的具有保密性质的涉税信息管理机构独家整合全部信息，用严格的信息查询与提供制度防止纳税主体信息泄露，在内部划分不同部门的职责范围和追责机制，严查对信息不当使用或造成信息泄露的工作人员并令其承担相应的法律责任。同时专门机构运用先进技术可以提升信息的利用率，各个环节协调运作增强税收征管工作的效率。对涉税信息进行分析、计算完成后由该管理机构直接与税务机关进行双向共享，而杜绝其他任何组织和单位参与其中，避免涉税信息被第三方恶意利用。

还有一对矛盾，即征税主体的征管效率与第三人的守诺利益之间的冲突。在市场经济的环境下，竞争是市场的活力，为保证作为市场主体的第三方竞争利益，其守诺利益应当予以特别尊重。笔者认为，在二者产生冲突时，税务机关的税收征管效率应当让位于不违反法律法规的前提下第三方基于保密协议而选择的守诺利益，税务机关可以通过其他途径来满足税收工作的需要，宁可适当降低工作效率也要尊重市场主体的合理诉求。同时注意防止该价值选择被恶意利用，应当对第三方所称的守诺利益进行严格核查。总体而言，在构建涉税信息共享机制时应当尊重不同利益保护的位阶关系，坚持比例原则和合目的性原则，对不同利益主体进行不同程度、不同方式的保护。

---

① 孙宪华：《公民的信息权和义务》，载《中国统计》2005年第8期。

经济法视阈下税务协助人概念辨析

樊朝蕾*

摘　要：由于当前我国经济发展步入新阶段，“十四五”规划的出台为我国税收征管现代化改革提供了有利的政策环境。自《税收征收管理暂行条例》创设税收协助制度至今，税务协助人作为协税主体所发挥的重要作用已充分展现。本文通过必要性分析，论述了我国税务协助制度的现状及所存在的问题，并从经济法视阈下浅谈税务协助人制度建立的基本理论前提。最后在对税务协助人相关概念予以辨析的基础上，尝试性总结税务协助人概念、性质等基础理论。

关键词：经济法　宏观调控　税务协助　税收征管法　涉税信息

在当前，税务协助人这一主体概念的提出，要从根本上转变治税理念，调整税务工作模式，优化税收征管，符合我国新阶段治税思想与治税方式。但由于我国学界目前尚未明确税务协助人这一法律概念，本文拟通过总结现有学者相关理论，尝试性地对税务协助人概念予以辨析，略述己见，以求教于学界前辈与同人。

一、明确税务协助人概念的必要性分析

（一）社会经济背景下的现实需要

随着我国改革开放步伐迈入新阶段，税源构成和征税环境发生了深刻变化，

* 山西大学法学院硕士研究生，主要研究方向为经济法学。

造成我国税务工作在新的历史发展阶段呈现新的问题，突出表现为纳税主体多元化、收支隐蔽化、分配多样化、核算利益化、偷避税智能化等新特点。因此，我国过去传统的税务工作模式与税收征管模式已无法满足税务机关的课税工作需要，依法规范税务工作秩序、优化税收征管模式、减少税源税收流失、加强税务信息共享、营造公平公正的税收法治环境已变得尤为重要。

我国当前已进入大数据信息化时代，由于涉税信息的隐秘性，造成税务工作日渐复杂，税务机关对于涉税信息的掌握变得愈加困难，税务协助在税务管理与税收治理工作中显得愈加重要。因此，包含税收征管在内的大量税务工作，均需要税务协助人的参与，才能保证税务工作的顺利进行。

（二）国家政策环境的推动

2021 年 3 月，第十三届全国人民代表大会第四次会议表决通过了《中华人民共和国国民经济和社会发展第十四个五年规划和 2035 年远景目标纲要》，明确提出要完善现代税收制度改革，要求“优化税制结构，深化税收征管制度改革，推动税收征管现代化”。[①] 同月，中共中央办公厅、国务院办公厅联合公布印发了《关于进一步深化税收征管改革的意见》，细化了税收征管改革的要求，指出要全面推进税收征管数字化升级和智能化改造，加快推进智慧税务建设，深化税收大数据共享应用，加强部门协作和社会协同。[②] 为实现税收征管的现代化，必须将税务协助人相关制度纳入其中，以保证税务工作在新时代新特点下提高税收征管效率，因此，在税务工作中明确税务协助人概念，是“推动税收征管现代化”“加强部门协作与社会协同”的题中应有之义。

（三）当前税务协助制度的缺陷

从总体上看，无论是在制度建设领域，还是学术研究方面，我国当前的税务协助制度仍存在术语使用不规范、法律规定不明确、学术研究不足这三大问题。

1. 术语使用不规范

同一法律制度体系中的术语表达与内涵理当统一，这是法律明确性的题中

---

① 参见《中华人民共和国国民经济和社会发展第十四个五年规划和 2035 年远景目标纲要》。

② 参见《中共中央办公厅、国务院办公厅：关于进一步深化税收征管改革的意见》。

之义。[1] 因此，无论是《税收征管法》层面还是单行税法领域，对于税收协助规范的用语与内涵均应当统一、明确。然而在现行法律法规之下，对于税务协助人的术语使用却并不统一，且未形成共识。其具体体现在《税收征管法》和各单行税法中既出现了“协助”[2] 一词，又出现了“协作”[3] “配合”[4] 等的用语，致使在税务协助体系当中，没有明确统一的法律用语。另外，法律条款中存在“信息共享”“交换信息资料”“提供有关资料”等的相似表述，[5] 虽均能体现出税务协助人在税收信息方面存在协助的义务，但因法律用语的规范性与适当性存在争议，因此在法律适用上的效果大打折扣。

为此，需要统一、明确税务协助人概念及其相关定义，修改税务协助具体规则用语，确立统一的税务协助制度体系。

2. 法律规定不明确

我国目前关于税收协助的法律规定主要存在于我国《税收征收管理法》及其实施细则，以及各地的地方性《保障条例》等行政法规或政府规章中，此外，更多的税收工作开展以意见、公告、通知等地方规范性文件的方式进行，法律层级较低，且均未能对税务协助人协助工作作出细致的规定，各地对于税收协助的规定杂乱无章，缺乏有效协调。我国税法中也仅对相关部门配合税收征管工作作出了明确的要求。但是，由于其多为总括性、义务性的规定，并未对税务协助人的种类、协助内容、方式以及其权利义务范围限定等具体内容予以明确的阐释，且对于税务协助人的追责，法律没有明确不提供相关协助的法律责任，缺乏对于税收协助人的强力约束。因此在法律规制及运行过程中当多方产生争议时，无法通过法律规定作以明确的指引。

只有从根本上转变治税理念，调整税收征管方式，充分调动税务协助人参与税收征管，促进税务部门与税务协助人的协作积极性，将税务协助的主体覆盖行政、司法、社会等多方面、多领域，实现跨部门、跨区域、跨领域税务协

---

① 叶金育：《税收协助规范的应然定位和设计基准》，载《法学》2021 年第 2 期。

② 参见《税收征收管理法》第 5 条、第 17 条，《环境保护税法》第 14 条、第 15 条，《个人所得税法》第 15 条，《车船税法》第 10 条等。

③ 参见《环境保护税法》第 14 条。

④ 参见《耕地占用税法》第 13 条，《环境保护税法》第 14 条、第 15 条等。

⑤ 参见《税收征管法》第 15 条，《个人所得税法》第 15 条等。

作，才能全面提升税收管理效能，实现税收征管现代化。

3. 学术研究之不足

由于当前我国学界未明确统一整理总结出税务协助人这一法律概念，且对其范畴定义参差不齐，整体性研究较少，主要集中于以税收协助方式不同而形成的税收软法协助、行政协助、社会公共协助等方面，如学者杨凌珊（2020）在其《税收公共协助的软法规制进路》一文中强调以“软法”为主要规制手段的税收公共协助模式，弥补硬法规范的不足，推动税收公共协助的开展。① 又如学者李立文（2019）在其《“放管服”背景下第三方税收征管协作新模式的思考》一文中提出，在“放管服”改革力度不断增强、政府相关部门涉税信息和管控手段进一步弱化的背景下，要充分发挥第三方协税护税的重要作用，提升税收征管效率和质量。② 学界对于税务协助人的基本概念性质虽未统一但已形成税务协助的共识，学者们对其概念性质等基础理论问题往往心照不宣，只谈其内部细化分工的具体问题。

然而笔者认为，只有先对税务协助人的基本概念、性质及其基础理论问题予以明确界定和探讨，才能保证在此基础上的其他法律问题研究的顺利开展。由于在学术研究领域尚未对税务协助人这一税务主体作以整体性、系统性的概述，为此，对税务协助人相关基础理论研究必不可少。

二、经济法视阈下的税务协助人理论探析

税收具有分配收入、配置资源和保障社会稳定的职能，国家运用税收杠杆可以有效地调控宏观经济。③ 经济法体系中的税收调控制度是宏观调控制度的重要组成部分。税务协助人制度作为国家税收调控制度的重要内容之一，在全面推进依法治国的当下，是必不可少的税收法律手段，对促进和保障我国税收法治目标的实现具有重要的作用。

---

① 杨凌珊：《税收公共协助的软法规制进路》，载《税务与经济》2020 年第 5 期。

② 李立文：《“放管服”背景下第三方税收征管协作新模式的思考》，载《智库时代》2019 年第 1 期。

③ 张守文：《经济法学》，高等教育出版社 2018 年版，第 148 页。

（一）符合经济法经济性的基本特征

经济法与其他部门法相比的特殊性在于，其是利用法律化的宏观调控和市场规制手段来调整国家社会经济关系。经济法具有突出的经济性，经济法的调整具有节约或降低社会成本，增进总体收益，从而使主体行为及其结果更为“经济”的特性。因此经济法的调整以总体经济效益的提高为直接目标，同时，也以社会利益等其他利益的综合保护为间接目标。经济法的调整不仅要降低私人成本，更要降低社会成本，从而在总体上实现效益的最大化。

经济法的经济性在税收调控关系中表现得最为明显。国家通过增税与减免税等手段来影响社会成员的经济利益，引导企业、个人的经济行为，从而对资源配置和社会经济发展产生影响，达到调控宏观经济运行的目的。

税务协助人制度的建立，正是通过完善税收调控手段，降低社会成本，提高税收征管工作效率。税务协助人参与税务工作，能够加强国家税源管控，防止纳税人出现隐匿收入、虚假申报、漏逃税款等情况，保障国家财政收入，从而有利于税收发挥其调节收入分配、促进社会公平的重要作用。

（二）符合经济法以个人利益与社会利益矛盾统一的目标定位

效率与公平的矛盾涉及个人利益与社会利益的冲突。经济法在处理个人利益与社会利益的关系上，强调从社会利益出发，由国家或政府从财政、金融、税收、竞争等方面入手，对于不利于社会利益的行为给予限制，突出了经济法社会本位和国家调制的经济观念。经济法在目标定位上，与民法不同，强调以社会利益为本位，侧重于从宏观、从协调方面减少社会经济变动造成的破坏，优化经济结构，从而提高效率来促进人们利益的实现。因此，经济法的社会利益宗旨，在于协调经济与社会的良性和可持续发展。

效率与公平是个体营利性与社会公益性这一矛盾的具体化。市场经济中的个体大多是以营利为目的，追求利润的最大化，这在税收领域的负面影响即表现为部分个体为了追求个人利益，谎报瞒报个人收益，偷逃税款，通过不法手段窃取国家利益。而正因信息资源获取不利、技术水平缺乏以及法律制度的不明确等因素，也使得税务机关的税收征管工作难以顺利开展，无法保障社会公共利益的实现。税务协助人制度的建立，正是为了与经济法保障社会利益的目标相一致，通过国家税收调控，减少单个逐利行为可能给社会公共利益带来的不利影响，切实保证社会成员不可侵犯的社会共同利益。

（三）符合经济法社会利益本位的基本原则

一般认为，社会利益的主体是“社会”“社会公众”“公共社会”，其内容是依赖于个体利益需求的绝大多数社会主体共同的欲求。社会公共利益是为了满足社会全体成员之要求，建立在个人利益基础之上的关系大多数社会成员福利的一种利益。在这一理念下，经济法坚持综合效益原则，强调社会整体效益与微观个体效益的有机结合。经济法是以整体发展为理念的法律部门，必然以市场主体的经济利益之实现为前提和基础，但个体经济利益并不是经济法的终极目标，其还要追求宏观整体效益。宏观整体效益是各个局部、各种具体经济效益的有机结合，而非各个具体经济效益的简单相加。在税收调控领域完善税务协助人制度，正是坚持经济法社会利益本位的基本原则，追求宏观上的整体效益。

“国家征税的目的是实现国家公共职能，提供公共物品，以满足社会基本公共服务均等化的需要。”① 由此可知，征税的目的是在个体利益增加的基础上，将社会整体收益惠及广大中低收入群体，通过国家宏观调控缩小贫富差距，促进社会公平正义，从而推动整个经济社会的稳定和可持续发展。税务协助人作为国家税务工作的参与者，在享受国家整体收益的同时，也需配合、协助国家完成税收工作，实现社会整体效益。

三、税务协助人概念及性质厘定

（一）税务协助人相关概念区分

税务协助的主体在学术研究中常被冠以不同的名称，造成在学术研究中往往因其名称用法的不同而产生争议。因此在论述税务协助人概念之前，需要对与税务协助人相关的概念予以比较区分，以起到明确的作用。

---

① 张守文：《经济法学》，高等教育出版社2018年版，第148页。

1. 税务与税收

税务，是指与税收事务相关的各项事务的简称。有广义和狭义之分。广义的税务泛指以国家政治权力为依据，参与国民收入分配全过程的各项与税收工作相关的所有事务，包括税收方针政策的研究、制定、贯彻执行等工作；税收立法、执法、宣传等工作；以及税收征收管理工作。但狭义的税务仅指税收的征收与管理工作，等同于税收，是指国家为实现其公共职能而凭借其政治权力，依法由政府专门机构向居民和非居民就其财产或特定行为实施的强制、无偿地取得财政收入的一种课征行为或手段。

作为税务执法工作的核心部分，所有税务执法工作均围绕税收征管这一中心工作展开。然本文采用广义的“税务协助人”而非“税收协助人”之用词，正是为了强调，税务协助应涵盖于税收征管前、中、后及其始终，而不应仅存在于税收征管阶段。税务协助包含对税前纳税人信息的采集与归纳、税务调查、凭证管理等工作，也包含对于税收征管程序当中的信息报告、认定管理等的税务协助，同时更应包含税收征管之后的税务稽查与监督、税务追缴等工作。因此，采用“税务协助人”的说法，更有利于税务协助制度向整体性和体系性方向发展。

2. 协助与协力

“协”，是顺从，如协同；“助”则是帮助的意思。“协助”指从旁协助，更有辅助的含义，强调二者之间具有主被动关系。而“协力”，是指行动的协同一致，更加强调二者之间的同步关系，无主被动之分。然在我国税收法律关系当中，国家税务机关在税收征管程序中占据主导地位，税务机关是被协助的主体，因此，本文所探讨“税务协助人”采用“协助”而非“协力”，正是意在强调我国税收的国家主体性，具有国家强制力的保障。

“协力义务”一词常被我国台湾地区学者所使用。如葛克昌在其《协力义务与纳税人基本权》一文中指出“有因关课税原因及事实多发于纳税义务人所得支配之范围，税捐征缴机关掌握困难，为贯彻公平合法课税之目的，因而产生纳税义务人协力义务。”① 综观我国《税收征收管理法》及其《实施细则》，

---

① 转引自褚睿刚、韦仁媚：《税收协力义务及其限度刍议》，载《云南大学学报（法学版）》2016年第6期。

以及各单行税法的相关规定，也多使用“协助”而非“协力”，均可见税务协助的实质所在。

3. 与第三方税务协助的区别

有学者提出，第三方税务协助的概念是指税务机关根据税源管理现实需要，引入征纳双方以外的第三方力量，利用掌握的职能、资源、信息等协助税务机关解决征收管理问题的一种行为。① 此种说法更加强调参与税务协助的主体多为除了征纳双方以外的第三方力量，而笔者认为，税务协助的主体范畴也应当包括纳税义务人，原因在于：一方面，纳税义务人是税收义务的直接承担者，其对于税务协助的表现形式是一种直接协助，是作为税收缴纳义务的附随义务而存在的。无论是在纳税申报抑或税收征管信息的报告阶段，都是其为完成税收工作所必须承担的责任和义务；当税务机关进行税务稽查时，纳税义务人有须得协助税务机关提供相关资料信息的义务，以完成税务稽查的目的。另一方面，纳税人对于税收实际情况最为了解，其在税收构成要件形成阶段即掌握了大量课税资料，其本身提供协助义务最为便利，所能提供的协助也最为全面。因此，本文所述“税务协助人”与学术界所言第三人税务协助不同，包含了纳税人这一税收法律关系主体在内。

4. 与税收协助义务人之区分

根据法理学上对法律关系的定义，税收法律关系是指税法在确认、调整国家和纳税人之间以及相关国家机关之间税收行为的过程中，形成的特殊的权利和义务关系。② 税收法律关系与其他法律关系一样，是以权利义务为内容的一种社会关系。税务协助人作为税收法律关系的主体之一，也应与其他法律关系主体一样，在其相应的法律关系中具有一定的权利和义务。然“税收协助义务人”的说法，仅强调其具有税收协助的义务，而忽视了其作为法律关系主体而应当享有的保护个人隐私等权利。因此，笔者认为，采取“税务协助人”的说法，更能全面地包含税务协助主体在税收法律关系当中具有的权利和义务内涵。

5. 与税收行政协助的区别

税收行政协助是行政协助中的重要一方面。税收行政协助是指其他行政主

---

① 葛克昌：《协力义务与纳税人基本权》，载《纳税人协力义务与行政法院判决》，台湾翰芦图书出版公司 2011 年版，第 4 页。

② 杨志强：《税收法治通论》，中国税务出版社 2016 年版，第 26 页。

体通过自身职能给予税务机关税收管理工作便利的一种行政协助行为，有助于实现国家的税收利益。税收行政协助中的协助主体仅指各级行政部门，利用其行政职能或法定权利给予税收执法协助，或者涉税信息的采集传递，其协助主体范围远比税务协助人所涉主体范围小得多，协助的内容也没有税务协助人来得广泛。因此，税收行政协助可包含在税务协助人的类别范围内，在税收征管法律体系当中，使用“税务协助人”的说法，更加恰当。

（二）税务协助人概念厘定

结合上文所述，笔者认为，税务协助人就是指根据有关法律法规的规定和要求，主动提出或经税务机关请求，对税务管理工作中的风险监控、纳税服务、税收征管、税收法制、税务稽查等各项活动，给予资源、信息、技术等方面的支持和帮助的主体，具体可包括公民个人、国家机关、企业事业单位、行业协会、涉税中介等社会团体。

税务协助人的基本目的是阐明课税事实或实现税收管理，协助税务机关完成税款征纳工作。该主体范围具有多样性和广泛性的特点，不仅包括纳税人本身，也包括与征纳双方有直接或间接、补充关系的单位或个人，也涵盖独立于征纳双方之外的第三方。

税务协助人的协助对象是税务机关，协助内容主要是指税务管理中各个环节的各种事项，包括税务登记、申报征收、纳税服务等基本管理事项，也包括风险防控、纳税评估、税务稽查等后续管理事项。

在实践中，税务机关仅凭一己之力无法保证税务管理的有效性，常由于税务协助不及时导致税款流失、涉税信息缺失甚至偷逃避税等不法情况的出现。因此，在税务管理工作中，尤其是税收征管程序阶段纳入税务协助人制度，可以使税务机关充分利用不同涉税主体所掌握的人力、技术、信息等资源协助开展各种税收活动，降低征管成本，提高征管效率。

（三）税务协助人种类划分

对于税务协助人种类划分，有两种划分标准。

第一，从税务协助人参与税收征收管理的相关性角度，可以分为以下三点。

首先，因纳税义务人在税收征管工作中具有直接相关性，因此，税务协助人应当包含纳税人本身，承担直接协助的义务。国家税务总局《关于纳税人权利与义务的公告》中，将纳税人的义务概括为十项，其中除其身为纳税人所应承担的义务之外，还包括“及时提供信息的义务”“报告其他涉税信息的义务”等协助性规定。① 因此，纳税义务人作为税收的实际承担者，在税收征管法律关系当中，也充当着税务协助人的角色。

其次，除纳税人之外，扣缴义务人是对课税信息了解最全面的税务协助人。扣缴义务人在税收征管过程中起到课税信息与税款传递者的作用，是连接纳税人与税收征管部门的重要桥梁。扣缴义务人在实施税收扣缴时掌握纳税人主要纳税信息，对于课税事实的确定起到至关重要的作用，因此也应列入税务协助人之中，承担间接协助义务。

最后，税务协助人还应包含与税收征纳法律关系相关的第三方主体，承担补充协助义务。第三方税务协助人包括与税务工作相关的公民个人、法人、国家机关、企事业单位及社会组织等，例如在税务登记管理阶段，我国《税收征管法》规定了银行、金融机构对于纳税人经营账号账户的上报义务，② 又如在申报纳税阶段，我国税法规定，纳税人可以选择采用邮寄或者数据电文方式进行申报，此时，需要邮政部门与电信企业联合配合实施邮寄申报、数据电文申报等事宜。③ 再如在税款追征阶段，公安机关、法院等司法部门，需协助税务机关打击偷税、骗税、抗税等涉税犯罪行为，包括实施税款强制措施、财产扣押等行为。

第二，从税务协助主体性质角度，可以划分为税务行政协助人、税务司法协助人，以及税务社会协助人三种。

税务行政协助人主要包括各级政府部门或事业单位。税务司法协助人是指各级法院、检察院等司法机关。税务社会协助人主要包含国家机关之外的各类社会团体、企业以及公民个人。前两种税务协助人均属于国家机关，都是根据自身职能或者所拥有的法定权力开展税务协助工作，协助的力度较强。而税务社会协助人所涵盖范围广泛，具有贴近纳税人、掌握一手信息资源的优势，往往在税务协助工作中发挥出积极的作用，但协助力度较弱。因此，这更加说明

---

① 《国家税务总局关于纳税人权利与义务的公告》。

② 《税收征收管理法》第 17 条。

③ 《税收征收管理法》第 26 条。

税务协助人法律制度亟待完善，从而推动税收征管现代化改革的进程。

（四）税务协助人协助方式

对于税务协助人协助方式，从税务协助发生的主观原因角度，分为主动协助和被要求协助两种。主动协助是指税务协助人自觉遵守法律、行政法规的有关规定，或者主观上具有强烈的社会责任感，主动开展协税护税活动，税务协助人是税务主动参加者，主动履行协助义务；被要求协助是指税务机关在税收管理活动中，因需要税务协助人的支持和配合，依法向其提出协助要求。被要求的税务协助人接到协助通知后，应当在法定义务内就税务机关提出的协助内容给予回应和协助，此时，税务协助人属于被动协助，在协助过程中对于违法违规行为，税务协助人有拒绝协助的权利。

四、结语

对于经济法视阈下税务协助人概念之研究探讨，不论是从学术理论，还是法律制度建设完善方面，都是不可缺少的一项重要内容。在税收征管现代化进程不断深入的背景下，税务协助人参与税务管理工作凸显出其不可比拟的优越性和重要性。在加强税源管理、提高税收征管效率、维护社会公共利益与税收公平方面都有着不可替代的作用。然税务协助人所含内容较多，涉及部门范围较广，其所需明确的权利义务等法律问题又涉及经济法、行政法、民商法等多重领域，需要学界予以一同探讨明晰。

请求权基础分析方法对民事裁判的影响

马爱萍* 王丽蓉**

摘　要：请求权基础分析方法是民事案件的裁判方法，正确运用请求权基础分析方法可使得法官裁判有章可循，促进法律适用的统一，也为公正的司法审判提供支撑。本文通过剖析请求权基础分析方法的内在机理，将其与法律关系分析方法相比较，并检视请求权基础分析方法与司法实践的距离，对请求权基础分析方法进行本土化的改造，使其更加贴合我国法官裁判需要。

关键词：请求权基础　民事裁判　方法论

一、问题的缘由

民事裁判是法官认定事实和适用法律的过程，法官一贯遵循将法律规范适用于具体案件事实的裁判逻辑公式。近年来我国法院受理民事案件数量与日俱增，新型案件层见叠出，法官唯有掌握正确的裁判方法，不断提高办案效率才能担负起肩上的重任。裁判方法是法官在裁判过程中将特定的生活事实涵摄于法律规范之下，并应用法律规范进行裁判的方法。一名优秀的法官必须具备系统的法律知识和裁判的方法，系统的法律知识在学校教育中可以得到，但我国法学院校却没有关于寻找法律规范以正当裁判的教学，法院工作中亦缺少专门的训练。① 明确法官裁判的方法，使法官裁判的思维在诉讼中延展开来，有利

---

* 山西大学法学院教授，主要研究方向为民事诉讼法。

** 山西大学法学院硕士研究生，主要研究方向为民事诉讼法。

① 邹碧华：《要件审判九步法》，法律出版社2014年版，第25页。

于当事人和辩护律师了解法官如何依法裁判，继而增强判决的正当性和说服力。明确法官裁判的方法，使裁判依据的选择成为一个标准化的流程，既有利于法官精准适用法律、提高裁判水平和办案效率，同时对法官适用法律进行必要约束，防止法官滥用裁判权，维护司法公正。① 故本文写作的初衷在于为民事案件中如何为裁判提供一个明确的路径，形成具有共识的裁判规则，使得法官适用法律时有章可循，有据可依。

近年来，经王泽鉴教授的引入，请求权基础分析方法逐渐获得我国民法学者的青睐，又因其直指诉讼中请求与抗辩的交锋，以法官视角寻找法律规范，亦颇得实务界的认可。最高人民法院在全国民商事审判工作会议上明确表示请求权基础分析方法是法官裁判时应遵循的基本方法，是法官获得裁判依据的基本路径，但是也不乏反对意见，认为请求权基础分析方法是否可以取代法律关系分析方法成为法官裁判的基本路径，仍有待商榷。为此本文将围绕请求权基础分析方法，从请求权理论与请求权基础规范的找寻两方面展示请求权基础分析方法的全貌，并与法律关系分析方法相比较。此外请求权基础分析方法虽在民法学界盘亘二十余载，使其成为我国法官裁判的基本路径仍需经过本土化的改造。本文抛砖引玉，立足民法学者主张的请求权案例教学与司法实践的不同，就法官裁判时应如何贯彻请求权基础分析方法提出些许微薄之见。

二、请求权基础分析方法的学理分析

（一）请求权基础分析方法的理论基础

请求权概念最早可追溯至罗马法的诉权制度。罗马法通过诉讼方式形成法的事实，使得诉讼也成为一项权利，即诉权。诸法合体的罗马法时代，诉权和实体权利处于蒙昧状态，请求权概念尚未被提出。诉权作为实体权利的一种表现形式，亦可以实现实体法中请求权的功能。罗马法时代尚未有完全脱离具体事实的抽象规范，因而当原告因某一事实的发生而致使利益遭受侵害时，只能通过诉讼的方式主张利益，由裁判官来判断其是否具有诉权。从表面上看是裁

① 王利明：《民法案例分析的基本方法探讨》，载《政法论坛》2004 年第 2 期。

判官在判断原告是否具有诉权，实则裁判官是在考量原告是否具有其所请求的实体利益，只不过在当时对实体利益的主张表现为诉权。① 换言之，罗马法时代的诉权是程序和实体的统一体，包括诉和对实体利益的主张双重含义。而原告对实体利益的主张，即温德雪德所提出的请求权概念。

随着经济社会的发展，诉权难以应对社会的急剧变迁，诉权制度逐渐剥去诉的外壳，实体内容日益显露并丰富起来。人们可以直接请求对方为或不为一定行为，诉讼不再是表达权利主张的唯一途径。为延续诉权制度的生命，萨维尼提出私法诉权说，即诉权是基于私法上的债权和当事人的侵权行为而产生的，具有与债权相似的实体法性质。诉权是债权的某个发展阶段，在当事人提起诉讼以保护受到侵害的实体权利时，方可进入另一阶段。在私法诉权说中，实体请求权已逐渐从诉权制度中剥离出来，但萨维尼没有完全清晰地分离出独立的实体性的请求权和与之相对应的程序性的诉权。

实体请求权概念由学者温德沙伊德提出。温德沙伊德重新定义了权利和审判的关系，并认为罗马法中的诉权具有可表示为请求权的实体性权能和诉讼方面的权利。倘若某人拥有一诉权，除表示他在实体法上具有请求权外，该请求权得以在诉讼中主张，也是诉权的实现。温德沙伊德将诉权的实体法层次，以“请求权”的概念来呈现，并以请求权为基点构建实体法体系。② 此外在温德沙伊德看来，实体请求权与诉权并无明显区别，诉权存在的意义仅限于表示出实体请求权的“裁判上强制实现可能性”。直至“公法的诉权观”逐渐兴起，诉权作为公法上独立的权利，与实体请求权的区别才渐趋明显。诉权被归属于诉讼法领域，虽以实体请求权为前提，但两者为不同领域且性质相异的权利。

综上所述，请求权概念的形成使得诉权制度下必须通过诉讼才可提出的请求得以径行向对方当事人主张。请求权犹如桥梁，将实体法与诉讼法连接起来，它既是实体权利，同时又具有诉讼法上的功能，③ 请求权可通过自愿履行、让

---

① 江伟、段厚省：《请求权竞合与诉讼标的理论之关系重述》，载《法学家》2003 年第 4 期。

② 段厚省：《请求权竞合与诉讼标的研究》，吉林人民出版社 2004 年版，第 100 页。

③ ［德］卡尔·拉伦茨：《德国民法通论（上）》，王晓晔等译，法律出版社 2007 年版，第 322 页。

与、免除等方式实现，也可以在遭遇对方当事人拒绝后，通过诉讼的方式主张。而诉讼中当事人为了获得胜诉判决，必须通过主张实体请求权以表明自己的诉求合乎法律规定。为了寻找正确的实体请求权，当事人在起诉前必须对所有可能符合案件事实的法律规范进行检索，以相应的法律规范作为请求权的支撑，该法律规范即为请求权基础规范。

（二）请求权基础分析方法的核心在于寻找请求权基础规范

1. 请求权规范的识别

法律制度倘若想详细且全面地调整丰富多样的生活关系，则必然遵循从一般到特殊的发展路径。法律以某种法律关系的一般情形为基础并确定法律效力，根据现实情形与一般情形的不同作例外规定。例外规定，作为基础规范的反对规范，具有排除或者妨碍基础规范的法律效力，因此我们必须将这些法律规范进行区分以便法官更好地适用。① 根据请求与抗辩的诉讼构造，可以将民事法律规范区分为主要规范、辅助规范和反对规范，恰好对应《最高人民法院关于适用〈中华人民共和国民事诉讼法〉的解释》第 91 条中的权利产生、妨碍和消灭规范。②

（1）主要规范

支持当事人诉讼请求的法律规范即为请求权基础规范，也称主要规范，多为权利产生规范。请求权基础规范由两部分组成，一部分为构成要件，是对适用对象和情形的描述，是适用请求权基础规范的前提；另一部分是法律后果，即满足特定构成要件后发生的法律效果，是请求的具体内容。

（2）辅助规范

辅助规范，是辅助主要规范的法律规范，实现主要规范构成要件的进一步具体化。辅助规范之间设有层级结构，下级辅助规范的法律效果往往作为上一

---

① ［德］莱奥·罗森贝克：《证明责任论》，中国法制出版社 2018 年版，第 122 页。

② 《最高人民法院关于适用〈中华人民共和国民事诉讼法〉的解释》第 91 条："人民法院应当依照下列原则确定举证证明责任的承担，但法律另有规定的除外：（一）主张法律关系存在的当事人，应当对产生该法律关系的基本事实承担举证证明责任；（二）主张法律关系变更、消灭或者权利受到妨害的当事人，应当对该法律关系变更、消灭或者权利受到妨害的基本事实承担举证证明责任。"

级辅助规范的构成要件。假设案件中原告请求被告交付买卖合同约定的标的物，以下简称《民法典》第 598 条①即为支持原告诉讼请求的主要规范。该条规范的适用以买卖合同的有效成立为前提，那么应对买卖合同予以界定，《民法典》第 595 条②关于买卖合同的定义条款，即为《民法典》第 598 条的辅助条款。然适用《民法典》第 595 条又应对合同予以界定，故《民法典》第 471 条③关于合同定义的条款为第二级辅助条款，再推之《民法典》第 472 条④关于要约的条款和第 479 条⑤关于承诺的条款为第三级辅助条款。辅助条款中遵循由特殊到一般的规律，抽象程度越高的辅助条款则层级越低。

（3）反对规范

请求权基础规范为支持原告的诉讼请求提供法律依据的同时，也为被告的防御明确了方向。排除或妨碍请求权基础规范效力的发生者，为反对规范。根据被告防御对象的不同，反对规范可分为以下三种：

第一种，反对规范一开始即阻止请求权基础规范效力的产生，以致该规范不能产生法律效力，该反对规范为权利妨碍规范。权利妨碍规范和请求权基础规范同时存在于对请求权的产生具有决定性意义的关键时刻，权利妨碍规范以妨碍将要形成请求权的产生为法律效果，故权利妨碍规范的构成要件往往是请求权基础规范构成要件的消极条件，例如《民法典》第 19 条⑥即为《民法典》第 675 条⑦的权利妨碍规范。

---

① 《民法典》第 598 条："出卖人应当履行向买受人交付标的物或者交付提取标的物的单证，并转移标的物所有权的义务。"

② 《民法典》第 595 条："买卖合同是出卖人转移标的物的所有权于买受人，买受人支付价款的合同。"

③ 《民法典》第 471 条："当事人订立合同，可以采取要约、承诺方式或者其他方式。"

④ 《民法典》第 472 条："要约是希望与他人订立合同的意思表示，该意思表示应当符合下列条件：（一）内容具体确定；（二）表明经受要约人承诺，要约人即受该意思表示约束。"

⑤ 《民法典》第 479 条："承诺是受要约人同意要约的意思表示。"

⑥ 《民法典》第 19 条："八周岁以上的未成年人为限制民事行为能力人，实施民事法律行为由其法定代理人代理或者经其法定代理人同意、追认；但是，可以独立实施纯获利益的民事法律行为或者与其年龄、智力相适应的民事法律行为。"

⑦ 《民法典》第 675 条："借款人应当按照约定的期限返还借款。对借款期限没有约定或者约定不明确，依据本法第五百一十条的规定仍不能确定的，借款人可以随时返还；贷款人可以催告借款人在合理期限内返还。"

第二种，反对规范嗣后才对抗请求权基础规范。请求权基础规范的效力已经产生，只是由于反对规范即权利消灭规范的干预，使得相关权利消灭。因权利消灭规范使得已发生的法律关系消灭的独特效果，故其总是以请求权基础规范构成要件的存在为前提。我们可以通过法条语言上的提示识别权利消灭规范，如权利“消灭”和“丧失”、合同“解除”和“终止”、婚姻“解除”等。

第三种，反对规范还可以指这样的一些规定形成权的法律规范，通过行使形成权排除权利主张及其实现。例如《民法典》第 147 条①等，因重大误解、欺诈、胁迫和显失公平所为的民事法律行为可以撤销。

当然，作为排除或妨碍请求权基础规范效力发生的反对规范，也会有其他规范与之相对抗，使得反对规范的效力自始不产生或嗣后消灭，进而使得请求权基础规范不受妨碍地发挥效力。每一个法律规范的效力都可能因另一规范的存在而被妨碍或消灭，因此形成了循环往复、相互制约的法律规范体系。此外主要规范、辅助规范和反对规范之间的关系是相对的，只有在对某一权利发生争执时才具有意义，倘若在为另一权利发生争执的诉中，法律规范间的关系便又是另一番境况。

2. 请求权基础规范的检索

请求权基础分析方法的构造在于考察原告的诉讼请求，找寻支持其实体请求权的请求权基础，将事实涵摄于请求权基础之下，最终得出原告主张的实体请求权能否得到支持的裁判结果。对于法官而言，请求权基础分析方法是用以精准高效地寻求裁判依据的方法。请求权基础分析方法的基本范式为“谁得向谁，依据何种法律规范，主张何种权利”②，故请求权基础分析方法的核心在于找寻支持原告诉讼请求的基础规范。

诉讼中的一系列行为皆是以原告主张的请求权为核心，围绕请求权是否存在以及能否得到支持而展开。请求权基础的找寻可以分为两个步骤，首先是锁定请求权，遵循诉讼经济原则和逻辑顺序，在合同请求权、类合同请求权、无因管理请求权、物权请求权、不当得利请求权和侵权请求权中完整且系统地依次检索可能的请求权，形成严密的思维逻辑、避免遗漏；其次是找寻支持请求权的基础

---

① 《民法典》第 147 条：“基于重大误解实施的民事法律行为，行为人有权请求人民法院或者仲裁机构予以撤销。”

② 王利明：《民法案例分析的基本方法探讨》，载《政法论坛》2004 年第 2 期。

规范，并对请求权的发生、妨碍和消灭等进行细致分析。① 锁定请求权是根据固定公式进行的作业，本文不再赘述，而将重心置于寻找请求权基础规范。

探寻请求权基础规范的过程中，我们的视野将往返于事实与规范之间。从事实出发找寻可能的法律规范，再由法律规范对事实进行加工裁剪，比对事实是否符合法律规范的构成要件，进而判断其是否足以作为支持请求权的基础规范。从表面上看原告依据单个请求权基础规范提起诉讼，但实际上原告所依据的是整个请求权规范法律体系。因为即使案件事实符合请求权基础规范的构成要件，请求权也并非一定成立，请求权基础规范的效力可能因为其他规范的存在而受到妨碍或消灭。故探寻请求权基础规范除了需要寻找支撑原告诉讼请求的主要规范，还应当对反对规范和反对规范的反对规范等进行逐一检视。此外请求权基础规范的找寻，不仅止步于找到予以适用的法律规范，还应当对法律规范进行适当的解释以判断其能否适用，必要时进行法律漏洞的填充和法律续造，如此才是完整的寻找工序。②

三、请求权基础分析方法与法律关系分析方法的博弈

我国司法实践中，法官选择裁判依据时大多遵循法律关系分析方法，以对法律关系的检视为核心。法官首先根据当事人的争议认定案件法律关系的性质，围绕法律关系的主体、客体和内容三要素展开分析，明确当事人之间的权利义务关系；再以时间为脉络，考察法律关系的变更和消灭；全面掌握案件事实后，适用与法律关系相关的法律规范以裁判案件。③ 法律关系分析方法是法官天然的裁判依据路径，一方面，它以时间为脉络，考察法律关系的产生、变更和消灭，与通常的认知习惯相契合；另一方面，民法体系正是以法律关系为内在逻辑构建的，可以说法律关系构成了民法的逻辑基础，是统帅一切的规则。

请求权基础分析方法与法律关系分析方法各有侧重。首先，就思维过程而

---

① 金晶：《请求权基础思维：案例研习的法教义学“引擎”》，载《政治与法律》2021年第3期。

② 刘力：《论民商事案件裁判方法的反思与完善——以请求权基础分析方法为中心》，载《东方法学》2020年第1期。

③ 王利明：《民法案例分析的基本方法探讨》，载《政法论坛》2004年第2期。

言，请求权基础分析方法先找寻拟适用的法律规范后认定事实，法律关系分析方法先着眼于案件事实、确定法律关系后适用法律。其次，就思维中心而言，请求权基础分析方法以请求权为核心，诉讼围绕原告主张的请求权是否存在以及能否得到支持而展开，考察的范围仅限于主张请求权相关的事实和法律规范；法律关系分析方法以法律关系为核心，诉讼围绕法律关系的发生、变更和消灭进行，法律关系错综复杂，不仅局限于主张的请求权。最后，就诉讼发展而言，请求权基础分析方法围绕请求—抗辩的攻防结构展现诉讼全貌，原告依据请求权基础规范主张请求权，被告依据反对规范抗辩，此外原告亦可进行再抗辩，被告同样可以进行再抗辩，如此你来我往、循环往复；法律关系分析方法以时间为脉络展现诉讼全貌，截取不同的时间点观察法律关系的变化，审视权利义务。

两种方法孰优孰劣，难以分辨，但就作为民事裁判的路径而言，请求权基础分析方法更为可采，原因有四。其一，法律关系分析方法先确定法律关系再适用法律，然如何依据确定的法律关系找寻可适用的法律规范？存在多个法律规范时又应当如何应对？如此种种皆是法律关系分析方法尚未言明的，其并不能囊括法律适用的全部问题。其二，法律关系分析方法虽可条理清晰地审视全部法律关系，以法律关系为逻辑脉络掌握全部案件事实，然请求权基础分析方法直指诉讼请求，仅将与请求权相关的事实和规范纳入视野，不必考量无关琐事，适用法律更加便捷。其三，请求权基础分析方法具有对抗的特质，聚焦诉讼中的请求与抗辩，直指请求—抗辩—再抗辩的交锋，迎合诉讼结构，更适宜解决纠纷。其四，请求权基础分析方法并不排斥法律关系分析方法的适用，请求权基础分析方法实质上是以动态的权利视角对主体间的法律关系展开探索，在涉及合同订立、物权变动等关乎时间因素的情形下，法律关系分析方法对请求权基础分析方法具有补强作用。①

四、请求权基础分析方法的本土化改造

请求权是可以通过诉讼予以实现的实体权利，它将实体法与程序法连接起来。请求权基础分析方法自王泽鉴先生引入，二十余载间逐渐进入大陆学者的

① 吴香香：《请求权基础思维及其对手》，载《当代民商法学研究》2020年第2期。

视野，从少有人知到风靡大陆。然而课堂中的请求权教学与法官裁判尚有差异，落实到司法实践层面难免存在水土不服。请求权基础分析方法仍需要加以改造，方能实现学说与司法实务的血脉相连,① 使之真正成为法官裁判的思维利器。

（一）请求权基础分析方法应与诉讼标的理论

请求权基础分析方法致力于培养合格的裁判者，以法官视角找寻与当事人诉求最为匹配的法律规范。那么这一做法在民事诉讼中是否能够得到贯彻呢?实则不然，民事诉讼中法官只能在当事人诉讼标的覆盖的范围内，找寻支持其诉讼请求的请求权基础规范。处分原则是民事诉讼中当事人意思自治的体现，当事人可以自主决定是否以诉讼方式解决纠纷、是否通过撤诉来结束诉讼，以及何时在何种范围内以何人为对象起诉。法官虽居中裁判，但也应尊重当事人对诉讼标的的选择，故请求权基础分析方法在诉讼中的适用，需要根据我国诉讼标的的识别标准加以改造。②

作为诉讼活动的中心，诉讼标的贯穿民事诉讼始终。本文在无讼网以“诉讼标的”为检索内容，查找到最高人民法院作出的裁判文书 1956 份，剔除无关诉讼标的识别的文书后，随机抽取近五年来的 100 份文书发现，司法实务中虽然不乏一分肢说和二分肢说的拥护者，但仍主要以实体请求权或法律关系作为诉讼标的识别标准。值得注意的是，诉讼标的识别标准的不同将对请求权基础分析方法的适用产生重大影响。

请求权基础分析方法起源地的德国采用二分肢说，以事实和诉的声明作为诉讼标的识别标准。如前所述，请求权基础规范的找寻首先需要锁定请求权，按照顺序依次检索可能的请求权。在二分肢说的理论下，合同请求权、类合同请求权以及侵权请求权等并不会直指诉讼标的本身，只是作为诉讼理由以支持诉讼标的。原告在起诉时并不需要明确指出根据何种请求权提出诉讼请求，抑或即便原告根据合同请求权主张损害赔偿，法官也并不受当事人选择请求权的拘束。法官应当检索包括合同请求权在内的所有请求权并找寻请求权基础规范。

---

① 刘力:《论民商事案件裁判方法的反思与完善——以请求权基础分析方法为中心》，载《东方法学》2020 年第 1 期。

② 任重:《论民事诉讼案例分析框架：案例教学与研究方法》，载《法治现代化研究》2020 年第 1 期。

如果法官认为合同请求权基础规范成立，那么当事人的损害赔偿请求得到支持；如果法官认为合同请求权基础规范不成立，但是其他请求权基础规范成立，当事人的损害赔偿请求依旧会得到支持；只有在所有的请求权基础均不成立的情况下，当事人的损害赔偿请求才不能被支持。此番做法亦是符合请求权基础分析方法，但在我国民事诉讼中却难以实施。盖因我国主要以实体请求权为诉讼标的识别标准，合同请求权和侵权请求权等直指诉讼标的本身，上述做法违背民事诉讼一贯坚持的处分原则，使得法官裁判超出原告的诉讼请求。

可见，请求权基础分析方法并不完全适用我国民事裁判，需要根据诉讼标的理论进行本土化的改造。即原告对请求权基础规范的选择对法官具有拘束作用，法官裁判应以请求权基础规范为依据。法官应当尊重当事人对诉讼标的的选择，根据当事人主张的请求权和请求权基础规范，对请求权的发生、妨碍和消灭进行动态考量后作出支持或驳回原告诉讼请求的裁判。

（二）请求权基础分析方法与事实的多维构造

请求权基础分析方法下，法官依照给定的客观事实找寻请求权基础规范，但是平面的事实难以展现诉讼的全景，与法官裁判尚存在一定的距离。司法实践中的事实存在多维构造，由生活事实、要件事实到裁判事实进阶，也有裁判事实和客观事实的分界。

探寻请求权基础规范的过程中，法官的目光往返于事实和法律之间。发现事实与找寻法律在请求权基础规范的探寻中是交互进行，互为支撑的。请求权基础下的事实从来不是独立存在的，必然是具有法律意义的事实，因此要件事实的整理是找寻请求权基础规范的前提。课题教学中从生活事实到要件事实的进阶总是很容易，我们往往遵循案例作者设定的路径进行直线思维。然模拟案例中普通的事实一经特定化，具有了现实意义与文化含义后，它便摆脱平面符号的身份，变得复杂起来。这些具有独特现实意义和文化含义的事实可能会影响到当事人的行为选择，进而对法官裁判发生作用，正是他们组成了诉讼的全貌。① 换言之，司法实践中的生活事实杂乱无章，里面充斥着当事人简朴的诉

① 张凇纶：《作为教学方法的法教义学：反思与扬弃——以案例教学和请求权基础理论为对象》，载《法学评论》2018 年第 6 期。

求和对裁判具有重要意义的隐藏信息，法官们要像电影剪辑一般，在模糊的生活事实中整理出符合法律规范构成要件的事实。①

整理要件事实的第一步是过滤，根据证据的“三性”在复杂的生活事实中，将不符合证据材料形式要件的事实剥离出去。第二步是裁剪，筛选出符合当事人诉求的法律规范，通过规范与事实的比对，对生活事实进行裁剪。生活事实是未经加工的事实，是当事人通过自己的思维和感知对客观行为的陈述。请求权基础规范下的事实却是在法律规范的指引下形成的要件事实。生活事实倘若要具有法律意义，只得借助规范进行评价和筛选。井然有序的法律规范和杂乱无章的生活事实，二者之间也必然是以法律为模板，对不规则的生活事实加以裁剪。②

五、结语

全面依法治国的大背景下，为提升司法公信力和推进我国法治进程，我们对司法裁判提出了更高的要求。作为法律规范和司法实践的代言人，法官在裁判活动中应当遵循共同的方法，在法律适用上达成共识，以避免同案不同判情况的发生。请求权基础分析方法抓住对抗式诉讼的精髓，使得法官逐步寻找到裁判的依据。请求权基础分析方法的运用，有利于帮助法官梳理事实并正确地将事实涵摄于法律规范中，有利于实现法官裁判思维的转变，提高法官裁判的质量，增强法官裁判的说理性。③ 请求权基础分析方法在民法学界引起广泛热议的同时，诉讼法学者却少有论及，法官对请求权基础分析方法的运用迫切需要引起我们的注意并展开持续讨论。本文抛砖引玉，期待各位同人为请求权基础分析方法在我国的适用提出更多金玉良言，以规范和指导法官的司法裁判。

---

① 任重：《论民事诉讼案例分析框架：案例教学与研究方法》，载《法治现代化研究》2020 年第 1 期。

② 刘力：《论民商事案件裁判方法的反思与完善——以请求权基础分析方法为中心》，载《东方法学》2020 年第 1 期。

③ 陈年冰：《中国语境下的请求权方法》，载《法制与社会发展》2015 年第 4 期。

法官的司法豁免权之法律探析

卫俐帆*

摘　要： 法官的司法豁免权是确保法官公正司法，使法官职权发挥最大功效的基础，也是真正实现依法独立行使审判权的条件。当前，我国法官豁免制度存在如立法上的缺失、程序性保障不足、权责观念淡薄、法官权利保障的投入不足等问题。为此，在借鉴域外法有关法官豁免制度有益经验的基础上，从内部制度层面、立法层面、程序层面和配套层面对法官司法豁免权加以完善，以构建起符合中国司法国情的法官豁免制度。

关键词： 司法豁免　程序保障　司法公正

在学术界，法官的司法豁免权的概念，主要是指在司法活动中，法官依法行使职权时，其依法实施的行为、发表的言论享有不被追究或免于控诉的法律权利。法律之所以赋予法官司法豁免权，最主要的目的是保证审判独立，让法官不受外界的任何因素干扰。

一、现状检视：我国法官司法豁免权存在的问题

（一）认知上存在理论误区

长期以来，学界一直认为司法豁免制度存在的基础具有特定的司法传统和社会土壤，因此难以在我国建立完整意义上的司法豁免制度。纵观我国司法的历史长河，传统中国的司法制度中并没有关于司法豁免的法治思想和传统。整

* 中共太原市纪委监委工作人员，主要从事刑事法、司法制度研究。

个西方的司法豁免制度是建立在阶级斗争的基础之上的，而我国古代司法与行政不分家，法律从属于政治，法官豁免制度并无存在的基础。目前，关于我国的错案追究制度构建理念和架构，在是否确立法官豁免权方面也是处于模糊不清的状态。然而，法官职业属性天然地决定要平衡双方当事人的权益，在努力化解纠纷的同时，尽可能维护司法的公正。这就需要法官的权利得到有效保障，否则将会影响整个司法的公正，不利社会的长治久安。

（二）立法上缺失硬性规定

我国宪法并没有明确规定法官具有司法豁免权。《法官法》当中规定了我国法官在行使职权时，可享受相应的保护，但并未给出具体如何保护以及保护的范围、方式等。我国制度的规定仍然处于空白状态，规定过于模糊，缺乏具体的可操作性，相关规定的法律位阶也较低。对比域外法治国家，我国的制度与域外法治国家存在差异。域外法治国家对于法官豁免权的规定，更偏重于对法官本人主观上的判断，只要法官主观上并不是恶意，那么法官所作出的判决均为合法有效，而我国立法规定中可直接认定法官的审判行为是“错误”或“不合法”。因此，我国制度缺乏立法上的硬性规定。

（三）程序上缺乏保障方式

就追责而言，我国法官与其他普通公务员没有区别，既没有任何的责任豁免权利，也没有有效的程序保障方式。但是，对法官错误行使司法职权而制定的用以惩戒法官的错案追究制度却可以追溯到 20 世纪 80 年代。该制度从内容上由“错案”和“责任追究”作为主要构成部分。我国通常以实体结果对错来判断是否属于错案的方式可以从我国过往的实践中得出结论。个别法官会产生“办案多就担责多”的错误想法，办案积极性会被严重挫伤；同时，有的法官为了减少因“错误结果”而被追究责任的可能，他们会将自己审判的部分案件提交本院的审判委员会讨论决定，或者以审判案件过于复杂等理由申请移交给上级人民法院处理，上级人民法院可能会进行审理，也可能会给出自己的审理建议，该法官再根据审理建议进行审判，通过这样的处理方法，即使该案件产生错误结果，也不是办案法官一人的责任。上述做法不仅严重违反法官独立审判的要求，还会虚化审级制度，当事人的程序利益无法得到有效保障与实现。

二、原因分析：我国法官责任豁免制度之检讨

（一）立法上并没有明确赋予法官豁免权

1998年的《人民法院审判人员违法审判责任追究办法（试行）》规定，法官在审判或执行的过程中，如果故意违反与审判有关的法律法规，或者过失违反相关法律法规造成严重后果的，应当承担与之对应的审判责任。但上述规定并未能确立我国的法官豁免制度。一是将法官责任豁免这样一项重要的权利规定在最高人民法院制定的一个规范性文件中，很明显存在法律依据和法律效力不足的问题。二是该办法属于法院内部的文件规定，只具有内部效力，因此无法约束检察机关或纪委等机关，其法律效力在具体实践中近乎透明。国内有学者已指出我国《法官法》关于法官享有权利的规定太过原则笼统，缺乏配套的制度与措施对法官权利进行具体保障。因此，现行立法缺少对法官权利保障的保护性条款。① 我国法官责任豁免制度的立法缺失，导致没有强有力的制度支撑。

（二）缺乏有效的程序保障措施

在我国，法官责任的追究在程序上普遍缺乏有效的保障措施。《人民法院审判人员违法审判责任追究办法（试行）》在第22条规定了法官豁免的四种情况：其一，对法律法规存在个人认识和理解上的偏差；其二，法官对案件事实、证据认识存在偏差；其三，因新证据的出现而改变判决；其四，由于法律修改、政策调整而改变判决。即使存在上述规定，但在实践层面仍然存在与立法严重脱节的情况。我国法官责任追究的比例占据世界前列，因缺乏有效的程序保障措施，法官的实际责任豁免权未能得到有效实现。

（三）责任观念的淡薄

虽然我国整体的司法环境已经有了长足发展，但仍然需要提高人们的法治

---

① 陆洪生：《法官职业化建设的根基：法官职业保障》，载《人民司法》2018年第2期。

观念。我国推行依法治国，仍需要更多时间向公众普及法律知识，进一步实现国家对公众法律素养的预期目标。目前仍会出现一旦有当事人败诉，其中部分当事人就会认为法官审判不公正，而将败诉原因归咎于法官的情况。此外，个别媒体为了获得关注和流量，在没有真凭实据的情况下报道不实信息，通过社会舆论的发酵，使法官和民众的关系越发紧张。法官的职业素养要求他们要在有限的时间内依据收集到的合法证据，运用所掌握的专业知识，从客观的角度出发尽可能还原案件的真实面貌，通过向当事人释法说理的方式作出公平公正的裁决。但法官认定的法律事实与案件事实之间，法官所认定的法律事实，是根据当事人提供的证据并结合对法律法规的理解得出的结果，与客观事实并不完全一样。两种事实的不完全一致使法官作出的裁判与当事人的期待存在差距其实是符合常理的，但因为社会公众缺乏相应的法律知识与意识，他们对法律事实与案件事实的认识和理解存在偏差。因此，一旦出现判决“错误”的情况，他们会认为法官被收买、贿赂从而贪赃枉法进行错判。

（四）法官权利保障的投入不足

我国法官进行司法裁判时，需要担负更多的平衡社会负面情绪的职责。国家应该让法官的物质待遇和社会地位能够与其担负的责任相匹配。目前，我国法官的物质保障总体仍处于较低水平，与普通公务员相比，法官的经济收入基本与之持平，甚至存在低于普通公务员收入的情况。① 法官权利保障的不足制约了对其的权益保护，这不仅打击了优秀法官和司法人才的积极性，限制了司法队伍素质提升的速度，更不利于法治国家目标的达成。

三、他山之石：域外法视野下制度之考略

（一）英美法系中法官司法豁免权的适用

英美法系中的法官司法豁免权，其法律渊源来自两个经典的司法判例：Randall v. Brigham 和 Bradley v. Fisher。这两个判例使英美国家最终确认司法豁

① 吴宏文：《建立法官独立职业待遇体系之构想》，载《法律适用》2019 年第 1 期。

免制度。在美国，正是通过上述两个经典案例，一步步确立了制度。从法律史角度分析，司法豁免制度的历史变革历经绝对豁免主义到相对豁免主义的发展过程。19世纪的美国司法制度中，并没有关于法官司法豁免权的规定，其仅仅在其普通法中作出模糊的原则性规定。而制度细节、司法标准和权限范围等都没有详细规定。在1984年“Pulliam v. Allen案”的判决中才首次以明确的法律确认方式详细规定了该制度，也正式宣告了法官司法豁免权的确立。它对法官进行了严格的司法保护，即法官只能基于犯罪行为才会被追诉，且这种起诉必须等待案例审判结束后方可进行。

（二）大陆法系中法官司法豁免权的适用

大陆法系国家中德国的司法豁免权最为典型。《德国民法典》规定，任何司法裁判官只有主观过错裁判行为明确违反民事法定义务触犯了刑事责任且给当事人造成了损失的时候，才需要承担裁判责任。而且，这种责任的承担还设有一个前提，即以法官不能够弥补受害方损失为前提条件，认可了法官责任的追究具有最终性。从《德国民法典》分析，德国并没有承认法官在刑事上的法官豁免制度。学理上被称为“相对的司法豁免主义”。在《德国联邦宪法法院法》中规定与此相关的刑事诉讼程序以追究法官的刑事责任。[①] 该追责程序主要有两种：其一，在对法官提起的诉讼程序的最终审判结果确定前，议院不能对法官提起弹劾程序，并且在针对同一事项的惩戒程序开始前，也不得作出决定；其二，若法官的职务行为既被惩戒法院提起惩戒程序，又被联邦法院提起弹劾程序时，应当优先适用联邦法院的弹劾程序，除非该弹劾程序的最终结果是对该法官进行撤职或不予留任等处罚措施，否则优先适用弹劾程序。

四、路径选择：中国法官制度之对策建议

（一）顶层设计：理顺法官豁免制度的框架

当下我国法院，又因为法院内部审批制度的原因，导致了实际上能够行使

---

① ［德］阿图尔考夫曼：《法律哲学》，刘幸义等译，法律出版社2014年版，第465页。

审判权的法官，级别无法在最终的裁判结果中发挥决定作用。鉴于此，要从内部机制上。院长与庭长的职责，重心应该置于业务上的整体把握、日常行政管理以及相关政策的纵向对接等，而并非针对某一案件的审批。①

（二）立法体系：构建法官豁免的法律制度

我国《宪法》并没有明确将司法豁免权赋予法官。是否需要将司法豁免权写入宪法，以逐步增强法官的权益保障等相关问题，需要我们慎重考虑。完善豁免制度：其一，确定豁免主体。主体单一，特指法官。其二，确立豁免标准。豁免行为评判标准只针对法官的职务行为，此标准在各国间大体上都是统一的，基本分为个人行为、行政行为及司法行为。其三，明确豁免范畴。我国在相当长的一段时期内都存在着司法行政化，如此一来，我国更应当采纳绝对司法豁免主义，强化法官的权益保障。其四，明确豁免排除。主观上的故意行为或重大过失应为特殊情况，不属于豁免权范围。若因故意或重大过失致使当事人合法权益遭致损害，国家率先代为承担责任，其后则可向法官进行追偿。②

（三）程序完善：完善法官豁免制度的适用条件

根据《法官法》第13条规定，如果法官丧失中华人民共和国国籍、违纪违法不能继续任职等，应当依照法律规定提请免除其职务。但是，涉及更加具体针对此问题的操作程序，却无条文作出明确规定，这显示了我国“轻程序、重实体”的立法特点。③毋庸置疑，这一特点对法官的权益保障造成了阻碍，而对其惩戒过于草率。目光转移到英美法系国家，借鉴它们的相关经验，以及其他大陆法系国家的规定，显而易见的是其他国家在对法官追究一系列责任时，有一个十分严谨的框架保障具体的法定程序得以运行。鉴于此，我们可以将目前经人民法院院长提请人大常委会对法官罢免的行为，变更为通过人大常委会将议案率先提出，并要求涉事当事人原在单位对该议案做出评述，再提交至人大参考，与此同时对法官应该拥有的最后陈述权进行保留，在表决时，须经2/3以上多数人大代表一致同意方可通过。

---

① 万鄂湘：《入世与我国的司法改革》，载《新华文摘》2020年第3期。
② 张敬、蒋慧玲：《法官独立审判问题研究》，法院出版社2018年版，第34页。
③ 马骏：《司法责任制下的法官责任豁免权研究》，载《云南社会科学》2020年第10期。

（四）制度配套：构建法官豁免制度的辅助措施

在立法层面上，在考虑法官责任豁免制度时要积极纳入法官职权的相关保障内容，也要避免法官因徇私枉法、贪污受贿等不法行为导致民众对司法不信任、法律失去权威等问题的出现。对此，我们不仅要构建好法官的司法豁免制度，还需投入使用一系列有效的制约机制加以同步。例如，重视对高素质的法官人才的栽培计划，在待遇上提供一定程度的补贴与关照，确保监督不缺位等，借此希望在具体实践中能逐步接近最终目标。

案例研究

◎ 诽谤罪自诉转公诉正当性研究
——以杭州取快递诽谤案为例
◎ 论对“如实供述”的非理性期待
——以余某平案的认罪认罚为视角
◎ 刑事再审程序启动的困境与出路
——以聂某斌案为例

诽谤罪自诉转公诉正当性研究*

——以杭州取快递诽谤案为例

班艺源**

摘　要：自诉转公诉是实务中所遇到的新兴问题，最典型的案例是2020年初的杭州谷某取快递遭诽谤一案。案件由自诉转为公诉后，激发了无数学者和实务界人员关于案件涉及法律问题的热烈讨论。该案件由自诉转为公诉是否具有法律上的正当性，笔者从法律规定、法益保护、诉讼原则三个方面进行重点探讨与学理分析，随后为我国自诉转公诉案件从树立被害人诉权多途径实现理念、完善自诉公诉的衔接程序、明确自诉转公诉的法律后果三个方面提出了体系化建构。

关键词：自诉　公诉　诽谤罪　亲告罪

一、案情及诉讼过程

（一）案情简介

2020年7月7日18时许，被告人郎某在杭州某小区东门快递驿站内，使用手机偷拍正在等待取快递的被害人谷某，并使用微信号ljtlalala将视频发布在某微信群。被告人何某使用微信号ELIAUK冒充谷某与自己聊天，后伙同郎某分

---

* 本文是李麒主持的2021年度山西省研究生教学改革项目《刑事诉讼法教学案例库建设》的研究成果之一。

** 山西大学法学院博士研究生，主要研究方向为刑事诉讼法。

别使用上述微信号，冒充谷某和快递员，捏造谷某结识快递员并多次发生不正当性关系的微信聊天记录。为增强聊天记录的可信度，郎某、何某还捏造“赴约途中”“约会现场”等视频、图片。同月7日至16日间，郎某将上述捏造的微信聊天记录截图39张及视频、图片陆续发布在该微信群，引发群内大量低俗、淫秽评论。

（二）案件诉讼过程及判决结果

2020年8月7日，被害人谷某向公安机关报案。后郎某、何某主动到公安机关接受调查，承认前述事实。同月13日，公安机关对郎某、何某行政拘留9日，并发布警情通报，对相关内容进行辟谣。

2020年10月26日，谷某向杭州市余杭区人民法院提起刑事自诉，余杭区人民法院于12月14日决定立案，并依法要求杭州市公安局余杭区分局提供协助。

检察机关认为，在此期间，相关视频材料进一步在网上传播、发酵，案件情势发生了变化，郎某何某的行为不仅损害被害人人格权，而且经过网络社会这个特定社会领域和区域得以迅速传播严重扰乱网络社会公共秩序，给广大公众造成不安全感，严重危害社会秩序，依据《刑法》第246条第2款之规定，应当按公诉程序予以追诉。

2020年12月25日，根据杭州市余杭区人民检察院建议，杭州市公安局余杭区分局对郎某、何某涉嫌诽谤案立案侦查。

杭州市余杭区人民检察院2月26日依法将被告人郎某、何某涉嫌诽谤一案向余杭区人民法院提起公诉。公诉机关指控被告人郎某、何某的行为已构成诽谤罪，提请法院依照《刑法》第246条第1款、第2款，第67条第1款的规定定罪处罚，建议均判处有期徒刑1年，缓刑2年。被告人郎某、何某对公诉机关指控的犯罪事实、罪名、量刑建议均无异议，自愿认罪认罚并签字具结。二被告人的辩护人对公诉机关指控的犯罪事实、罪名均无异议，提出二被告人具有自首、认罪认罚、真诚悔罪及已赔偿被害人经济损失等从宽处罚情节，请求对二被告人从轻处罚并适用缓刑。

余杭区人民法院经审理认为，二被告人的行为均已构成诽谤罪，公诉机关指控的罪名成立。鉴于二被告人的犯罪行为对网络公共秩序造成很大冲击，严重危害社会秩序，公诉机关以诽谤罪对二被告人提起公诉，符合法律规定。考虑到二被告人具有自首、自愿认罪认罚等法定从宽处罚情节，能主动赔偿损失、真诚悔罪，积极修复法律关系，且系初犯，无前科劣迹，适用缓刑对所居住社区无重大不良影响等具体情况，对公诉机关建议判处二被告人有期徒刑 1 年、缓刑 2 年及辩护人提出适用缓刑的意见予以采纳，最终均以诽谤罪判处被告人郎某、何某有期徒刑 1 年、缓刑 2 年。

一审宣判后，被告人郎某、何某均未提出上诉，检察机关未抗诉，判决已发生法律效力。①

二、本案检察机关提起公诉理由

本案主要涉及罪名为诽谤罪，本应当属于不告不理的自诉案件，然而鉴于其对社会影响的特殊性，检察院依法提起了公诉，检察院公诉理由总结概括为以下几点：

第一，从概念解析上看，网络秩序属于公共秩序。我国《刑法》第六章第一节规定了扰乱公共秩序罪，规定了非法侵入计算机信息系统罪、非法获取计算机信息系统数据罪、非法控制计算机信息系统罪、破坏计算机信息系统罪、拒不履行信息网络安全管理义务罪、非法利用信息网络罪等侵害网络秩序的犯罪，这说明我国刑法将网络秩序纳入公共秩序范畴。对其提起公诉，是互联网不是法外之地的集中体现，用法治的思维规制网络行为，维护互联网生态健康。

第二，从社会影响上看，本案由于诽谤对象的不特定造成社会公众的不安全感增加。本案起因只是因为谷某去取快递，便被无端造谣，施害者与受害者之间并无其他社会利益关系，也就是说本案被告人所实施的诽谤行为是针对的不特定的对象。今日谷某成为受害者，下一个受害者也许就是随机社会成员，这种危险的不确定性会围绕在每个参与社会生活的人身边，造成人人而自危的社会现状，社会公众的不安全感增加，不利于整个社会的和谐稳定运行。

第三，从案件后果上看，诽谤信息被大量散布、传播，引起了网络看客的

---

① 熊源：《女子取快递遭诽谤案，为何从“自诉”转“公诉”》，http：//www.cpnews.org.cn/m/view.php？aid=6846。

集体狂欢，造成互联网秩序的混乱。《最高人民法院、最高人民检察院关于办理利用信息网络实施诽谤等刑事案件适用法律若干问题的解释》（以下简称《解释》）第3条规定："利用信息网络诽谤他人，具有下列情形之一的，应当认定为刑法第二百四十六条第二款规定的'严重危害社会秩序和国家利益'：（一）引发群体性事件的；（二）引发公共秩序混乱的；（三）引发民族、宗教冲突的；（四）诽谤多人，造成恶劣社会影响的；（五）损害国家形象，严重危害国家利益的；（六）造成恶劣国际影响的；（七）其他严重危害社会秩序和国家利益的情形。"本案中，郎某何某通过互联网平台捏造不实消息诽谤谷某，对网络秩序造成了极大冲击，属于第七项兜底性规定"其他严重危害社会秩序和国家利益的情形"。本案不实信息被大量传播，影响了谷某生活和工作，侵害其名誉权，并且大量看客对该事件的评论充斥着低俗语言，影响正常的网络活动并且造成网络秩序的混乱。

三、自诉转公诉正当性问题探讨

在谷某取快递被诽谤一案中，案件初期对于该案是否会转成公诉，不少业内人士持否定的声音，因此该案在检察院提起公诉后，立马在实务界与学术界引起了轩然大波，不少实务界人士与学者对自诉转公诉的正当性进行了自己的论证。笔者同意自诉转公诉具有正当性的观点，并且将从法律规定、法益保护、诉讼原则几个方面展开讨论。

（一）自诉转公诉法律规定的正当性考察

网络秩序是否属于公共秩序直接影响本案能否依照危害社会公共秩序罪定罪量刑，也影响着本案自诉转公诉的实体正当性。随着第三次产业革命下互联网技术的迅速发展，网络与现实交融性使得网络生活成为我们社会生活的一部分。网络空间被誉为"第五空间"，是人类社会发展进程中的全新时空场域。在传统现实物理社会与网络空间相互深度嵌合与分化的过程中，传统法律制度与网络法律制度的交互不断加深和变得日益复杂。在我国刑法规定的侵害公共秩序犯罪中，包含着大量属于互联网犯罪的案件，证明刑法将网络空间秩序纳入了社会公共秩序的保护中。且注重对网络空间的保护，打击互联网犯罪，对于维护网络安全，促进传统刑法系统吸收网络因素的现代化转型具有积极意义。

自诉转公诉符合法律对于诽谤罪的规定。《刑法》第246条规定，以暴力或者其他方法公然侮辱他人或者捏造事实诽谤他人，情节严重的，处三年以下有期徒刑、拘役、管制或者剥夺政治权利。前款罪，告诉的才处理，但是严重危害社会秩序和国家利益的除外。说明我国刑法对于诽谤罪的处理，并非全部为告诉才处理，依然存在着除外规定，这为检察院将自诉转为公诉提供了法律依据。《解释》第3条规定了“严重危害社会秩序和国家利益”的七种情形。本案是否属于《解释》中规定的“其他情形”所包含的内容，也直接影响《解释》在该案中的适用。再次聚焦郎某、何某诽谤案本身，二人不实言论在网上迅速传播，引发大量低俗评论，对网络生态造成极大冲击，其受害者的不特定性也引发一般社会公众对于类似事件的恐慌。当其结果的危害程度或者行为本身危害性已经超出了特定的个别被害人承受的场合，就不再仅仅是对个人法益的侵害，而成为一种危害社会秩序的犯罪。因此，本案属于《解释》中所规定的第七种情形，也是《刑法》第246条所规定诽谤罪告诉才处理的例外。

再次回到郎某、何某诽谤案的本身，其对于谷某捏造的不实消息主要依靠互联网迅速传播。我国目前网民数量众多，该案在网络上传播后受众基数过大，其产生的影响范围已经远远超过传统诽谤行为所产生的影响范围，造成网络秩序的混乱。且由于其诽谤受害者的不特定性，使得社会上人人而自危，产生了一定社会恐慌，也对公共秩序造成一定挑战。该案的发生不仅是对网络生态的极大破坏，更是对公共秩序的破坏，此类案件也是今后刑法发展所需直面的问题。

（二）自诉转公诉在法益保护的正当性考察

樊崇义教授认为，自诉案件本身就面临着三重困境：一是取证难。诽谤罪属于结果犯，由被害人就犯罪过程和犯罪结果进行取证，就个体而言，技术上很难达成。二是举证难。在网络名誉侵权案件中，被害人举证的难度大。三是证明难。根据刑事诉讼法规定，自诉案件的证明标准同公诉案件一样，要达到确实充分的标准。① 观之本案，案件发生于互联网信息系统，想要调取关于此案件的传播信息链、平台信息库数据、点击浏览量等证据，对于个人取证而言难上加难，而案件转为公诉以后，国家公权力机关的介入会使取证难题迎刃而解。国家强制力可以多方面调取证据，尤其是电子证据的取证能力相比个人而言具有极大的优势。在国家公诉机关介入案件后，被害人的举证重担转移给了国家公权力机关，减轻被害人负担的同时也方便案件诉讼的顺利进行。在证明问题上，公权力机关的介入便于案件达到证据确实充分的证明标准，对于惩戒互联网诽谤罪而言更有威慑力。

有人提出担忧，该案涉及对于谷某的负面评价，将该案由自诉转公诉会不会使对谷某的负面评价扩大化，从而给被害人造成进一步伤害。笔者认为从该案影响上来看，本案自诉转公诉不会给当事人造成“二次”伤害。我国规定告诉才处理的案件与个人人格权密切相关，这些案件在处理中要兼顾社会效益和个人效益的统一，不能盲目追求打击犯罪，而给案件受害者造成“二次”伤害。在社会效益与个人效益的平衡上，时延安教授提出“如果某一属于‘告诉才处理’的行为，具有社会危害性和刑事违法性，该行为已经构成犯罪，只是由于被害人没有发动追诉，国家刑罚权出于对被害人的尊重而不予追诉。反之，被害人要求追诉的，司法机关启动追诉也是对被害人的尊重和保护。”② 回归案件本身，谷某在案件发生后勇敢为自己发声，面对镜头摘掉墨镜、口罩积极接受采访，足以证明该案转为公诉案件并不会对其造成二次伤害，反而能更好地维护其自身权益。

（三）自诉转公诉诉讼原则的正当性考察

诉讼原则贯穿刑事诉讼的始终，体现在诉讼过程中的各个阶段，本案的争议点是谷某提起自诉后检察院提起公诉，在诉讼原则方面是否符合正当性要求，是否会违反一事不再理原则也需要进行深入探讨。一事不再理原则指的是针对同一事件，提起性质相同的两个诉。该案中有谷某提起的自诉和检察机关提起的公诉两个诉，但本案中的自诉和公诉本为性质不同的两个诉，自诉本质上类

---

① 樊崇义：《诽谤罪之自诉转公诉程序衔接——评杭州郎某、何某涉嫌诽谤犯罪案》，载《检察日报》2020 年 12 月 28 日。

② 时延安：《“自诉转公诉”的刑法法理分析》，载《检察日报》2020 年 12 月 28 日。

似民事诉讼，是平等主体之间的诉讼，启动民事追偿程序，被告人可以反诉。而公诉则是代表国家启动追诉犯罪程序，是为了更好地维护社会公共利益，同时打击犯罪对民众起到警示教育意义。在一个诉讼流程中，公权力的介入相当于增加了诉讼参与人，把之前的自诉程序合并吸收并继续下去，不是对于先前自诉的根本性颠覆，因此并不违反一事不再理原则。回归案件本身，谷某在检察机关提起公诉的次日，向法院提出申请撤诉，自诉程序终止，同时检察机关在提起公诉时也获得了当事人的同意，并不违背当事人的自主意愿。

四、我国自诉转公诉制度正当性的完善方向

自诉转公诉在法学理念上具有正当性，但由于实践中产生的问题较少，在立法方面一直处于迟滞状态，而杭州谷某取快递被诽谤案将自诉转公诉的问题浮出水面。在本案中，自诉转为公诉不仅保护了被害人权益还在社会上起到了充分的警示教育意义。因此要尽快推进自诉转公诉的正当化法律构建，确保自诉转公诉程序于法有据。并且明确自诉转公诉需要一套完善的评判机制与规则构建，而不能说只要发生对社会舆论有重大影响的案件，只要群情激奋，就应当自诉转公诉，给公众一个“顺应民意”的交代。规则是普遍适用的，不能一案一议。① 不能以案件是否有舆情来决定法律程序的选择，案件在社会中引发舆论热烈讨论就立马转为公诉，案件反响平平就坚持自诉。因此，要构建一套具有正当性的自诉转公诉的衔接机制成为当务之急。自诉转公诉的衔接机制完善方向要从以下几个方面入手：

（一）树立被害人诉权多途径实现理念

自诉转公诉的困境首先体现为思想观念的僵化。在案件初期，大部分的讨论认为该案转为公诉可能性不大，多半是因为在固有观念里对于亲告罪刻板印象。因此在该案转为公诉的同时，不仅冲击了学界对于亲告罪的认识，更是激发了对于自诉与公诉衔接机制的热烈探讨。回到刑事诉讼理论建构中，被害人享有多个方面的诉权：在公诉案件中，被告人处于从属地位，检察机关提起追

---

① 车浩：《诽谤罪的法益构造与诉讼机制》，载《中国刑事法杂志》2021 年第 1 期。

诉后，被害人可以协助检察机关行使控诉权，还有权提起附带民事诉讼，在附带民事诉讼中解决赔偿问题；在自诉案件中，被害人处于主导地位，案件审判依被害人的提起而进行，对于案件流程的走向起决定性作用。而社会不同主体之间耦合的关联使刑事诉讼案件的影响是多方面的嵌合，一个刑事案件不仅会导致被害人利益受损，还有可能会损害国家利益，社会利益甚至带来一系列连锁反应。被告人需要承担刑事责任、民事责任、行政责任等多种社会责任，对于被害人的利益保护也可以采取多种方式。一直以来，我国刑事诉讼程序的僵化，将亲告罪与只能自诉不能公诉画等号，导致司法实践中出现了诸多困境。亲告罪是将案件是否走诉讼程序的决定权交给被害人，并不排除国家公诉机关介入案件的权益；自诉案件是被害人拥有诉讼能力的前提下，免除侦查机关、检察机关的追诉权，二者并不完全等同。因此，在完善自诉转公诉衔接机制的过程中，首先要牢固树立被害人诉权多途径实现的理念，为自诉与公诉衔接法律构建拓宽视野解放思想。回归案件本身，本案涉及诽谤罪是亲告罪，但并不等同于只能自诉不能公诉，因此在被害人提起自诉后，检察机关仍可继续提起公诉。

（二）完善自诉转公诉的衔接程序

关于自诉与公诉的衔接程序，目前学术界有以下三种主流观点：第一种观点认为，在公诉提起后，被害人应当撤回自诉，目的是保证公诉程序的稳定运行。① 第二种观点认为，应当建议被害人撤回自诉或人民法院将自诉与公诉合并。人民法院建议被害人撤回自诉，被害人撤回的，进行公诉，被害人不同意撤回自诉的，人民法院将自诉与公诉合并审理。② 第三种观点认为，应当由被害人撤回自诉或者人民法院裁定终止自诉。③ 以上三种观点，都是不同学者对于自诉转公诉程序的架构设想，在我国法律中对于自诉转公诉程序并无明确规定，因此带来实践上的操作难题。笔者对自诉转公诉程序，提出以下架构：如

---

① 樊崇义：《诽谤罪之自诉转公诉程序衔接——评杭州郎某、何某涉嫌诽谤犯罪案》，载《检察日报》2020年12月28日。

② 时延安：《“自诉转公诉”的法理分析》，载《中国刑事法杂志》2021年第1期。

③ 吴宏耀：《告诉才处理犯罪的追诉制度：历史回顾与理论反思》，载《中国刑事法杂志》2021年第1期。

果被害人提起自诉后，人民法院经审查认为该案属于公诉案件，且公安机关尚未提出立案侦查，人民法院作出不予受理决定，并告知被害人向公安机关报案。如果被害人提起自诉后，人民法院受理立案前，知悉侦查机关对案件予以立案侦查的，该案属于公诉案件，人民法院应当说服被害人撤回自诉，被害人不予以撤回的，人民法院作出不予立案裁定。如果人民法院将自诉案件受理立案后，侦查机关对于案件予以立案侦查，该案涉及自诉转公诉的衔接问题，人民法院建议被害人撤回自诉。被害人同意撤回的，案件以公诉程序来进行，被害人不同意撤回的，人民法院将作出终止自诉的裁定，进行公诉。回归郎某、何某诽谤案本身，在谷某已经提起自诉的情况下，侦查机关对案件提出立案侦查，人民法院建议谷某撤回自诉，谷某同意案件以公诉程序进行，谷某不同意的，人民法院作出终止自诉裁定，进行公诉。

（三）明确自诉转公诉法律后果

自诉转公诉的法律后果，就是自诉程序转为公诉程序后，对被害人带来的直接法律影响，包括被害人主动撤回自诉后是否可以再行自诉、被害人对人民法院终止自诉审理的裁定可否上诉、被害人与被告人是否可以和解等法律后果。对于这些问题，我国现行法律并没有明确规定，因此造成一定实践适用上的困难，因此笔者要对以上法律后果提出自己的建构。首先，关于公诉提起后，被害人主动撤回自诉后能否再行自诉，可以参考我国现有规定“即人民法院受理自诉案件后，经过审查认为缺乏相关犯罪证据，如果自诉人又提不出补充证据的，人民法院应当说服自诉人撤回自诉或者裁定驳回自诉。”如果被害人被说服撤回自诉，在没有新证据，新事实的情况下，自诉人无法再次提出自诉。其次，案件涉及到自诉与公诉衔接问题，人民法院作出终止自诉审理，进行公诉程序的裁定是否可以上诉，根据最高人民法院的《解释》第 378 条的规定，被害人有权就终止审理的法院裁定上诉。最后，如果在自诉转公诉后，被告人与被害人是否可以达成和解，笔者是赞同和解的。制定法律的本质就是打击犯罪、保护人权，被告人与被害人达成和解意味着对被害人利益保障的最大化，二者达成和解也意味着对个人法益侵害的弥补，可以在适量的程度上减轻对被告人的量刑。回归案件本身，若谷某被说服撤回自诉，在无新证据的情况下，谷某不得再次提起自诉。

论对“如实供述”的非理性期待[*]

——以余某平案的认罪认罚为视角

苏泽琳[**]

摘　要：余某平交通肇事案引发了关于量刑建议的广泛探讨，学界一般认为争议的表象是法检对量刑主导权的争夺。而事实上，深层原因在于我国司法机关无法厘清沉默权代表了“谎言可推定有罪”的逻辑，导致对被告人“如实供述”产生非理性期待，从而造成控辩协商的不对等性以及控审关系的非衔接性。故应完善基于理性期待的自愿性认罪认罚，向被告人披露所有证据，严格限制证明标准，保障被告人的反悔权。

关键词：认罪认罚　如实供述　量刑建议　非理性期待

2018年10月26日，第十三届全国人民代表大会常务委员会第六次会议作出《关于修改〈中华人民共和国刑事诉讼法〉的决定》，增加“犯罪嫌疑人、被告人自愿如实供述自己的罪行，承认指控的犯罪事实，愿意接受处罚的，可以依法从宽处理”的规定，自此认罪认罚从宽制度正式上升为法律。但随着该项制度的深化适用，实践中逐渐暴露出了诸多问题。2019年底，北京市两级法院判决的“余某平交通肇事案”（以下简称余某平案），引发了学界关于刑事诉讼程序问题的广泛探讨，其中对认罪认罚案件中法院是否应当采纳检察院量刑建议的争议尤为激烈。故本文主要结合此案例进行分析，以期完善基于理性期

---

* 本文是李麒主持的2021年度山西省研究生教学改革项目《刑事诉讼法教学案例库建设》的研究成果之一。

** 山西大学法学院博士研究生，主要研究方向为刑事诉讼法学。

待的自愿性认罪认罚制度。

一、余某平案及争议问题

2019年6月5日晚，余某平酒后驾车致被害人死亡，后肇事逃逸，次日清晨酒醒后，主动到司法机关供述自己的罪行，而后签署了认罪认罚具结书，赔偿被害人家属并获得谅解。2019年8月2日，北京市门头沟区人民检察院对被告人余某平提起公诉，认为其符合缓刑的适用条件，向法院提出有期徒刑三年、缓刑四年的量刑建议。2019年9月11日，门头沟区人民法院对此案作出一审判决，认为余某平在发生交通事故后逃逸，主观恶性较大，判处缓刑不足以惩戒犯罪，因此对公诉机关建议判处缓刑的量刑建议不予采纳，判处余某平有期徒刑二年。一审宣判后，余某平上诉请求改判适用缓刑，检察机关以未采纳量刑建议为由提出抗诉。2019年12月30日，北京市第一中级人民法院针对被告人余某平和区检察院的上诉和抗诉作出二审判决，认为“一审法院认定余某平的行为构成自首并据此对其减轻处罚，以及认定余某平酒后驾驶机动车却并未据此对其从重处罚不当”，一并予以纠正，撤销了一审判决，最终改判余某平有期徒刑三年六个月。①

余某平案中涉及的是否成立自首或“基本犯自首”，被告人上诉同时检察院抗诉二审是否应该加刑等问题，亦是本案重要的争议焦点，本文对上述问题暂不作探讨，而着重阐述为何一二审法院均未采纳量刑建议的原因。《刑事诉讼法》第201条提到了法院对认罪认罚案件量刑建议的处理，其中第2款规定对于认罪认罚案件，人民法院经审理认为量刑建议明显不当，人民检察院不调整量刑建议或者调整量刑建议后仍然明显不当的，人民法院应当依法作出判决。该款是余某平案中法院未采纳量刑建议的法律依据。

由此，从本案的裁判来讲，符合我国现行法律规定是毋庸置疑的，但之所以还会引发舆论风波，原因在于此案将对司法机关公信力的质疑带到了公众视野。现代刑事诉讼程序通过充分保障被告人参与诉讼的程序权利，进而保障裁

① 参见北京市门头沟区人民法院（2019）京0109刑初字138号刑事判决书、北京市第一中级人民法院（2019）京01刑终628号刑事判决书。

判的正当性和公信力，从这个层面上来讲，被告人及公众的信赖是裁判权威的内在支撑，也是整个刑事司法的生命之所在。从上述条文来看，既已规定了法院“一般应当采纳”量刑建议，换言之即为“可以不采纳”量刑建议，那么为何在实践中，司法机关一般并不阐明量刑建议可能不被采纳的风险，反而存在惜字如金、言辞闪烁，甚至刻意越过辩护律师直接与被告人协商，实施“证据突袭”的现象呢？又为何办案人员普遍不认可量刑建议不被采纳后被告人的上诉权及反悔权呢？笔者认为，以上现象及心理皆可归咎于我国司法机关对“如实供述”的非理性期待。

二、“如实供述”非理性期待的成因

魏晓娜教授在《冲突与融合：认罪认罚从宽制度的本土化》一文中提到，法检冲突的表象源于二者对量刑主导权的争夺，① 本文意在此基础上阐述，除去社会博弈层面的权力争夺，之所以法检“敢于”排除或不理会被告人及辩护人的意见，直接将定罪量刑的影响因素归属于法检两方，而完全不考虑认罪认罚“协商性”的立法考量，深层原因在于对“如实供述”的非理性期待，无论法检均默认被告人具有“如实供述”的义务，并且对这种义务的理解局限于必须“供述”，而非我国法律规定的“如实供述”。笔者认为，法律规定的“如实供述”的对立面仅为“未如实供述”，而办案人员理解的对立面往往包含“未如实供述”以及“沉默”，认为凡是对侦查人员的提问，必须做到有问必答，这是对“认罪认罚从宽”制度的误读。办案人员通常理解的“如实供述”是从宽的一个考量标准，若将其作为刑事诉讼法规定的义务，那么对该行为给予优惠条件则无从解释。

造成上述非理性期待的原因是复杂的。自古以来，我国刑事诉讼活动在整体的思路设计上都是以侦查为主的，公、检、法分别掌控不同阶段的侦查权力，对查清案件事实的执着追求贯穿整个司法程序。虽然目前全面推进以审判为中心的刑事诉讼制度改革，但侦查中心主义的残留思想不可能一时间完全消灭，加之侦查程序常常被视为刑事诉讼的第一个实质性阶段，对“如实供述”的畸

① 魏晓娜：《冲突与融合：认罪认罚从宽制度的本土化》，载《中外法学》2020年第5期。

形追求就显得更为紧迫和必要。实践中，部分办案人员对学界提出的“程序正义优于实体正义”嗤之以鼻，认为该说法妨碍办案效率，是不具有实际操作空间的空中楼阁，加之可能出于职业正义感和查明真相使命的驱使，本能地对犯罪嫌疑人颐指气使，自然无法做到将其置于与自身平等的地位。

这种具有绝对意味的真相观，没有给协商留下任何余地，而“协商”的观念与我国自古以来的“真相观”也是不相容的。“真相”只能由办案人员依法查明，而不可能是协商、妥协的结果。① 若要改变办案人员对“如实供述”的执着追求，不仅要对原有的决策主体权责配置作出根本性改变，还要改变办案人员基于居高临下的决策者身份的自我认知，这无疑是非常困难的。《认罪认罚具结书》不具有协议的形式，但却在其上载明需要认可的犯罪事实、罪名和相对具体的量刑建议，② 更像是披着“协商”外衣的单向承诺书。

正是基于我国司法机关对“如实供述”的极力追求，我国的认罪认罚制度极具中国特色，不论是现行《刑事诉讼法》、2019 年发布的《关于适用认罪认罚从宽制度的指导意见》还是 2021 年发布的《最高人民法院关于适用〈中华人民共和国刑事诉讼法〉的解释》，均统一表述为既要“如实供述”，还要“承认指控”。③ 但笔者认为，这一要求隐含了与我国《刑事诉讼法》里表述的“不得强迫任何人证实自己有罪”的默示沉默权之间的冲突，使整体认罪认罚从宽制度并不能形成一个自洽的逻辑体系。被告人不具有沉默的权利，导致认罪认罚失去“协商”的可能，更进一步导致检法冲突和对量刑主导权争夺。由此可见，认罪认罚从宽制度的本土化道路仍然任重道远。

三、“如实供述”非理性期待的弊端

（一）控辩协商的不对等性

上文提到，我国对于认罪认罚“协商”的说法是持隐晦的否定意见的。司法机关采取这种隐晦态度出于两方面的顾虑，一来量刑情节具有先天的不确定

---

① 魏晓娜：《冲突与融合：认罪认罚从宽制度的本土化》，载《中外法学》2020 年第 5 期。
② 赵恒：《“认罪认罚从宽”内涵再辨析》，载《法学评论》2019 年第 4 期。
③ 龙宗智：《余某平交通肇事案法理重述》，载《中国法律评论》2020 年第 3 期。

性。如退赔、退赃等酌定量刑情节在不同诉讼阶段可能发生变化，在司法认定中也时常出现争议。二来担心被告人搞“投机式”认罪认罚，① 部分被告人先通过认罪认罚获得检察机关较轻的“量刑建议”，待一审判决采纳量刑建议后，又提出上诉，意图利用“上诉不加刑”原则，企图再次获取更轻的处罚。故而一直以来，认罪认罚制度的非协议性成为办案人员心中的潜规则，允许司法机关“违约”，而不允许被告人“违约”，造成了控辩协商的不对等性。

但即便存在上述顾虑和考虑，控辩协商不对等性的危害更甚。被告人是否签署具有法律约束力的认罪协议面临不同的风险，但同样容易受到办案人员潜在的、不当行为的影响。在不受法院约束的情况下，检察院可以诱导被告人认罪，以换取特定的量刑建议，即使其认为被告人应该得到比建议刑期更长的刑期。一旦被告人认罪后便可接受法院的审判，检察院又可以暗示被告人应当获得更高的刑罚，② 此时因为被告人往往已经无法撤销认罪认罚。

（二）控审关系的非衔接性

认罪认罚是控辩审三方共同努力的结果，而不应由一方主导，法院甚至被告人也不应具备被主导的资格。

认罪认罚从宽制度的出现，是刑事诉讼法发展的结果，也是司法实践发展的产物，能够快速高效地解决案件，使被告人得到一个从宽处理。一方面，认罪认罚从宽制度在量刑方面是对被告人有利的。另一方面，很大程度上对司法机关也起到了减负的作用。但认罪认罚从宽制度对检察机关和法院在案件衔接与配合方面作出了程序上的要求。法院在查明被告人自愿性的真实性的基础上，原则上应当采纳检察机关的量刑建议。

余某平案中，余某平签署了认罪认罚具结书，同意检察机关的量刑意见，与检察机关达成协议。一审法院经审查认为检察机关量刑建议不当，未采用缓刑的量刑建议，认为情节严重，因此作出了实刑的判决。这实际上是司法机关

---

① 彭新林：《认罪认罚从宽中量刑建议存在的问题及对策》，载《人民法院报》2020年5月21日。

② Brook. C. A，Fiannaca. B，Harvey. D，et al. A comparative look at plea bargaining in Australia，Canada，England，New Zealand，and the United States［J］. Wm. &Mary L. Rev.，2015，57：1147.

单方面撕毁合约的行为，是对被告人信赖利益的损害，在被告人履行认罪认罚协议义务的时候，法院单方面毁约，致使被告人期待落空，利益受损，无法补救。这种做法也是司法不公正的体现。法律明文规定了认罪认罚从宽处罚，仅仅约束了被告人，但并无设计认罪认罚从宽协议被法院单方面否认后对被告人的补救措施，这是立法的漏洞，需要日后加以纠正。①

四、完善基于理性期待的自愿性认罪认罚

（一）“如实供述”理性期待的界定

目前我国刑事法规里体现的默示沉默权规则是与历史上“合法”的刑讯逼供相对应的，它们建立的客观基础是：要让犯罪嫌疑人作出供述，就必须要采取包括“威逼利诱”在内的各种各样的方法；它们要解决的共同问题是：用什么方式让一个不肯开口的嫌疑人开口是合法的？这其实是一个价值取向的问题，即防止公权力滥用和打击犯罪如何取舍。

刑讯逼供在我国的非法化经历了一个十分漫长的过程。从限制殴打等肉刑、限制欺骗引诱威胁、限制非法拘禁状态下的讯问，到限制未告知嫌疑人自己权利时的讯问到限制窃听手段等，对公安机关侦查手段的限制是步步推进的。当办案机关从完全依赖口供的办案方式中抽离出来时，我国的沉默权制度便应运而生了。② 所谓沉默权规则的法条表述是“不得强迫自证其罪”，它省略的内容是：“不得强迫（以任何方式）自证有罪”，不仅是否定“刑讯逼供以证有罪”，也要否定“默示以证有罪”。换言之，因为不得强迫自证其罪，所以一个人的沉默不能作为他的有罪证据；因为有如实供述义务，所以一个人的谎言可以作为他的有罪证据。这才是对“如实供述”的理性期待。

正是基于这种理性期待，导致目前所谓“量刑主导权”的争夺略显荒诞。因为我国的沉默权规则，实质上已经是一种利于提升办案效率的解决之策了，它提供了“谎言推定有罪”的逻辑认证，而非目前办案人员广泛意义上粗略认

---

① 刘敏：《浅谈“余某平案”对程序正义的挑战》，载《理论观察》2020年第9期。

② 此观点建立在大部分学者认可“我国是建立了默示沉默权制度的国家”的基础上，对此观点不认同的部分暂不作探讨。

知的“讯问时必须说实话”。只有厘清这层关系，才能心甘情愿地认可认罪认罚的“协商性”。我国现行《刑事诉讼法》第201条规定的所有法院可以不采纳量刑建议的情形，归纳起来都可总结为“协商的失误”，一方面是被告人反悔，另一方面是检察院对事实认定或法律适用存在错误。基于此，可以说从实质角度上量刑权其实不归属任何一方，它是基于事实和证据依法推理出的结论，法检只是代表公众普遍认可的行为规范代为行使了这一权力，是为了实现“集体人权”，并且法检作为国家机关也应该具有统一的公信力。

（二）向被告人披露无罪及罪轻证据

保障被告人认罪认罚的自愿性是该项制度的生命线，而司法实践中，基于对“如实供述”的非理性期待，部分办案人员往往罔顾保障自愿性的准则，采用“技术处理”的工作方法，不与被告人进行充分协商，进而诱导其签署认罪认罚具结书。①例如，检察院故意拖延告知辩护律师公诉罪名及公诉时间，导致控辩双方掌握的信息不对等，不能对是否认罪认罚作出客观评价和决定；又如，检察院利用控辩双方对案情掌握程度不一致的时间差，故意选在只有值班律师见证而没有辩护律师见证的情形下签署认罪认罚，借以固定证言，实施“证据突袭”；再如，认罪认罚制度不可避免地会导致检察院对辩护律师施加压力，要求他们建议被告人接受认罪认罚，否则被告人可能会遭受更为严重的损失。

在笔者看来，无论是选择速裁程序还是选择其他简易程序，被告人一旦认罪认罚，虽然仍然可以做无罪辩护，但在法官看来已经不能自圆其说，某种程度上失去了做无罪辩护的机会。为防止检察院诱导被告人作出与自身意愿相悖的认罪认罚，也为了避免检察院获得口供之后就疏忽了对客观证据的侦查，从而导致冤假错案的发生，有必要在被告人签署认罪认罚具结书之前，向其披露所有无罪及罪轻证据。另外，被告人的认罪认罚行为至少是权衡利弊的结果，更好的情形是能达到真诚悔罪的目的，而非基于对法律规定不了解、信息不对等被信息壁垒所支配的认罪认罚。唯有如此，方能切实保证被告人认罪的自愿性，减少被告

---

① 彭新林：《认罪认罚从宽中量刑建议存在的问题及对策》，载《人民法院报》2020年5月21日。

人认罪认罚后当庭翻供几率，减少案件的上诉率，从而真正节约司法资源。

此外，为了避免因被告人不熟悉法律规定带来的认知偏差，在认罪认罚程序中，应确保所有被告人均有获得律师帮助的权利，对因经济状况或其他情形无力委托辩护律师的，指派法律援助律师进行辩护。[①] 需要特别指出的是，不能以值班律师直接代替法律援助律师、辩护律师，值班律师所在的律师事务所一般与法院、检察院存在千丝万缕的关系，甚至利益存在共通点，往往不能起到对抗司法机关进行公正、独立辩护的效果。

（三）严守排除合理怀疑的证明标准

在认罪认罚程序中，检察院应该有比辩护律师更高的责任，对于认罪认罚不应极力促成，而应更加审慎。检察官具有保护当事人诉讼权利的伦理和法律义务，其中很重要的一项就是防止被告人提供虚假证据，虚假的认罪认罚也是虚假口供的一种。[②] 由于司法机关对“如实供述”的非理性期待，极易被口供所一叶障目，忽视认罪认罚本身可能存在的风险，导致检察院诱导认罪，被告人虚假认罪的现象时有发生。而从逻辑上来讲，检察院也没有接受“认罪”的权力，只有证据达到证明标准时才能依法定罪，而非仅持拿到口供就万事大吉的心态；被告人也不具有“认罚”的权力，刑罚也是严格依据现有证据的依法从宽，而非检察院承诺就可达到完全信赖的结果。

相较于一般案件而言，认罪认罚从宽案件的独特之处在于在该制度中的对证明标准的探讨可以转化到认罪认罚量刑建议的约束力层面上。根据现行《刑事诉讼法》第 201 条的规定，结合深层次的立法原理可得，认罪认罚的量刑建议对涉及由客观事实和证据而定罪量刑没有约束力，而仅对由法院认定事实和罪名后从宽的考量具有约束力。换言之，无论认罪认罚案件中的证明标准达到何种程度，最终的决定权仍在法院，即使可以达到排除合理怀疑的高度，检察机关仍有可能承担败诉风险。为使量刑建议得到审判的检验和法庭的认可，有必要将影响量刑的各种因素建立在牢靠的证据基础之上。如自首、立功、退赔、

① 陈瑞华：《“认罪认罚从宽”改革的理论反思——基于刑事速裁程序运行经验的考察》，载《当代法学》2016 年第 4 期。

② Mazur. E. P.: Rational Expectations of Leniency: Implicit Plea Agreements and the Prosecuter's Role as a Minister of Justice [J]. Duke LJ, 2001, 51: 1333.

谅解、犯罪嫌疑人人身危险性等，都应有充分、确实的证据加以证实。①

2016年1月，中央政法委指出，将研究提出以审判为中心的诉讼制度改革具体意见，探索对被告人认罪与否、罪行轻重、案情难易等不同类型案件，实行差异化证明标准。当时该意见引发了学界关于认罪认罚案件证明标准问题的激烈探讨。有赞同者认为，结合英美的辩诉交易以及德国的协商程序，出于提高办案效率的考量，放宽证明标准是大势所趋。但我国的主流意见并不支持上述意见，认为此种改革将导致“口供中心主义”的愈演愈烈，认罪认罚案件的程序上可以从简，证明标准绝不能放宽。而后在2017年底，最高人民法院、最高人民检察院在《关于在部分地区开展刑事案件认罪认罚从宽制度试点工作情况的中期报告》指出，改革“坚持证据裁判，强化权利保障，确保从快不降低标准，从简不减损权利”。② 证明标准与证明程序密切相关，严格的证明标准往往需要严格的诉讼程序加以保障。因此，坚守法定证明标准的意义主要在于强调法官对被告人的无罪推定不能提倡，即便是对于已经认罪认罚的案件，仍应严格遵守底线要求，并为被告人提供必要的程序保障，以实现程序正义的价值追求。

（四）建立被告人反悔后的回转程序

由于司法机关对“如实供述”的非理性期待，导致实践中对被告人上诉权、反悔权的剥夺。2018年10月，全国人大常委会在通过刑事诉讼法修正案时，虽然完善了认罪认罚案件的诉讼程序，但并未对认罪认罚案件被告人的上诉权进行任何规定。③ 从司法实践情况看，虽然认罪认罚被告人提出上诉的比例较低，但上诉毕竟是启动第二审程序的主要方式，保障被告人的上诉权对于通过二审程序纠正一审裁判中可能发生的错误，为不服一审裁判的被告人提供具体救济，维护司法公正，仍然具有十分重要的作用。

除保障被告人的上诉权外，应当建立被告人反悔后的程序回转机制。在法

---

① 李麒：《认罪认罚从宽确定型量刑建议的实现途径》，载《检察日报》2020年10月28日。

② 熊秋红：《比较法视野下的认罪认罚从宽制度——兼论刑事诉讼“第四范式”》，载《比较法研究》2019年第5期。

③ 王洪、吕子婧：《认罪认罚从宽证明标准认识误区的驳正》，载《河南师范大学学报（哲学社会科学版）》2021年第1期。

院作出裁判之前，若被告人推翻原来的有罪供述或者不同意适用简易程序的；或法院作出裁判之后，被告人发现量刑建议没有被采纳的，法院应当将案件适用普通程序进行审理。反悔后的程序回转机制对辩护律师的要求也相应提高了。检察院反感辩护律师罔顾事实和证据，不加以区分地对所有案件做无罪或轻罪辩护。确实，无罪、轻罪辩护的策略应建立在事实和证据之上，恰当选择。但检察院熟悉刑事诉讼规则，对案件证据掌握全面，再加上由于地位不平等所带来的心理优势，导致认罪认罚可能变成一场一边倒的“收割战”。辩护律师在此期间应严防检察院搞“认罪认罚具结”突袭，把量刑协商的主导权抓到手里，避免被告人“稀里糊涂”认罪认罚。

此外，被告人反悔后继续使用原有口供的做法减弱了被追诉人认罪认罚的动力，且在控辩协商中的被追诉人口供可能是妥协的产物，并非“客观真实”的反映。① 故当法院不采纳量刑建议时，被告人应有不受有罪供述约束的权利。法官必须明确告知被告量刑建议不被采纳，被告人保留撤回有罪供述的权利。若被告人仍然希望认罪，法官则有义务在接受认罪之前进行公开的法庭调查，以确认被告人是在知情和自愿的情况下作出的有罪供述。② 由此被告人才能作出理智的决定，避免判决后而反悔、上诉，进一步浪费司法资源。

---

① 韩旭：《认罪认罚从宽制度研究》，中国政法大学出版社 2020 年版，第 240 页。

② Arns K. Not All Plea Breaches Are Equal: Examining Heredia's Extension of Implicit Breach Analysis [J]. Nw. UL Rev., 2015, 110: 617.

刑事再审程序启动的困境与出路

——以聂某斌案为例

王雪晴*

摘　要：刑事再审程序的启动对再审程序价值的实现起到重要作用，再审程序存在的问题难题与其密切相关。影响深远的聂某斌案涉及诸多再审程序启动问题，梳理聂某斌案的基本案情与诉讼过程，明确再审启动程序在申诉审查主体设置不科学、申诉人申诉困难以及再审启动标准过高所面临的困境，并从程序理念更新、规范再审启动主体、科学设置启动标准三方面提出刑事再审启动程序的完善路径。

关键词：刑事再审启动　启动标准　申诉程序　证明标准

2016年12月2日，案件复杂、案情离奇、申诉之路曲折的聂某斌一案终以聂某斌再审被改判无罪而尘埃落定，但案件背后映射出的我国刑事司法理念与制度存在的诸多缺陷，到今天仍然值得我们反思。从2005年聂某斌案引起社会广泛关注，直到2016年最高人民法院启动再审程序，案件艰难而缓慢地推进致使申诉人及社会公众的期待长期处于落空状态，因而我国刑事再审程序特别是刑事再审程序的启动受到各方的质疑。再审程序是裁判生效后的最后救济手段，作为刑事再审程序的开端，启动再审程序在纠正冤错案件、保障人权、维护司法公正的过程中至关重要。

* 山西大学法学院博士研究生，主要研究方向为刑事诉讼法学。

一、聂某斌案基本案情与诉讼过程

1994年9月23日，聂某斌因被石家庄市公安郊区分局民警怀疑为犯罪嫌疑人被抓，于1994年10月1日被刑事拘留，同年10月9日被逮捕。1995年3月3日，石家庄市人民检察院以聂某斌涉嫌犯故意杀人罪、强奸妇女罪，向石家庄市中级人民法院提起公诉，因该案涉及当事人的隐私，石家庄市中级人民法院决定不公开审理。1995年3月15日，石家庄市中级人民法院作出一审判决，判决以故意杀人罪判处被告人聂某斌死刑，剥夺政治权利终身；以强奸妇女罪判处其死刑，剥夺政治权利终身；决定执行死刑，剥夺政治权利终身。①

一审宣判后，聂某斌不服，向河北省高级人民法院（以下简称河北省高院）提出上诉。主要理由是：自己年龄小，没有前科劣迹、系初犯，认罪态度好，一审量刑太重，请求二审法院从轻处罚。当时，法律对死刑二审案件是否要开庭审理没有明确规定，二审法院可以开庭审理，也可以不开庭审理，河北省高院对聂某斌案采取的是不开庭审理即书面审理的方式。合议庭经审理后认为：一审判决认定聂某斌故意杀人、强奸妇女的事实、情节正确，证据充分；聂某斌拦截强奸妇女，杀人灭口，情节和后果均特别严重；聂某斌所述认罪态度好属实，但其罪行严重，社会危害极大，不可以免除死刑。1995年4月25日，河北省高院作出二审判决：维持对聂某斌犯故意杀人罪的定罪量刑，撤销对聂某斌犯强奸妇女罪的量刑，改判有期徒刑十五年，与故意杀人罪并罚，决定执行死刑，剥夺政治权利终身。根据最高人民法院授权高级人民法院核准部分死刑案件的规定，河北省高院同时核准了对聂某斌的死刑裁决。1995年4月27日，聂某斌被执行死刑。②

2005年1月，河南省荥阳市公安机关抓获涉嫌犯故意杀人罪的嫌犯王某金，王某金归案后自认系杀害康某某的凶手，此事经媒体报道后引发社会广泛关注。2007年5月，聂某斌的母亲张某枝、父亲聂某生和姐姐聂某惠向河北省高院和多个部门提出申诉，请求认定王某金为本案真凶，宣告聂某斌无罪。由

---

① 河北省石家庄市中级人民法院（1995）石刑初字第53号刑事附带民事判决。

② 河北省高级人民法院（1995）冀刑一终字第129号刑事附带民事判决。

于在王某金是否系本案真凶和聂某斌案是否系错案等问题上，有关方面存在不同认识，故申诉人的申诉没有获得及时答复，申诉人便继续向最高人民法院申诉。① 直至2014年聂某斌案才有了新的转机。2014年12月12日，最高人民法院指令山东省高级人民法院对聂某斌案进行复查，12月22日，山东省高院向聂某斌母亲送达立案复查决定书，异地复查让张某枝和媒体大众看到了聂某斌启动再审的曙光。2015年3月17日，聂某斌申诉代理律师首次获得查阅该案完整卷宗的权利。2015年4月28日，山东省高院召开关于聂某斌故意杀人、强奸妇女案听证会。因案件重大、复杂、复查工作涉及面广，山东省高院经最高人民法院批准，于2015年6月、9月、12月，2016年2月四次延长复查期限。最终山东省高院审判委员会后认为，原审认定聂某斌犯故意杀人罪、强奸妇女罪的证据不确实、不充分，建议最高人民法院启动再审程序重新审判该案。

2016年6月6日，最高人民法院作出再审决定，提审该案并决定由最高人民法院第二巡回法庭审理。第二巡回法庭依法组成五人合议庭，依照第二审程序对该案进行了审理。合议庭审查了本案原审卷宗、河北省高院和山东省高院复查卷宗；赴案发地核实了相关证据，察看了案发现场、被害人上下班路线、原审被告人聂某斌被抓获地点及其所供偷衣地点，询问了部分原办案人员和相关证人；就有关尸体照片及尸体检验报告等证据的审查判断咨询了刑侦技术专家，就有关程序问题征求了法学专家意见；先后5次约谈申诉人及其代理人，听取他们的意见，依法保障其诉讼权利；多次听取最高人民检察院意见，等等。经审理后认为：原审认定聂某斌犯故意杀人罪、强奸妇女罪的事实不清、证据不足。② 2016年11月30日，最高人民法院作出再审刑事判决，撤销原一审和二审判决，宣告原审被告人聂某斌无罪。

二、聂某斌案中再审程序启动存在问题之分析

聂某斌案改判无罪具有重大意义，堪称我国刑事司法历史中一个里程碑式的案件。本文我们将对聂某斌案中再审程序启动面临以下的困境进行分析研究。

---

① 胡云腾：《聂某斌案再审：由来、问题与意义》，载《中国法学》2017年第4期。

② 最高人民法院（2016）最高法刑再3号刑事判决。

（一）关于申诉审查主体设置

我国《刑事诉讼法》第 254 条第 2 款规定："最高人民法院对各级人民法院已经发生法律效力的判决和裁定，上级人民法院对下级人民法院已经发生法律效力的判决和裁定，如果发现确有错误，有权提审或者指令下级人民法院再审。"第 255 条规定："上级人民法院指令下级人民法院再审的，应当指令原审人民法院以外的下级人民法院审理；由原审人民法院审理更为适宜的，也可以指令原审人民法院审理。"《最高人民法院关于适用〈中华人民共和国刑事诉讼法〉的解释》（以下简称《刑事诉讼法解释》）第 453 条第 1 款、第 2 款规定，申诉由终审人民法院审查处理。但是，第二审人民法院裁定准许撤回上诉的案件，申诉人对第一审判决提出申诉的，可以由第一审人民法院审查处理。上一级人民法院对未经终审人民法院审查处理的申诉，可以告知申诉人向终审人民法院提出申诉，或者直接交终审人民法院审查处理，并告知申诉人；案件疑难、复杂、重大的，也可以直接审查处理。从上述法律规定以及司法解释的内容可以看出，我国当前以终审法院作为主要申诉审查主体，只有在特殊情况下申诉审查主体为第一审法院与终审法院的上一级法院。在本案中，聂某斌家属的申诉屡屡遭到终审法院即河北省高院的拒绝处理。王某金自认其为真凶后，面对聂某斌亲属的申诉，河北省高院声称正在调查，但申诉人以及社会公众久久没有等到处理结果。河北省高院在收到最高法处理该案的要求后，7 年仍未作出审查结果。直至 2014 年 12 月，最高人民法院将聂某斌案指令由山东省高院异地复查。此举不仅是我国再审启动程序异地复查的开端，这项制度也在 2021 年新修改的《刑事诉讼法解释》中加以规定。可以说，河北省高院的超期复查且长期无果都暴露出原判法院作为刑事再审审查主体这项制度设计存在弊端。

（二）关于再审中当事人申诉效力

在我国，当事人及其法定代理人、近亲属等与原审有着直接利害关系的权利人不是启动再审程序的法定主体，而是程序启动的间接主体。2018 年《刑事诉讼法》第 253 条规定："当事人及其法定代理人、近亲属的申诉符合下列情形之一的，人民法院应当重新审判：（一）有新的证据证明原判决、裁定认定的事实确有错误，可能影响定罪量刑的；（二）据以定罪量刑的证据不确实、不充分、依法应当予以排除，或者证明案件事实的主要证据之间存在矛盾的；（三）原判决、裁定适用法律确有错误的；（四）违反法律规定的诉讼程序，可能影响公正审判的；（五）审判人员在审理该案件的时候，有贪污受贿，徇私舞弊，枉法裁判行为的。”也就是说，权利人的申诉只有在符合上述五种特定条件时，人民法院才会启动再审程序。根据我国再审制度的功能定位，若使申诉能够直接启动再审程序显然不具有科学性，庞大的申诉数量会给办案机关带来沉重的负担。尽管申诉不是启动再审的必经程序，但其不仅是人民法院和人民检察院启动再审的重要线索，而且本质上申诉仍是权利人行使诉权的重要手段，应当得到充分的尊重和保障。申诉立法的本意也是鼓励当事人维护自身权利的同时，提出符合法律规定的申诉事由和相关证据，由兼具客观义务、救济职责与专业知识的司法机关进行审查判断，如此这般才能发挥出再审程序的价值。[①] 然而，在我国司法实务中，长期存在对申诉行为的性质和效力认识模糊的情况，“申诉难”成为常态，这也使得申诉立案受理都寸步难行，推动再审的启动更加没有希望。在本案中，聂某斌家属自2005年开始漫漫的申诉之路，坚持申诉12年，申诉的时间极为漫长。在开始申诉的前两年聂某斌家属因为无法提供原审判决书，河北省高院一直拒绝受理。2007年，在律师向受害者家属求情才获得聂案判决书后，聂某斌家属向河北省高级法院和最高法院提出申诉。河北高院仍拒绝受理。2007年11月5日，聂某斌家属等到了最高法院寄来的信函，只有一句话：“张某枝：收到你对聂某斌故意杀人、强奸一案的申诉材料后，根据我院关于分级负责处理申诉案件的规定，已函转河北省高院处理，请你与该院联系。此复。”[②] 从上述信函形式与内容来看，很难确定法院已经受理了申诉。直至山东省高院异地审查前，河北省高院也一直没有作出申诉审查决定。

（三）关于再审程序的启动标准

根据《刑事诉讼法》第253条、第254条及相关司法解释的规定，我国刑

---

① 殷闻：《刑事再审启动程序的理论反思——以冤假错案的司法治理为中心》，载《政法论坛》2020年第2期。

② 刘长、赵蕾、习宜豪：《聂某斌案：河北复查十年，山东重来一遍》，人民日报海外网，http：//m.haiwainet.cn/middle/3541351/2015/0318/content_28535430_1.html，最后访问时间：2022年6月8日。

事再审启动标准要求“确有错误”。其中，对于“确”字的理解可以从以下三个方面把握：一是定罪量刑的事实都有证据证明；二是据以定案的证据均经法定程序查证属实；三是综合全案证据，对所认定的事实已排除合理怀疑。[①] 也就是说，“确有错误”要求出现新的证据亦然或是审查原判决时，发现存在错误，足以对原裁判进行推翻，再审程序就此启动。如果只是达到了“合理怀疑”证明标准，也就无法认定为“确有错误”。在本案中，王某金供述的非亲历不可知的事实，可以引起聂某斌不是真凶的合理怀疑，但仍没有达到“确有错误”的高度。[②] 从最高法的再审决定可以看出，聂某斌案的再审启动所依据的是《刑事诉讼法》第253条第（二）项规定：“定罪量刑的证据不确实、不充分”，而不是本条第（一）项：“有新的证据证明原判决、裁定认定的事实确有错误”的规定。也就是说，本案要想被确定为确有错误，只有当王某金被明确证明确实为杀人强奸的凶手。但这种追求确定性的证明标准过于理想，并不利于司法实践中承载权利救济功能的再审程序的启动。此外，原裁判是否存在错误本需要通过再审程序加以证明。若在再审程序启动阶段就要求把握“确有错误”，这种过高的启动标准，不仅违背了刑事诉讼原理，更是将再审启动证明标准与再审认定错判证明标准之间应有的层层递进关系视若无睹。山东省高院异地复查本案时曾报最高人民法院批准后并作出四次延期的决定，决定的作出也是由于按照法律的规定，只有在原审判决必须达到确有错误的情况下，才能启动再审程序。

三、刑事再审程序启动的完善路径

刑事再审程序作为一种非常救济手段，肩负着平衡程序公正与实体公正的职责，而再审程序的启动则是这项职责的首要环节。针对上述聂某斌案再审启动程序中暴露出的问题，提出有针对性的完善路径，以期更好地发挥刑事再审程序的价值。

---

① 陈光中：《刑事诉讼法学》，北京大学出版社2021年版，第192页。

② 刘甜甜：《刑事再审启动的实践失范与困境消解》，载《甘肃理论学刊》2020年第3期。

（一）合理确定再审程序理念

“实事求是，有错必纠”长期以来是我国刑事再审程序的指导思想，其具有时代价值，但逐渐无法跟上我国法治现代化建设的步伐。虽然最高人民法院一直贯彻推进“依法纠错”理念，囿于方方面面的因素，没有在全国法院系统内得到普遍认可。① 因而刑事再审程序长期陷于片面追求实体真实主义的窘境，致使权利救济、司法权威乃至司法公信力全部让位于对事实真相的发现，从而偏离了法治现代化的建设，在再审程序的启动中这个问题更为严峻。党的十八届四中全会提出：“公正是法治的生命线”“司法公正对社会公正有重要的引领作用”以及“重审在依法纠错和维护裁判权威”等工作思想。依法纠错、严格再审通过合理的制度安排规范对于确实存在错误的生效裁决进行救济，有利于解决再审启动难的问题。德国学者克劳思·罗科信在阐述再审程序的意义时写道：“只有将法的安定性原则与公平原则，此二互相冲突的原则做一仔细的权衡，如此才能维持法和平。再审是为达到实质正确的裁判时，能中断法律效力的最重要的例子。其基本思想为当事后才被发现的新事实对该判决而言，出现了在公平性上实在无可忍受的显然错误时，则法律效力确定必须让步。”② 这就意味着法院要合理协调实体公正与程序公正的价值取向，结合案件事实综合判断。孙某果案再审案件，也让我们看到了依法纠错与维护裁判权威的动态平衡关系，充分彰显了再审程序对于维护司法公正的作用。笔者认为，再审程序的理念的更新要基于我国国情，强调再审程序的权利优先、人权保障价值，肯定“依法纠错”的核心地位，通过各种形式实现从“有错才纠”向“有疑即纠”的理念转变，让生效判决的既判力与纠正司法错误两者达成平衡。

（二）规范再审程序启动主体

尽管理论界对人民法院能否依职权启动再审颇有争议，认为与“不告不理”等诉讼原理相违背，但根据我国现行刑事诉讼法的规定，法院作为再审程序启动直接主体是值得肯定的，且笔者认为不能忽视人民法院在再审启动中发

① 孙长永：《中国刑事诉讼法制四十年：回顾、反思与展望》，中国政法大学出版社 2021 年版，第 764 页。

② ［德］克劳思·罗科信：《刑事诉讼法》，吴丽琪译，法律出版社 2003 年版，第 541 页。

挥的积极作用。人民法院主动提起再审，是基于审判监督权而作出的自我纠错。[①] 针对上述司法实践中的问题，为规范再审程序启动主体，解决再审程序启动存在的“申诉难”问题，提出如下三点对策：一是调整申诉审查的主体。终审法院掌握再审审查权，为了不承受翻案的不良后果，其主动启动再审的意愿低。这就造成了司法实践中大量的冤错案件再审程序启动困难，申诉人进入漫长的等待之中，从而使得申诉人与社会公众对司法公正呈现出一种不信任状态，严重影响我国的司法权威与司法公信力。为了不影响公正审判，建议取消由终审法院及第一审法院作为审查主体的规定，改为统一由终审法院的上一级法院负责申诉审查，上一级法院也可以指令终审法院的同级法院审查。二是完善申诉审查程序。申诉审查程序是我国刑事再审启动程序的核心内容。为了解决申诉难的现实问题，近几年来司法机关致力于探索刑事申诉公开审查的制度构建，检察院通过《人民检察院刑事申诉案件公开审查程序规定》《人民检察院复查刑事申诉案件规定》等文件的颁布，建立检察院刑事申诉公开审查制度，以实现增强案件透明度，接受社会监督以及化解社会矛盾的良好目标。[②] 2021年，重新修改并颁布的《刑事诉讼法解释》新增规定对法院立案审查的申诉案件“必要时，可以进行听证”，从制度层面保证申诉案件公开公正处理，维护当事人合法权益。但由于法律规定模糊，实践中的可操作性没有达到预期的目标，随意性、不确定性的情况在申诉案件的审查程序中频频发生。实务中存在诸多问题，例如司法机关对申诉案件选择性公开审查，对于争议不大或容易开展的申诉案件进行听证，而对于争议较大的案件不愿或不敢公开听证。因此，为保障当事人的合法权益，必须加快完善申诉的审查程序，推动申诉案件的公开审查的步伐。三是要强化申诉权的保障。认可当事人及其法定代理人、近亲属等与原审有着直接利害关系的权利人的再审申诉权，是解决“申诉难”问题的基础工作。建议进一步完善法院对再审申诉的立案、受理程序，特别是明确法院对再审申诉进行审查和受理的期限以及对相关处理决定的告知义务。建议对于当事人提起的申诉，法院应当明确审查的期限，以 30 日内审查完毕为宜；对于审查后符合受理条件的申诉案件，应当作出立案审查的决定，并采取书面

---

① 姜伟、罗智勇、仇晓敏：《孙某果再审案所涉及的若干法律问题》，载《法律适用》2020 年第 22 期。

② 陈卫东、赵恒：《刑事申诉听证制度研究》，载《法学杂志》2016 年第 1 期。

方式告知当事人；对于审查后不符合条件的申诉，法院应当说服当事人；当事人不撤回的，法院应当决定不予受理申诉，并对当事人采取书面方式告知。

（三）科学设置再审启动标准

刑事再审程序的启动事由不明确、启动标准定位太高，造成我国再审纠错功能没有得到充分地发挥。在本案中，聂某斌亲属申诉之路艰难而漫长，由于缺乏收集证据的能力，能够收集到证明原判案件的判决、裁定确有错误的证据更是难上加难。而且，“新证据”和“确有错误”标准的不明确，“确有错误”的过高标准都让再审程序难以启动，实务中有大量疑似为冤案错案的刑事案件被拒在再审程序的门外。因此有必要科学设置再审程序启动标准，提出两点建议：一是存在无法排除合理怀疑时即可启动再审。刑事案件的证明标准要求“事实清楚，证据确实、充分”“排除合理怀疑”。笔者认为，存疑时有利于被告人的原则应当贯穿于刑事诉讼的全过程。对于在案件事实和证据的认定上存在合理怀疑而无法排除时，应当根据有利于被告人的原则而启动再审，即当事人提供的申诉材料或出现新证据，能够将原有完整的定罪证据链条打破时再审程序即应启动。① 二是可将再审启动标准法律条文中的“确有错误”表述改为“可能确有错误”，以降低再审启动的证明标准。由合适的启动标准替代过高的启动标准，此举充分考虑了申诉人的综合能力，改变再审启动困难的现状，有利于明确再审启动程序的功能价值。

① 汪海燕：《刑事冤错案件的制度防范与纠正——基于聂某斌案的思考》，载《比较法研究》2017 年第 3 期。

课题成果

- ◎ 法治实践育人模式的法理解析与建构路径
- ◎ 《著作权法》第三十五条：法律与道德检视、问题及解决
  ——兼论数字化稿件制度的建立
- ◎ 山西老陈醋知识产权保护研究
- ◎ 数据产权的基本问题研究
- ◎ 事实认定：司法裁判的逻辑起点
- ◎ 论公共法律服务的智能化建设

法治实践育人模式的法理解析与建构路径*

张滋敏**　史凤林***

摘　要：在习近平法治思想的指引下，新时期法治中国建设需要建立一支德才兼备的法治工作队伍。从“三全育人”① 理念出发，形成法治实践育人模式是培养高素质法治人才的重要途径。法治实践育人模式具有全员、全程、全方位以及实践的特性，其丰富了实践育人理念具体内容、为高校法学教育提供了理论指导。同时，在实践中有助于推动“三全育人”工作落实、实现法治人才培养目的、提升法学教育实际效果。法治实践育人模式的建构应遵循其基本原则、落实在基本环节、通过基本方法给予保障，以全面实现培养高素质法治人才的目标与任务。

关键词：三全育人　法治实践育人　内涵　价值　模式　法治人才

一、法治实践育人模式的概念解析

党的十八大以来，习近平总书记在领导全面依法治国的伟大实践中，提出一系列法治新理念、新思想、新战略，创立了习近平法治思想，这是习近平新

---

* 本文是作者主持和参与山西省2020年高校教改重点项目“公共法律服务虚拟仿真实验平台建设与教学研究”与山西大学法学院2020年“一流法学本科专业建设改革项目”的阶段性研究成果。

** 山西大学法学院2020级法学理论专业硕士研究生，主要研究方向为法理学。

*** 山西大学法学院教授，博士生导师，主要研究方向为理论法学与法学教育。

① 编者注：“三全育人”即全员育人、全程育人、全方位育人，是中共中央、国务院《关于加强和改进新形势下高校思想政治工作的意见》提出的坚持全员全程全方位育人的要求。

时代中国特色社会主义思想的重要组成部分，是全面依法治国的根本遵循和行动指南。[①] 习近平法治思想内涵丰富、思想深刻，包含着科学系统的法治人才培养思想，是引领法学教育改革发展和法治人才培养的指导思想和行动指南。[②] 习近平总书记明确提出全面推进依法治国，建设一支德才兼备的高素质法治队伍至关重要。高素质法治人才培养应当遵循法学知识教育与法律实践历练相结合的法治人才培养途径的基本规律。[③] 要以解决好法学知识教学与实践教学的关系为突破口，强化实践育人作为高素质法治人才培养的基本路径。

（一）法治实践育人模式的基本内涵

构建法治实践育人模式，目的是将高校法科专业人才培养为德才兼备的高素质法治人才，为法治工作队伍不断注入新鲜血液，储备实现国家治理能力现代化的后备军。习近平总书记在党的十八届四中全会上的讲话中明确提出了“着力加强法治工作队伍建设”的任务。他指出，“我国专门的法治工作队伍主要包括在人大和政府从事立法工作的人员，在行政机关从事执法工作的人员，在司法机关从事司法工作的人员。全面依法治国，首先要把这几支队伍建设好”。[④] 由此可见，在我国法治工作队伍主要包括立法、执法、司法工作队伍，此外，还应包括法学教育、法学研究以及法律服务人员。因此，高校在全面推进依法治国的背景下开展实践育人工作，培养高素质法治人才也应围绕多个法律职业面向展开，法学教育需要以分类教育的精细化培养模式进行，适应多样化法律职业需求。

改革开放以来，随着国家各项政策的出台，高校实践育人工作陆续展开，实践育人理论的研究与探索持续深入。张文显在《弘扬实践育人理念　构建实践育人格局》一文中提出：“实践的观点是马克思主义哲学首要的和基本的观

---

① 王晨：《习近平法治思想是马克思主义法治理论中国化的新发展新飞跃》，载《中国法学》2021 年第 2 期。

② 杨宗科：《习近平德法兼修高素质法治人才培养思想的科学内涵》，载《法学》2021 年第 1 期。

③ 史凤林：《高素质法治人才培养规律研究》，载《中共山西省委党校学报》2019 年第 3 期。

④ 《加快建设社会主义法治国家》（2014 年 10 月 23 日），载习近平：《论坚持全面依法治国》，中央文献出版社 2020 年版，第 115 页。

点，是马克思主义的根本特征。实践育人就是基于实践的观点而形成的育人理念。所谓实践育人是指以学生在课堂上获得的理论知识和间接经验为基础，通过激发学生课外自我教育和相互教育的热情和兴趣，开展与学生的健康成长和成才密切相关的各种应用性、综合性、导向性的实践活动，加强对学生的思想政治教育并促进他们形成高尚品格、祖国观念、人民观念、创新精神、实践能力的新型育人方式。”① 申纪云在《高校实践育人的深度思考》中认为：“实践育人，可从三个方面来把握其本质要求。首先，实践育人遵循马克思主义教育基本规律。实践性是教育的本质属性。其次，实践育人是大学生成长、成才和发展的内在需要。最后，实践育人是现代教育理念、教育模式、教育实践的统一。”②

因此，综合学者们的研究，可以这样界定法治实践育人模式，即法治实践育人模式是以马克思主义实践观为理论支撑，以育人为根本出发点，以立德树人为根本目标，遵循法科生成长成才规律并因材施教，坚持法治理论与法治实践相结合，根据法治工作队伍建设的需要培养高素质法治人才的基本模式。

（二）法治实践育人模式的特征

在“三全育人”背景下构建法治实践育人模式，建立并落实全员、全程、全方位实践育人的长效机制。法治实践育人具有如下特征：

1. 法治实践育人模式具有全员性

杨晓慧认为：“全员育人是指高校全体教职工都应将立德树人作为根本任务，强化育人意识和责任担当，自觉在各自的本职工作中对学生实施直接或间接的思想价值引领。”③ 高校开展法治实践育人工作，应当动员包括辅导员、班主任、学科竞赛指导老师、社团指导老师、实习实践指导老师、创新创业指导老师、行政管理人员、后勤工作人员等在内的全体教职工，形成一支多元化法治实践育人工作队伍，使他们在各自的岗位上充分履行法治实践育人的职责。

---

① 张文显：《弘扬实践育人理念　构建实践育人格局》，载《中国高等教育》2005 年第 3 期。

② 申纪云：《高校实践育人的深度思考》，载《中国高等教育》2012 年第 13 期。

③ 杨晓慧：《高等教育“三全育人”：理论意蕴、现实难题与实践路径》，载《中国高等教育》2018 年第 18 期。

2. 法治实践育人模式具有全程性

学界通说观点认为全过程育人包括横向和纵向两个方面。从横向来看，全过程育人是指将立德树人贯穿于高等学校教育教学全过程和学生成长成才全过程，并有机融入高等学校教材选用、教学设计、课程讲授、教学评估等各环节。从纵向来看，全过程育人覆盖学生从入学到毕业的整个过程。在此基础上，将育人工作向前后两个方向无限延展，并根据不同学段学生的特质采取适当的育人策略和手段，从而形成长时段、可持续、贯穿式、全领域的育人机制。法治实践育人应建立常态化的实践育人机制，包括设计法治实践教学课型和教材、制定考核方法、保障法治实践教学条件、建立完备的师资队伍、健全组织与管理制度等。同时还应当制订多层次法治教学实践实施方案，针对不同年级、不同层次学生专业知识水平和心理状态的差异，制订周到细致的针对性实践方案。

3. 法治实践育人模式是全方位的

刘承功认为，全方位育人应涵盖高等学校课内课外、线上线下、校内校外等各场域的育人途径和载体。① 法治实践育人不仅应当实现全方位实践育人场域，其所培养的法治实践人才还应当包括学术型、应用型、复合型等多种类型，针对每种类型的法治实践人才制订不同的实践教学方案，对接法治社会现实需求，为社会主义法治工作队伍的建设添砖加瓦。

4. 法治实践育人模式具有实践性

“三全育人”要求建立实践育人的长效机制，实践性是法治实践育人模式的基本属性与特征。法治实践育人模式将理论教育与实践教育相结合，围绕课堂教学内容，通过模拟法庭、法律诊所、学术论文竞赛、法律援助等多元化实践教学手段，将课堂所学理论知识转化为实践技能，锻炼并提高学生法治实践能力。

---

① 刘承功：《高校“三全育人”的核心要求、目标任务和实现路径》，载《思想理论教育》2019 年第 11 期。

二、法治实践育人模式的实践价值

（一）法治实践育人模式具有推动“三全育人”工作落实的实践价值

全面落实“三全育人”工作要求形成实践育人的长效机制。法治实践育人长效机制是实践育人长效机制的组成部分，而要保障法治实践育人模式的运行就必须建立法治实践育人的长效机制。实现法治实践育人，首先，要求建立法治实践育人的工作机制，保障地方高校、社会团体以及国家机关单位能够在法治实践育人工作中相互协调、相互配合；其次，要求建立法治实践育人的动力机制，建立科学规范的工作业绩考核考评机制以及科学的奖惩机制，约束并激励相关主体及工作人员切实履行其职责；最后，要求建立法治实践育人的交流研讨机制，地方高校之间应及时沟通并交流工作推进过程中存在的问题以及经验教训，及时发现并避免闭门造车、故步自封，在交流以及研讨过程中实现共同进步。通过建立完备的法治实践育人长效机制从整体上推动“三全育人”工作的全面落实。

（二）法治实践育人模式具有实现法治人才培养目标的实践价值

习近平总书记明确指出新时代推动法治人才培养，要求建设一支德才兼备的高素质法治队伍。强化实践育人是培养高素质法治人才和建设高素质法治工作队伍的基本路径。实务工作能力以及较高实践技能是高素质法治人才的必备条件。法学专业是实践性很强的学科，要求把法学基本理论知识转化为实践技能。开展一系列的法治实践育人工作，首先，有助于加深学生对于理论知识的理解并检验学习成果。比如通过模拟法庭，使学生对抽象的庭审程序规则有了具象的了解，在实践的过程中加深对既有知识的理解并弥补知识缺漏。其次，有助于提高学生法律素养，锤炼司法技能，掌握司法技巧。学生在参与法律诊所、法律援助等实践教学的过程中，其语言表达能力、临场应变能力、法治思维能力、运用法律知识以及法学理论解决实际问题的能力等都会得到提升。最后，有助于培养学生的职业道德。法学实践教学和活动的开展使学生能够身临其境，亲自感受并熟悉案件审理程序以及法律的权威，体悟法官、检察官、律师刚正不阿、公正无私的法律职业精神，从而帮助其认识职业道德标准，建立职业道德底线和法律信仰，提升其思想觉悟和道德水准，培养其职业责任感，实现培养德法兼修高素质法治人才的目标。①

（三）法治实践育人具有提升法学教育实际效果的实践价值

现如今，法学教育仍然存在以理论教学为主、实践教学落后、法治人才实践能力培养欠缺的现象。② 经过本科阶段，甚至研究生阶段的学习，高等法学教育培养出来的人才仍然不具备基本的法治实践能力。韩大元认为："法学院的产品——法科学生无法有效地满足法律职业的发展要求，损害了法律职业对法学教育的信赖。"③ 苏力教授也认为："就毕业生而言，中国法学院的产品还不能满足社会的急迫需求。"④ 可见法学教育中的实践育人环节流于形式，并未发挥其应有的作用。法治实践育人模式对新时代法学教育实效提出了更高要求，高校实施法学教育应当充分整合法学教育资源，建立与实务部门、社会团体的沟通协调机制；搭建实践教学平台，建设实践教学基地；建立多元化的师资队伍，充分满足实践育人的现实需求；制定并完善实践育人的考核评价指标体系等。通过采取一系列的举措构建法治实践育人模式必然会给高等院校法学教育提质增效，突出法学教育实践育人功能。

三、法治实践育人模式的实现路径

（一）法治实践育人模式的基本原则

1. 法治理论与实践育人相结合原则

对于高校法学教育而言，理论和实践相结合始终是其基本原则。因为，没有法学理论的指导法律实践就会存在缺乏目标导向、缺乏规划、缺乏理论指向；离开生动的法律实践法学理论就停留在虚浮、缺乏针对性、缺乏可操作性上。

---

① 卢海晴：《法学专业实践育人功能现状及探索》，载《教育现代化》2019 年第 45 期。

② 李其瑞、冯飞飞：《中国法学教育 70 年：发展历程、问题反思和未来展望》，载《法学教育研究》2020 年第 2 期。

③ 韩大元：《全球化背景下中国法学教育面临的挑战》，载《法学杂志》2011 年第 3 期。

④ 苏力：《当代中国法学教育的挑战与机遇》，载《法学》2006 年第 2 期。

法学属于应用性极强的学科，法治实践育人更应突出理论与实践相结合。

2. 法治实践协同育人原则

法治实践协同育人包括课内与课外（第一课堂与第二课堂）的协同、学校和社会的协同、高校与高校以及科研机构的协同、线上与线下的协同等。教育部等八部门《关于加快构建高校思想政治工作体系的意见》指出要深化实践教育，推动构建政府、社会、学校协同联动的“实践育人共同体”；强化工作协同保障，推动形成学校、家庭和社会教育协同育人机制。因此，法治人才的培养只靠学校自身是不够的，要不断强化法治实践协同育人机制，构建法治人才培养共同体。①

3. 法治实践多元化育人原则

多元化育人原则是法治实践多元化需求的必然体现，也是法学教育主动服务社会的基本要求。具体要做到三方面：（1）培养主体多元化。法治实践育人涉及高等院校、司法机关、立法机关、行政机关、律师事务所、相关行业协会以及企事业单位等，需要各个责任主体之间相互交流，促成有效的沟通机制。（2）人才类型多元化。法治人才的类型可以粗略地分为应用型与学术型两种，根据全面依法治国的基本要求，法治人才培养应当与立法、执法、监察、司法、守法以及法学教育与研究的全过程、全领域实现良好衔接与契合，因此法治人才的类型必定是多元化的。针对不同的教育层次分层培养，对本科生、硕士研究生、博士研究生都应当根据不同的教育目标制订不同的培养方案。对于本科生教育而言，其目标是培养基础型的法治人才，主要从事基层法治工作；对于硕士研究生教育而言，根据学术型硕士、应用型硕士、复合型硕士的分类，分别侧重于培养具备法治研究能力、法治实践素养、跨学科法治素养的法治人才；对于博士研究生教育而言，应着力改变博士教育与社会严重脱节、疏于法律实践的现象，将其培养为统合型的法治人才，对某一法治领域有着较为深刻的认识，主要从事宏观性、整体性的法治工作。（3）评价标准多元化。法治人才涉及法治建设的各个领域，评价标准迥然各异，无法制定出事无巨细的评价标准。同时，法治人才培养的成效无法在短时间内显现，也无法实现完全的量化。因此，法治人才培养标准应当坚持多元化原则。首先是突出教育过程在评价标准中的

---

① 黄进：《新时代高素质法治人才培养的路径》，载《中国大学教学》2019年第6期。

地位，受教育者正是在教育过程中完成了自我学习与发展，着眼于教育过程来评价法治人才培养，本质上可视为以受教育者为中心的评价机制，有利于更加全面地审视培养方案和培养方式的利与弊，不断优化培养方法。其次是强调后续性评价，高等教育质量既是一个当下的概念，更是一个长效的概念。①

（二）法治实践育人模式的基本环节

一般而言，不论本科生还是研究生，法治实践育人模式的主要路径可以概括为对话、模拟与实习三个大的要素，具体可以区分为课程实践、专业实践、教学实践、科研实践、社会实践和学术活动等环节。②

1. 法治课程实践育人环节

法治课程实践育人环节以课程学习理论内容为导向，加深学生对课程理论内容的认识与理解。课堂是学生获得专业理论知识的重要渠道，要实现良好的课堂效果，课堂教学模式应从传统的“教师中心”转向“互动式教学”，即教师、学生、社会三方的主体在不断交流中获得认识与再认识。在课堂学习的过程中可以增加互动的教学方式，适当嵌入辩论式、案例教学法，以充分的案例教学为导向，引入“畅所欲言”的学术氛围，引导学生体验法律角色，帮助学生建设学习团队。互动式教学有助于教师有的放矢地对学生进行学科测验和能力考查，适当地对学生实践能力培养方案进行调整，实现个性化培养。

2. 法治专业实践育人环节

专业实践以专业为导向，提升专业应用能力。高校法学院应当改变原有的一体化非职业的教学模式，针对法律职业面向的扩大，实施分类化、精细化的法学教育。从专业方向入手，探索以学生的具体职业规划来选择课程及培养方案；扩大选课范围，引进交叉学科，鼓励学生进行多元化、多角度的学习，让学生不仅拥有“一技之长”，而且更能“触类旁通”；引导学生参与专业方向的司法实务工作及研究、模拟法庭、司法文书写作等，培养专业化、精英化的法治人才。

---

① 章兢、廖湘阳：《以学生发展为导向建立高等教育质量评价与监控体系》，载《中国高等教育》2014 年第 1 期。

② 杨晓春、赵旭：《法学人才实践培养的基本模式与实现路径》，载《学校党建与思想教育》2016 年第 23 期。

3. 法治教学实践育人环节

教学实践以课程教学为导向，提升教学应用能力。新时期法治人才工作队伍应当不仅仅包括法律实务工作者，还应当包括从事法学教育的工作者。要求高校实施法学教育应当注重对学生教学应用能力的培养，通过设置助教、辅导、助课等岗位，建立健全考核激励机制，鼓励学生参与教学实践，锻炼学生教学应用能力。

4. 法治科研实践育人环节

科研实践以问题为导向，提升解决实际问题能力。在法治科研实践育人环节，要通过构建多层次的实践体系来提升学生的实践能力。“多层次”是指高校构建多层次的实践活动体系。开展系列科研创新实践活动，如挑战杯、“互联网+”大赛、大学生创新创业成果展、大赛优秀项目对接巡展、对话未来科技活动、文化体验活动等。通过系列科研活动丰富学生的实践参与，从而帮助大学生建立理解吸收理论知识，内化为运用的能力，提升大学生的综合实践能力。

5. 法治社会实践育人环节

社会实践以认识体验为导向，提升认识和分析社会问题能力，团队协作能力，如社会调查、志愿活动等；高校法学院开展社会实践活动应紧紧依托学生自身法学专业背景开展，构建多个专业对口的实践平台，使得社会实践在具有普遍性的同时又带有法学院自身的专业特色。例如，开展“乡村建设普法宣传活动”，让法科学生能够真正做到学以致用，将晦涩的专业知识转化为通俗易懂的语言向当地村民宣传宪法以及法律常识；构建校地合作，促进“局院所”互动，可以通过与司法局签署合作协议，在校内建立法律援助中心，开展法律援助活动；对接司法所参加社区矫正志愿活动，让学生看到理论与实践的差距，提升实践能力与实务水平。

6. 法治学术活动育人环节

学术活动以交流学术观点为导向，提升学术创新与学术争鸣水平，如学术会议、学术交流等。无论对于本科生还是研究生而言，都应该参加学术交流研讨会、学术讲座，对前沿学术问题加深了解的同时，培养学术研究能力、思考能力以及思维方式。要坚决杜绝将学术研究能力与实践能力割裂开来的做法，二者是相互依存、相辅相成的关系。法律实务工作者在实践过程中，需要用联系发展的眼光看问题，寻找案件之间的关联、相似之处，了解学界相关前沿、科学的观点与看法，最后形成自己对该问题的认识，这要求实务工作者具备一定的学术研究能力。同时，从事学术研究形成的一套全面、系统的理论又可以指导法治实践。因此，无论是培养何种类型的法治实践人才，对于其学术研究能力的培养都是不可忽略的。

（三）法治实践育人模式的基本方法

1. 形成法治实践育人模式的长效机制

具体包括三方面：一是强化组织领导，形成工作合力。二是建立规章制度，切实推进运行。三是建设实践基地，充分整合资源。

2. 完善法治实践育人模式的保障体系

具体包括两方面：一是完善师资队伍建设，保障师资力量。第二，加大经费投入，落实法治实践育人经费。

3. 构建法治实践育人模式的评价指标体系和评价方法

具体包括三方面：一是应遵循目的性原则、导向性原则、科学性原则以及多元性原则。二是评价体系应当包括法治实践育人资源、法治实践育人基本环节、法治实践育人效果评价三个模块。法治实践育人资源模块包括学生队伍、师资队伍、场地设备、经费投入四项内容；法治实践育人基本环节模块包括课程实践、专业实践、教学实践、科研实践、社会实践和学术活动六项内容；法治实践育人效果评价模块包括学生评价、教师评价、学校自我评价、第三方评价四项内容。三是应当强化过程性学习考核，明确过程性考核标准。首先是课前的预备，注重考查学生分析材料的能力；其次是课上的交流讨论，注重考查学生语言表达的规范性、条理性、逻辑性；最后是课后的总结归纳，整体上注重考查学生的写作能力，让学生能够撰写比较规范的法律文书。

四、结语

法治实践育人模式的建构应遵循其基本原则、落实在基本环节、通过基本方法给予保障，方能全面实现培养高素质法治人才的目标与任务。法治实践育人模式不仅需要从学理上进行深入探讨，更重要的是要在法治实践中切实贯彻落实，并不断总结完善和概括提炼。

《著作权法》第三十五条：法律与道德检视、问题及解决*

——兼论数字化稿件制度的建立

武志孝**

摘　要：《著作权法》第三十五条规定了投稿制度，涉及期刊出版发行单位与作者两个不同的利益主体，但现行采稿和投稿制度的运行不畅使得同稿多投现象“屡禁不止”，体现了期刊社与作品作者之间的张力与不和谐。然而对于“同稿多投”来说，现阶段法律的规定实际上使得它既不可能实际地违反任何法律，也不适宜用道德来评价，数字化时代预示着《著作权法》第三十五条必定需要接受新的考验。数字化稿件制度为期刊出版发行单位和作品作者提供了另一种采稿和投稿的选择方式和渠道，也可舒缓双方之间的张力，能够发挥双方的能动性，同时也是社会竞争与发展的需要。数字化稿件制度有其建立的现实基础、理论基础和合理性。建立数字化稿件制度的意义并不在于取消现有的投稿制度，相反，它是现有投稿制度的有益补充。

关键词：《著作权法》第三十五条　法律　道德　数字化稿件

在投稿与稿件录用过程中存在两个不同的利益体：期刊出版发行单位与作者。两者之间存在一定的张力。虽然我国《著作权法》第三十五条对作者的投

---

* 本文是2018年国家社科基金年度项目“新时期中国特色社会主义民法体系下知识产权法基本理论问题研究”（18BFX162）的阶段性研究成果。

** 山西大学法学院副教授，主要研究方向为知识产权法和民法理论。

稿行为及日期有所规定,[①] 但这一规定在现实中运行却不理想，更没有解决期刊出版发行单位与作者之间的矛盾。在数字化时代，出版发行单位和作者各自有什么样的利益、相互之间有什么样的权利和义务、如何才能解决高效投稿采稿问题、怎样才能兼顾各方的利益才可舒缓两者之间的张力就是必须研究的问题。

一、投稿行为分析

（一）投稿行为法律检视

投稿这一行为究竟是一种什么样的性质的行为，虽然不同的学者对此有不同的看法，但是绝大部分的学者认为不应当同稿多投，同稿多投有百弊而无一利,[②] 如果作者同稿多投，要么被认为是一种学术不端行为,[③] 要么被认为损害了期刊的利益或者损害了读者的利益,[④] 甚至是一种违法行为,[⑤] 还有的认为是一种不道德的行为。[⑥] 只有少数的观点认为，作者的同稿多投行为并不违反相关法律,[⑦] 是作者的经济行为,[⑧] 是合法有效的法律行为,[⑨] 也不应当用道德的

---

① 我国《著作权法》第三十五条规定："著作权人向报社、期刊社投稿的，自稿件发出之日起十五日内未收到报社通知决定刊登的，或者自稿件发出之日起三十日内未收到期刊社通知决定刊登的，可以将同一作品向其他报社、期刊社投稿。双方另有约定的除外。"

② 陈家骏：《共同守法　互相尊重　杜绝一稿多投——兼与黄传生先生商榷》，载《编辑学报》2005 年第 1 期。

③ 刘延玲：《"一稿多投"的背后——从"一稿两投""一稿多投"到"一稿多发""重复发表"》，载《社会科学管理与评论》2011 年第 1 期。

④ 沈杰：《关于防止一稿多投的体会》，载《编辑学报》2006 第 S1 辑。

⑤ 张冬云：《一稿多投行为的法律问题研究》，载《安徽大学学报》1999 年第 2 期。

⑥ 张月红：《从伦理道德的视角再谈一稿多投》，载《学报编辑论丛》2004 年第 12 辑。

⑦ 詹启智：《一稿多投是著作权人依法享有的合法权利——兼论一稿多发后果的规制》，载《出版发行研究》2010 年第 2 期。

⑧ 马建平：《一稿多投正当性的法理分析及其权利规制》，载《现代出版》2012 年第 3 期。

⑨ 陈柏安：《论多维视角下的"一稿多投"和"一稿多发"——兼评报刊杂志对其发表的作品的独占使用权》，载《知识产权法研究》2008 年第 2 期。

标准来对作者的同稿多投行为进行评价①。

对投稿这一行为的不同理解，反映的是不同的人对这一行为的不同态度，也代表了不同的利益偏向。对于期刊出版发行单位来说，由于同稿多投给其带来了很多麻烦，所以极力反对同稿多投。对于作者来说，同稿多投却可以提高其稿件被接受的概率，还可以节省投稿周期。

那么，法律上对投稿这一行为有何规定？从法律规范的角度来说，我国《著作权法》第三十五条第一款规定了作者若再向其他报社、期刊社投稿时需要分别满足15日、30日的期限要求。这一法律规范既不是义务性质的规范也不是禁止性质的规范，而是授权性质的规范。但是这一授权性质的规范是有条件的，即需要满足15日、30日期限的要求。从法律规范强制性的程度来说，它是任意性质的规范。事实上，报社、期刊社在15日、30日之内根本没办法审阅所接收到的众多稿件，从而在15日、30日内也就不可能对所接收到的稿件完全审核。对作者来说，超过15日、30日收不到报社、期刊社回复的占绝大多数，既然在这一期限之内经常收不到报社、期刊社的回复，那就意味着同稿多投并没有太大的风险，故而形成了即使同稿多投也没有违反著作权法的事实。在这种情况之下，15日、30日的规定无论是对于出版单位来说还是对于作者来说都是不符合现实规定的且是不可接受的，使得双方都不可能严格按照这一期限进行。如果同稿多投并没有违反一个符合实际情况的法律规定，那它就是不违法的。因此，表面上看我国著作权法对同稿多投有法律规定，但实际上却处于无法可依的状态，形成了事实上对同稿多投规定的真空。同稿多投是一民事行为，在民事法律领域，法无规定即自由。因此，造成了事实上即使同稿多投也不会违反法律的现象。结果就是，同稿多投根本不会违反任何“法律”。

对于投稿的期限，《著作权法》第三十五条还规定双方可以约定期限。应当说《著作权法》第三十五条关于投稿期限的规定主要是约束报社、期刊社的，而不是约束作者的，其目的是催促报社、期刊社高效率地审稿。但是，《著作权法》显然也意识到有的报社、期刊社可能在该条规定的期限内不能完成审稿任务的现实，因此允许双方对这一期限进行约定。而期刊社大多以投稿须知、

---

① 詹启智：《一稿多投是著作权人依法享有的合法权利——兼论一稿多发后果的规制》，载《出版发行研究》2010年第2期。

声明的形式向投稿者说明审稿的时间，大多数期刊社都定为三个月的期间，只有超过三个月还没有被录用才意味着作者可以向其他期刊社投稿。这就导致这个期限成为期刊社的单方规定时间，作品作者也不可能对此有所变更，期刊发行单位仍然处于有决定权的地位，反映的仍然是作者与期刊社之间的张力。

（二）投稿行为道德检视

虽然同稿多投事实上不会违反任何“法律”，但接下来的问题是，这一行为是否违反了道德的要求。如果违反了道德的要求，那么也是应当谴责的。认为同稿多投违反了道德要求的比比皆是。①② 我们可以作更进一步的分析。

按照功利主义（效用主义）的道德观点，道德应当符合最大多数人最大的幸福利益要求，最大多数人最大的幸福（利益）要求当然包括效率的价值尺度。如果以此来衡量，得出的结论倒是与大多数的观点不一致，向多家期刊社投稿是符合这一价值要求的。因为从整体上看而不是从某一期刊社的角度来看，只有多投，发表的效率才是最高的，最大多数人最大的幸福（利益）才能最高效地体现。从心理的角度来讲，由于编辑部审稿周期有所延长，甚至有的编辑部对于明显不采用的稿件也疏于明确地拒绝，在这种背景下，作者同稿多投主要是想让自己的作品早日被期刊社接受，将自己的价值早日发挥出来，这本身无可厚非。而且，早日发表的作品才能有利于整个人类社会。再则，向多个期刊社投稿使期刊社进入了一个竞争的环境，有利于提高效率和尽快地识别好的作品。

从康德的道德观分析，人是自身的目的，道德是人的意志的自律，“善”所代表的本意应当建立在自由意志之上，道德的必然性应当合乎目的性。“绕过了内在合目的性的阶段，任何道德规范都将沦为一种纯粹外在合必然性的刻意有利于他人（而非无害于他人）的善，道德都成为规范（而非价值）而被当作手段（而非目的）来使用”。③ 期刊社显然是想通过道德的力量来维护自己的利

---

① 王海滨、王健、张道祥：《作者一稿多投的心理分析》，载《中国科技信息》2005年第2期。

② 沈杰：《关于防止一稿多投的体会》，载《编辑学报》2006年第S1辑。

③ 王占魁：《“公平”抑或“美善”——道德教育哲学基础的再思考》，载《教育研究》2011年第3期。

益的，“虽然道德评价的整体标准一般低于法律规范的基本要求”。[1] 因而，期刊社对作者同时向多家期刊社投稿的行为作出了负面的评价，但是要作者不再同时多投的“善”应该不是产生于作者或者期刊社的自由意志。“实际上，自我始终是能动的，不需要外在的推动，否则就不是自我，因此，一个被迫做好事的人并不是一个真正有道德的人”。[2] 如果把不同稿多投理解为一种“善”的话，我们不能要求一个人行使至“善”。

进一步，作者投稿的行为也应在现实生活中进行检验，可以看成是作品作者的自我实现，这又恰恰符合黑格尔的道德观点。黑格尔对道德的空洞性、抽象性进行了批判，认为道德应当在生活中才能具体实现。“道德目的包含着行动，行动包含着自我实现，我们必须有所欲求，这种被欲求的东西与我构成一种肯定的关系”。[3] 道德具有主观性，黑格尔认为：“道德的东西并非自始就被规定为与不道德的东西相对立的”。[4] “人们生活其中的特有的生产关系使人们拥有某种道德观念，因此，人们并不去想这些观念的不合理性和主观性”。[5] 所以我们也应当辩证地认识同稿多投这一现象，过于主观性的看法也是不可取的。

因此，对同时向多家期刊社投稿的行为应客观冷静地看待，只要作者没有进行欺诈就不应当对其进行道德批判。自利或利己都是我们作为一个社会中的人主观需要的状态，从本质上讲是中性的，是一个人动机或目的表现。“只有将动机与效果、目的与手段结合起来，才能对其进行客观的道德评价。”[6]

认为作品作者不应当同时向多家期刊社投稿的理由有哪些呢？总结起来有：其一，浪费了期刊社和编辑的审稿时间；其二，对编辑不尊重；其三，使读者在不同的刊物上读到了相同的文章，白白浪费了期刊的有限版面。但是这些理

---

① 孙阳：《论人工智能的规范构建——以诚实信用原则为依托》，载《科技与法律》2021 年第 4 期。

② 汪堂家：《道德自我、道德情境与道德判断——试析杜威道德哲学的一个侧面》，载《江苏社会科学》2005 年第 5 期。

③ 王云萍：《新黑格尔主义道德理想论简述》，载《广东社会科学》1991 年第 3 期。

④ ［德］黑格尔：《法哲学原理》，商务印书馆 1961 年版，第 112 页。

⑤ 刘永安：《凯·尼尔森对唯物史观道德立场的澄清与阐释》，载《理论探索》2012 年第 5 期。

⑥ 蒿春娱、黄明理：《和谐核心价值观的创新及其践行面临的挑战与应对》，载《河海大学学报（哲学社会科学版）》2017 年第 8 期。

由是否有充足的依据呢？事实上，“只要一方不能对另一方的行为所遵守的道德原则提供合理的反驳，那么我们就可以下结论，不能说对方的行为是道德上的错”。①

对于期刊社或者编辑来说，审稿是其本职工作，发现好的稿件也是其工作的内容和目的，因此，单就审稿来说不足以构成作者不同稿多投的理由，虽然这有可能造成期刊社不再采用该稿件，但是从发现高质量稿件的目的来说，这实际上是对期刊社提出了更高的要求。不再刊登已经多投的稿件只是期刊社自己的要求，这不足以说明作者同时向其他的期刊社投稿就是不道德的。再则，如果说同稿多投是浪费了期刊社的审稿时间，那么对于很多经审核不予采用的稿件来说不也是浪费期刊社的时间吗？这显然是说不通的。对于不尊重编辑的观点也是不能成立的。没有一个作者不会不明白不尊重编辑而产生的后果，同时多投只不过是作者面对现实的无奈而产生的一种对策。对于白白浪费了期刊的有限版面、使读者在不同的刊物上读到了相同的文章的观点同样是不成立的。不愿再刊登已经发表过的文章只不过是期刊社维护自己期刊的权威性而已，但是对于传播知识来说，对于社会上绝大多数人来说，反而是有益处的，这更体现了该作品的价值，这就如同不同的电视台播出了同一部电视剧。期刊社所在乎的是要做第一发表单位，所以期刊社一般并不反对其他期刊的再次刊登转摘，但要求确认其是首发单位，明确引用出处。至于读者，无论在哪个期刊上读到该篇文章，效果都是一样的，并不是为了欺骗读者，反倒是为了让读者早日接触到该作品。再则，作者为自己精打细算是不是应该被谴责？答案也是否定的。按照亚当·斯密的观点，一部作品的作者就是一位理性经济人，一个理性经济人本身就应该为自身利益精打细算，不仅如此，斯密更是认为为了自身利益的精打细算在道德上是“善”的，和财富的增加是一致的而不是相互对立的，获得财富的过程同时也是获得美德的过程。因此，我们不能轻易地说这种行为在道德上是错的。正是因为意识到了这一点，有的期刊社在投稿须知中已经表明他们提倡一稿专投，而反对的仅仅是一稿多发或者一稿多用，也不再从道德上来要求作者，这也说明了期刊社在对同稿多投问题上态度的变化。

---

① 周濂：《我们彼此亏欠什么——兼论道德哲学的理论限度》，载《世界哲学》2008年第2期。

（三）2020 年修改的《著作权法》及之前相应修改草案的相关态度

《著作权法》已于 2020 年 11 月 11 日作了最新修改，但是在修改的过程中，无论是《著作权法》修改草案第一稿，还是第二稿、第三稿，或是修改草案送审稿，均将现行《著作权法》中关于投稿方面的内容即原《著作权法》第三十三条进行了完全的删除。但是笔者认为，这并不代表《著作权法》修改草案不关心投稿这一问题。这反映出我国原《著作权法》第三十三条确实存在修改的必要。这说明，修改的结果就是立法者们也注意到了原《著作权法》第三十三条关于投稿期限的规定不再适合新时代——数字时代的需要了，从而留给作者和期刊社自己解决，双方可自由地约定。但在 2020 年 11 月 11 日通过的《著作权法》中，第三十五条第一款仍然原封不动地保留了原《著作权法》第三十三条的内容。可见，立法者对此问题的看法前后也不一致。

由上所述，同稿多投虽然实际上并不会违反任何法律，在道德上也不能被认为本身就是错的，修改后的《著作权法》第三十五条虽然也原封不动地保留了原《著作权法》第三十三条的内容，但是作者与期刊社之间的矛盾和张力并没有得到解决。那么如何舒缓双方之间的张力和解决两者之间的矛盾？这就需要一种新的制度或者方式来解决这一问题。

二、问题的解决：数字化稿件制度的引入

要解决这一问题，数字化时代需要有数字化的方法。这就需要把两者放到双方可以自由选择并且接受的大环境中，建立数字化稿件制度。

什么是数字化稿件制度呢？数字化稿件制度就是以数字网络为基础、自由为机制的投稿制度，就是作者将所投的稿件放在一个数字网络式平台中，经由作者和期刊单位的双向选择最后发表的制度，作者投稿和期刊社对稿件的采纳都是自由的，都是由数字网络投稿平台决定的。设立这种新的投稿制度的目的只不过是向作者和期刊社提供一种新的投稿和采稿选择渠道，而不是要取消现存的作者直接向期刊社投稿这种制度。所以，在这种制度下作者仍可以直接向期刊社投稿，但是作者就要受到期刊社具体的投稿要求限制，比如审稿期限的限制、不准同稿多投的限制等。

在数字化背景和基础下，为了解决投稿与采稿的矛盾需要建立一个稿件网络平台。这个平台是一个完全中立的平台，而稿件就是这个平台的“商品”。主体是作者和期刊单位，内容是双方对稿件的“投稿和接收”，平台里有所有期刊单位的信息以及该刊物的特色和开办的栏目，以使作者判断其作品是否符合该刊物的特色。当作者和某期刊达成在该期刊上发表某一确定作品时，投稿即告完成。具体的方式是：

第一，作品完成后，作者自愿将该稿件上传到稿件平台网络上，这个网络除了作者和期刊单位之外的任何其他无关的人都看不到，以保证作品在发表之前处于保密状态。

第二，作者可以优先选择其想要发表的期刊，当然作者也可以同时选择不同的期刊，这样所选择的期刊就会被该期刊所知晓，以引起该期刊的注意，同时也表达了作者想在该期刊首先发表文章的意愿。当然作者也可以不选择优先发表的单位，而任由任何一个期刊社挑选。

第三，期刊社看到稿件名称、作者、摘要、关键词等信息后可以决定进一步的取舍，如果不感兴趣，此时就可以拒绝采纳，拒绝采纳的通知会立即到达作者系统。

第四，如果期刊社对稿件感兴趣，则可以进一步阅览全文，进一步阅览全文后，如果感觉有采纳的可能性，就进入审稿状态，这时也会通知作者。如果经审稿认为不适宜发表而决定不采用的，拒绝接受的通知就会到达作者系统；如果决定采用，采用的通知也会通知作者，但期刊社可以要求作者在规定的期限内给予确认发表的答复。

第五，如果在大约相同的时间段内有多家期刊单位决定录用，作者应当在合理的期限内选择一家期刊单位。作者选择一家期刊发表后，应及时通知其他录用的单位，除非所有录用的期刊都相互知晓并都同意发表。

第六，期刊社也可以根据文章主题、作者、关键词等条目搜索相关感兴趣的论文，然后按照第三到第五的步骤进行。

三、数字化稿件制度建立的现实基础

现在科学技术的发展特别是数字网络技术的发展使得数字稿件制度的建立

具有了可能性，是数字稿件制度建立的现实基础。在网络技术不发达的年代，作者只能向期刊社邮寄纸质稿件，期刊社对纸质稿件是否抄袭、重复发表的判断会相当困难，因为即使再见多识广的编辑也不可能对此有百分之百的精确判断。而在网络技术发达的今天，投稿的方式不但过渡到了电子投稿，而且在对抄袭、重复发表的文章判断方式上也不可同日而语。现在期刊社都有学术文章查重系统，判断一篇文章是否有抄袭和重复发表的嫌疑是一件非常容易的事。在网络技术的发展下，对一稿件的双向选择也非常容易做到。数字稿件制度正是建立在网络技术的发展之上。

数字稿件制度的建立也是作品作者与期刊单位双方利益的需要。现有的投稿制度总使双方在利益上有张力，如果放在一个竞争的环境中，双方都必须从整个环境和竞争的角度来看待问题，处理问题的方式自然会得到改观，双方可以主动和自由地进行双向选择，双方的利益也都可以得到维护。

四、数字化稿件制度建立的理论基础

英国古典政治经济学创始人亚当·斯密论述了正常环境中经济运行的规律，为现代竞争经济的发展提供了理论思路。他认为在竞争环境中有一只“看不见的手”在指挥着经济行为的有序运作，竞争由此而自发调节，这只“看不见的手”能实现资源的有效配置，供给和需求能达到一个自发的秩序状态，在这个环境中每个人都能充分发挥各自的长处，使得各种经济行为有效运转，竞争的主体——“经济人”构成了竞争的基础。这个“经济人”不但是利己的，同时也是利他的。

亚当·斯密的竞争理论为数字化稿件制度的建立提供了理论上的依据。稿件平台其实也是一种“交易环境”，这个平台里有供给也有需求。作品作者和期刊单位就是主体，构成了稿件平台的基础，他们有各自的利益，但同时他们的活动又是利他的，有利于知识的传播，服务于整个人类社会，他们都是亚当·斯密视角下的“经济人”。但是这个“经济人”对自己利益的追求，反而能奇迹般地更有效地产出社会利益。当然，在数字化稿件平台里双方所看重的不是“商品”——投稿文章——的价格，反倒是“商品”的价值——稿件是不是高质量的稿件，它是期刊社发表的基础。

有平台（“交易环境”）就有竞争，而竞争也是亚当·斯密所提倡的。只有竞争才能发挥竞争主体的全部潜力和能动性。现有投稿体制中，无论对于作品作者还是对于期刊单位来说，实际上是非常封闭的，体现出来的是一对一的模式，不是其应有的多对多的模式，也即无论是作者之间还是期刊社之间都没有体现出一种竞争关系。

最有效率同时也是相对理想的资源配置方式就是“竞争”，从知识的视角来看，竞争越完善，人们就越能利用知识，竞争促进了知识高效地被利用。因为单个人的知识总是有限的和分散的，而竞争是一种自发的秩序，它可以将知识进行整合。

上述理论也可为数字化稿件制度的建立提供理论上的依据。稿件平台可以看作一种自发的秩序，它越完善越有利于稿件的交易。在这个平台中，无论是作者还是期刊社都可以弥补自己知识的不足和信息的不对称，在平台的作用下催生出最优秀的稿件。

五、数字化稿件制度建立的合理性

数字化稿件制度的建立有其合理性。我们可以分析一下作者和期刊社之间的利益关系。

对于作者来说，其稿件早日被高质量的期刊接受是其最大的愿望。表现为其有投稿的权利和发表的权利，向哪个期刊投稿及如何发表都是作者自由选择的，作者还有请求期刊社尽速审稿的权利。当然，作者本身应当诚信，以保证其所发表的文章没有抄袭并是其真正原创的作品。但是，在现阶段的投稿制度下，作者的这些权利很难实现。一方面，期刊社要达到作者要求的快速审稿还很难实现，另一方面，期刊社会以“投稿须知”的方式与作者“约定”审稿期限，这大大超出了作者的预期，但作者也没有办法，因为不遵守发表单位的要求恐怕连发表的机会也没有，作者实际上是不自由的，主动权掌握在期刊社手中，这样作者投稿和发表的权利就大打折扣。对于期刊社来说，发表什么样的作品也有选择的权利。当然期刊社也在乎作者的作品是否有抄袭、重复发表等行为，因此严格审稿就是必需的。再加上向期刊社投稿的数量越来越多，审稿的周期就会延长。事实上，期刊社也处在被动之中，这体现在一方面，对所接收的稿件都不得不审核，而一经审核发现很多作品根本不符合本刊的办刊宗旨，更别说稿件的质量了；另一方面，期刊社在接收稿件方面也非常被动，即收到什么样的稿件期刊社根本决定不了，这就使期刊社总有一种发现不了“千里马”的感觉，其根本原因在于对稿件没有进行双向选择，而是单向的。

故此，要实现作者的目的和维护期刊社的利益，要解决作者和期刊社之间的紧张关系，就应当将稿件放在数字化的平台上进行双向选择，以实现资源的有效配置，这就要建立数字化稿件制度。

建立数字化稿件制度也是竞争的需要。现阶段投稿方式表现为作者间的竞争激烈，而期刊社之间的竞争还没有充分地表现出来。期刊社要提高自己刊物的权威和声誉，就应当主动地寻找高质量的作品，改变自己被动接收稿件的局面。这势必引起与其他期刊社对高质量作品的竞争。而要发现好的作品，就应当在竞争中发现，在竞争中检验。

作者与期刊社的地位不对等。在稿件发表这一事情上，期刊社占有绝对的主动权，作品作者往往是被动接受的，审稿期多长、如何发表、发表在什么刊物上都不是作者说了算。这就形成了作者与期刊社事实上并不对等的局面，体现为无论是作品作者还是期刊社事实上都是“不自由”的。要改变这种局面，就需要营造一个公平对等的环境，把双方都放在一个公平的平台中。无论是在竞争的起点还是在竞争的终点，或是从竞争的起点到终点的整个过程中，公平的规则对竞争中的任何人都是适用的，都应当一视同仁。①

投稿过程中的供需要求也是不平衡的。有的期刊所接收的稿件过多，编辑审不过来；有的期刊所接收的稿件较少，总体上需要更多高质量的稿件。如果不建立稿件竞争制度而自由选择，这种“贫富差距”的状况很难得到根本性的改观。

六、数字化稿件制度建立的意义

建立数字化稿件制度的意义并不在于取消现有的投稿制度，相反，它是现有投稿制度的有益补充，随着社会的发展，它的地位有可能越来越重要。它的

① 赵建英：《市场经济呼唤伦理支持》，载《理论探索》2000年第2期。

建立无论是对作品的作者还是对期刊社抑或整个社会都有重要的意义。首先，对作品作者来说，受制于审稿周期的漫长，不能尽快地发表自己的作品有可能使他人捷足先登，辛苦写出的稿件就可能竹篮打水前功尽弃，数字化稿件制度的建立为作者提供了其作品大量被采用的机会，可以守“稿”而等待“伯乐”的发现。其次，对于期刊社来说，打破了收稿的被动性，变被动为主动，更有可能发掘更高质量的作品，数字化稿件制度的建立也可促使其提高效率和加强竞争意识。再次，更有意义的是，无论是对作者还是对期刊社都加入了竞争元素，有竞争才能提高效率，有竞争才能产出更优质的作品。最后，对社会来说，数字化稿件制度的建立，使读者能以更高效和经济的方式获得新的知识。因此，数字化稿件制度的建立为作者提供了一个投稿的新的选择方式和渠道，同时也为期刊社的采稿提供了一个新的选择方式和渠道。数字化稿件制度的建立还有利于调和作品作者和期刊社之间的矛盾，使令人厌烦的“同稿多投”行为演变成一种“公平投稿和用稿”的机制，同时也可解决《著作权法》对投稿期限的设置问题。

七、结语

作者和期刊社的不完全对等地位决定了作者的权益受到压挤，只能被动接受，双方的协商也就流于形式。任何事情都是两面的，这反过来也排挤了期刊社的利益空间。总体来说，规则的构建如果在符合诚实信用的原则下既符合法律规范也符合道德要求则是完美的。[①] 因此，探索一个既有利于作品作者、也有利于期刊社的制度即数字化稿件制度就是必要的，它凝聚了双方的共识。当然，它与现行投稿制度不是对立的，而是并行不悖的，也不是要取代现有的投稿制度。如果作者愿意，仍然可以直接向期刊社投稿，代价就是要接受期刊社的条件。至于这个制度的运行效果如何，必须放在社会中来决定和检验。

---

① 孙阳：《论诚实信用原则下合理使用规则的解释范式》，载《海峡法学》2021年第3期。

山西老陈醋知识产权保护研究*

赵小平** 张泽宇***

摘　要：山西老陈醋在列入《中欧地理标志保护与合作协定》名录、拥有“水塔”“东湖”驰名商标的同时，仍存在知识产权保护制度不够完善、行政与司法协同保护水平相对较低、醋企知识产权创造转化与运用能力相对较弱等问题，建议山西适时构建完善山西老陈醋知识产权政策制度体系，提高知识产权行政与司法协同保护水平，提升醋企知识产权创造转化与运用能力。

关键词：山西老陈醋　知识产权　乡村振兴

中共中央、国务院《知识产权强国建设纲要（2021—2035 年）》有关“发挥集体商标、证明商标制度作用，打造特色鲜明、竞争力强、市场信誉好的产业集群品牌和区域品牌。推动地理标志与特色产业发展、生态文明建设、历史文化传承以及乡村振兴有机融合，提升地理标志品牌影响力和产品附加值。实施地理标志农产品保护工程”① 的规定，为知识产权助力乡村振兴指明了努力的方向和工作的重点。山西作为一个特色农业大省，要提升本省农产品在国内、国际市场的竞争力，促进产业兴旺，带动乡村振兴，就需要加大农产品知识产权保护力度，让农产品知识产权保护成为撬动山西乡村振兴以及经济转型的支点。

---

* 本文是 2021 年山西省法学会法学研究重点专项课题“乡村振兴视域下山西知识产权保护运用研究”（SXLS（2021）ZDZX02）的阶段性研究成果。

** 山西大学法学院教授，主要研究方向为知识产权法。

*** 山西大学法学院硕士研究生，主要研究方向为知识产权法。

① 《知识产权强国建设纲要（2021—2035 年）》，http：//www.cnipa.gov.cn/col/col2741/index.html。

山西老陈醋在山西省经济发展中的地位举足轻重，据2018年中国调味品协会《中国调味品著名品牌企业50强/100强》数据显示，在38家食醋企业中，山西食醋企业有7家，其中紫林醋业和山西水塔分别排名第二、第三位；另外，山西食醋年产规模达到80多万吨，山西食醋产量占到全国食醋产量的近20%，位列中国食醋之首。① 2020年山西省人民政府《关于加快推进农产品精深加工十大产业集群发展的意见》指出，要依托山西省农产品资源，建立包括酿品产业在内的十大产业集群。② 鉴于山西老陈醋在酿品产业的重要地位，其知识产权保护关系到山西省贯彻实施乡村振兴战略、③ 山西省经济转型及高质量发展。

一、山西老陈醋知识产权保护现状

农产品知识产权具体包括涉农（牧）的商标、版权、专利、农林植物新品种、地理标志、农业商业秘密、生物多样性、农业遗传资源和传统知识、历史遗存、自然遗产和非物质文化遗产等④类型。具体到山西老陈醋，已有的知识产权保护类型包括地理标志、商标、专利、涉及酿醋原料的植物新品种、酿醋传统工艺等。

（一）醋企知识产权拥有量

山西省酿醋产业历史悠久，其中发展规模较大、较为完善的几个著名企业有山西水塔老陈醋股份有限公司、山西紫林醋业股份有限公司、山西老陈醋集团有限公司、太原市宁化府益源庆醋业有限公司等。⑤

---

① 《2020年山西省食醋行业产量、整体发展现状、竞争格局分析》，载立鼎产业研究网，http：//www. leadingir. com/trend/view/4215. html，最后访问时间：2022年5月3日。

② 《关于加快推进农产品精深加工十大产业集群发展的意见》，http：//www. xqj. moa. gov. cn/ncpjg/202003/t20200306_6338307. htm，最后访问时间：2022年5月3日。

③ 《乡村振兴促进法》第13条规定："国家采取措施优化农业生产力布局，推进农业结构调整，发展优势特色产业，保障粮食和重要农产品有效供给和质量安全，推动品种培优、品质提升、品牌打造和标准化生产，推动农业对外开放，提高农业质量、效益和竞争力。"

④ 张术麟：《农业知识产权与乡村产业振兴》，载《贵州民族研究》2020年第1期。

⑤ 姜文修：《山西太原食醋产业现状及发展建议打破资源魔咒探索转型之路》，载《中国食品工业》2020年第2期。

1. 地理标志

截至目前，山西共有地理标志证明商标 60 件，国家地理标志保护产品 26 件①；具体到酿醋产业，有国家地理标志产品“山西老陈醋”，② 地理标志证明商标“清徐陈醋”和“清徐老陈醋”（申请注册人为清徐县农业产业化协会）、“山西老陈醋”“山西陈醋”（申请注册人为山西省酿醋行业协会）。③ 在 2021 年 3 月 1 日生效的《中欧地理标志保护与合作协定》中，“山西老陈醋”成功入选第一批中欧“100+100”互认名录，根据协定规定，“山西老陈醋”将有权使用受欧盟保护的地理标志产品专用标志，这非常有助于“山西老陈醋”获得欧盟消费者的信赖，提升“山西老陈醋”的国际竞争力，推动我省农产品开展对欧贸易，为乡村振兴提供有力的产业支撑。

因此，我们有必要关注山西老陈醋地理标志产品专用标志的国内使用情况。2008 年，原国家质量监督检验检疫总局批准使用山西老陈醋地理标志产品专用标志的企业有 17 个，包括山西老陈醋集团有限公司、太原市宁化府益源庆醋业有限公司、山西紫林醋业股份有限公司、山西水塔老陈醋股份有限公司等，此为第一批获准使用山西老陈醋地理标志产品专用标志企业；④ 2010 年获准使用山西老陈醋地理标志产品专用标志的企业有 23 个，其中包括山西省清徐县尧都陈醋厂、山西省太原市清徐第四醋厂、晋中市怀仁荣欣酿造厂等，此为第二批与第三批获准使用山西老陈醋地理标志产品专用标志企业；⑤ 2012 年山西水塔醋业股份有限公司又申请在其“水塔”“罗贯中”“醋都美”“老醋坊”“6°”

---

① 《我省已有 86 个地理标志，有助于把特色资源优势转化为品牌和竞争优势特色产业的“金字招牌”》，https：//scjgj. shanxi. gov. cn/content/mtsd/5da54a67e4b09a64a8d435b7. htm。

② 参见《国家质量监督检验检疫总局公告第 104 号》，2004 年 8 月 9 日，由原国家质量监督检验检疫总局根据《原产地域产品保护规定》（现已废止）批准山西老陈醋获得国家原产地域产品保护，2005 年 7 月 15 日《地理标志产品保护规定》生效后，山西老陈醋获得国家地理标志产品保护，http：//www. cpgi. org. cn/？ c = index&a = detail&cataid = 3&id = 1637。

③ 国家知识产权局商标局，中国商标网商标综合检索，http：//sbj. cnipa. gov. cn/sbcx/。

④ 《关于核准山西六味斋新源醋业有限公司等企业使用地理标志保护产品专用标志的公告》（2008 年第 57 号），http：//www. cpgi. org. cn/？ c = index&a = detail&cataid = 3&id = 1432。

⑤ 《关于核准山西新源盛世醋业有限公司等企业使用地理标志保护产品专用标志的公告》（2010 年第 16 号），http：//www. cpgi. org. cn/？ c = index&a = detail&cataid = 3&id = 1319；《关于核准晋中市怀仁荣欣酿造厂等企业使用地理标志保护产品专用标志的公告》（2010 年第 102 号），http：//www. cpgi. org. cn/？ c = index&a = detail&cataid = 3&id = 1232。

为商标的醋品上使用山西老陈醋地理标志产品专用标志，成为第四批获准使用山西老陈醋地理标志产品专用标志企业；① 2013 年获准使用山西老陈醋地理标志产品专用标志的企业有 6 个，包括山西老香醇食品有限公司、太原市尖草坪区食品酿造一厂、山西金醋生物科技有限公司等，此为第五批、第六批、第七批企业；② 2016 年获准使用山西老陈醋地理标志产品专用标志的企业有 1 个，为太原梁汾醋业有限公司，此为第八批企业；③ 2017 年获准使用山西老陈醋地理标志产品专用标志的企业有 1 个，为山西上水井醋业有限公司，此为第九批企业；④ 2018 年国务院机构改革后，核准使用地理标志产品专用标志的职责由国家知识产权局承担，在 2018 年被核准使用山西老陈醋地理标志产品专用标志的企业有 1 个，为山西梁汾醋业有限公司；⑤ 2021 年被核准使用山西老陈醋地理标志产品专用标志的企业有 2 个，分别为山西天庆诚力诚醋业有限公司、山西晋言居醋业有限公司，⑥ 具体数据见图 1。

---

① 《关于核准山西水塔醋业股份有限公司等企业使用地理标志保护产品专用标志的公告》（2012 年第 70 号），http：//www. cpgi. org. cn/？ c = index&a = detail&cataid = 3&id = 1083。

② 《关于核准山西老香醇食品有限公司等企业使用地理标志保护产品专用标志的公告》（2013 年第 22 号），http：//www. cpgi. org. cn/？ c = index&a = detail&cataid = 3&id = 1042；国家质检总局《关于核准太原市尖草坪区食品酿造一厂等企业使用地理标志保护产品专用标志的公告》（2013 年第 56 号），http：//www. cpgi. org. cn/？ c = index&a = detail&cataid = 3&id = 1034。

③ 《关于核准湖北东南醇清真牛肉食品有限公司等 169 家企业使用地理标志保护产品专用标志的公告》（2016 年第 10 号），http：//www. cpgi. org. cn/？ c = index&a = detail&cataid = 3&id = 829。

④ 《关于核准 131 家企业使用和变更地理标志产品专用标志的公告》，http：//www. cpgi. org. cn/？ c = index&a = detail&cataid = 3&id = 884。

⑤ 《关于核准山西梁汾醋业有限公司等 88 家企业使用地理标志产品专用标志的公告》（2018 年第 278 号），http：//www. cpgi. org. cn/？ c = index&a = detail&cataid = 3&id = 758。

⑥ 《关于核准平遥县晋膳美食品有限公司等 143 家企业使用地理标志专用标志的公告》（第 420 号），http：//www. cpgi. org. cn/？ c = index&a = detail&cataid = 3&id = 2759；《关于核准赵县冀华星果品专业合作社等 37 家企业使用地理标志专用标志的公告》（第 440 号），https：//www. cnipa. gov. cn/art/2021/7/13/art_1401_165959. html。

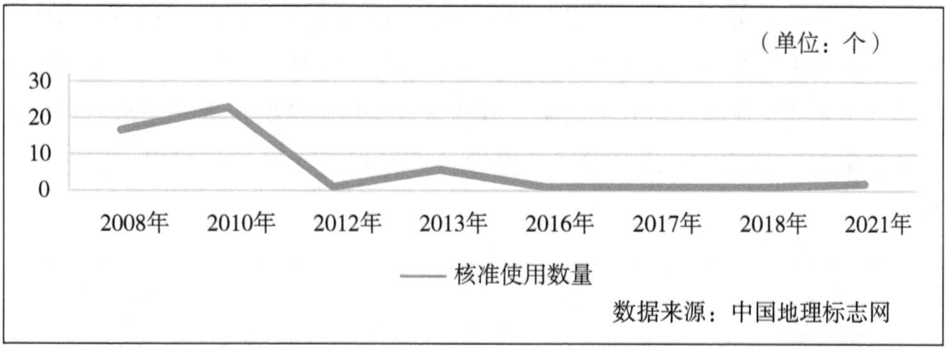

图1　山西老陈醋地理标志产品专用标志核准使用企业数量（2008—2021年）

2. 商标

截至2021年9月28日，山西水塔醋业股份有限公司已注册商标265件；山西紫林醋业股份有限公司已注册商标42件；山西老陈醋集团有限公司已注册商标51件；太原市宁化府益源庆醋业有限公司已注册商标23件。在商标国际注册分类中，醋商标属于第30类商标，在这几个知名醋企业所拥有的商标数量中，山西水塔老陈醋集团注册为第30类商标的有147个，例如“宝源老醯魂”“水塔”“6°”等，其中“水塔”为驰名商标；① 山西老陈醋集团有限公司注册为第30类商标的有29个，例如“东湖”“晋阳老醋坊”“五谷宝”等，其中“东湖”为驰名商标；② 山西紫林醋业股份有限公司注册为第30类商标的有17个，例如“醋都尚品”“紫林厚道”“宝丰裕”“紫林”等；③ 太原市宁化府益源庆醋业有限公司注册为第30类商标的有9个，例如“宁化府益源庆”“宁化

① 国家知识产权局商标局，中国商标网，山西水塔醋业股份有限公司商标综合检索，http：//wcjs. sbj. cnipa. gov. cn/txnRead01. do？RyPaGY3r=qqcSc1dIiufLsG8HfCGqKyjxL3HGar_LQGI9ZbgXfeO5IT1Njd5bTmUMqgUFJivAgIRRAgmbEVkGhAUG12aE2E4cRjFz75WhS3QnWtVc0MpOdFrka6YI. nCwt51lUx2PyNis. IGNtPu. kUtd_. 8QHMmpaqe。

② 国家知识产权局商标局，中国商标网，山西老陈醋集团有限公司商标综合检索，http：//wcjs. sbj. cnipa. gov. cn/txnRead01. do？RyPaGY3r = qqcVenydInSmYrcBysV1mF6eHD8z3RQdIu5BOHjhz _ Vv8JmLz. Ule8U2KI. bSxUBkFlzdwTlb. Kykwwyps _ ugps16KhOcsEjBWd9ePbeZ8Cmr9ZI5. YAEId5s74pJ0NeVOwmnUksj7Z5tMnpXxjUKZfjqcL。

③ 国家知识产权局商标局，中国商标网，山西紫林醋业股份有限公司商标综合检索，http：//wcjs. sbj. cnipa. gov. cn/txnRead01. do？RyPaGY3r = qqcKUHW0DGbXPvAH1ml6I8jnL5ta_fkpE9ONOkXgiz12d _ tQ6MxsmyOvVwisnkPQ6j9cJ3BB. 9Oe5xBZrH35e8gCfHjmlMXc2HxfignzTECsLux Rs0Ubp8k27wV98w5I0kPvWXmbe0y0QO865_JZ9. 3hGqv。

府”“益源庆”等。① 从几个主要知名企业的商标拥有量情况（详见图2）来看，因公司之间实力参差不齐以及对知识产权保护意识的不同，商标申请数量在这几个主要企业间分布并不均衡，有的企业商标申请数量十分之多，有的企业商标申请数量较少，这反映了各企业虽有知识产权保护的意识，但仍需要加强。

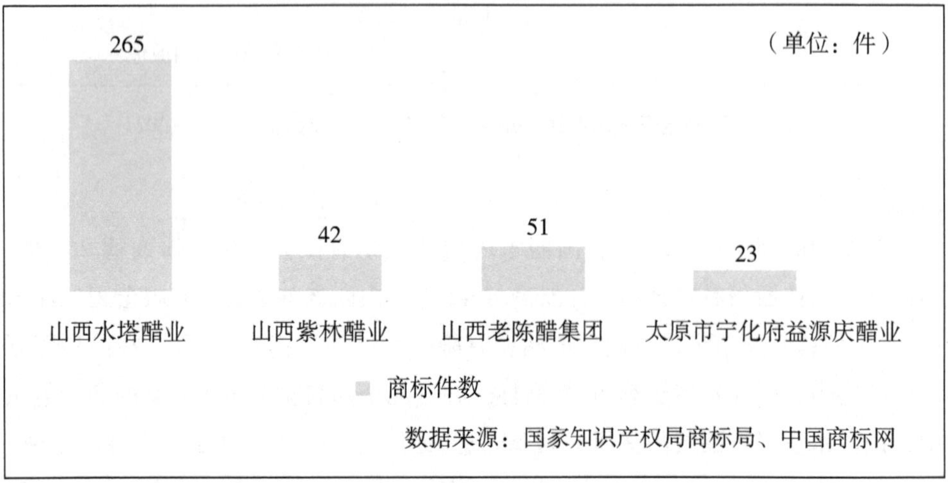

图2　醋企业注册商标量（截至2021年9月28日）

3. 醋企专利拥有量

在专利申请情况上，山西省醋企专利申请主要集中于酿造技术、产品外包装等。具体到专利权拥有情况（详见图3），山西老陈醋集团拥有专利权1项，为一种自控温通风制曲装置的实用新型专利；② 山西水塔醋业股份有限公司拥有专利权14项，其中包括关于包装瓶的外观专利、一种关于卧式醋醅发酵罐的实用新型专利、关于一种草菇醋制备方法的发明专利等；③ 山西紫林醋业拥有

---

① 国家知识产权局商标局，中国商标网，太原市宁化府益源庆醋业有限公司商标综合检索，http：//wcjs. sbj. cnipa. gov. cn/txnRead01. do？ RyPaGY3r = qqcwSqvs2nuKlA6aXw2cdqlLOxz0VDoXIZdNrRP_xC7NCNl12qugWEABsTUy6yWoU3srK_7akmj524bFydEfBdNMR_MRfY8Ee. dsSarUGeBY5cUcr. _eH1JtNDKvcr6tXvvlroxzX9E5Xw9Pg_pn5mpvGkt。

② 国家知识产权公共服务网，专利检索及分析系统，http：//pss-system. cnipa. gov. cn/sipopublicsearch/portal/uiIndex-pubservice. shtml。

③ 国家知识产权公共服务网，专利检索及分析系统，http：//pss-system. cnipa. gov. cn/sipopublicsearch/portal/uiIndex-pubservice. shtml。

专利权 41 项，其中包括关于一种食醋陈酿池用漂浮式潜水泵的实用新型专利、标贴（酿造白醋）的外观专利以及以大曲为种曲的强化多微麸曲采用固态发酵酿造陈醋方法的发明专利等。①

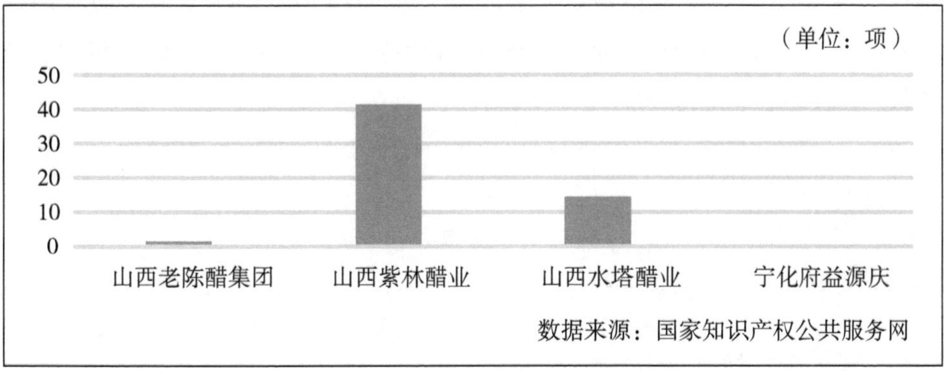

图 3　知名醋企专利授权数量（截至 2021 年 9 月 28 日）

从山西省知名醋企拥有专利权情况来看，各企业的专利主要集中在外观专利上，发明专利较少，这体现了醋企业在醋酿造技术创新上的能力稍有不足；在收集数据的过程中还发现，有的企业甚至不存在专利申请的数据，这固然和一个企业的创新能力有关，但很大程度上也与其对知识产权的保护意识以及企业内部缺少专业的知识产权保护、管理体系有关。

4. 植物新品种权申请量

植物新品种权作为知识产权的重要组成部分，对维护植物新品种研发者的合法权益，鼓励更多的组织和个人投资植物新品种领域有着非常重要的作用。②山西老陈醋是以高粱、麸皮、谷糠和水为主要原料，以大麦、豌豆所制大曲为糖化发酵剂，经酒精发酵后，再经固态醋酸发酵、熏醅、陈酿等工序酿制而成。③ 对酿造醋所需的原料高粱以及制曲用的大麦植物新品种申请保护情况进

① 国家知识产权公共服务网，专利检索及分析系统，http：//pss-system. cnipa. gov. cn/sipopublicsearch/portal/uiIndex-pubservice. shtml。

② 朱文玉、李仿：《我国植物新品种权保护的缺陷及其完善》，载《安徽农业科学》2015 年第 6 期。

③ 杨常伟、杨小明：《山西传统酿醋工艺的传承与发展》，载《广西民族大学学报（自然科学版）》2018 年第 1 期。

行统计（详见图4），从2009年至今，山西省高粱植物新品种保护申请仅有9项，品种权人分别为山西大丰种业有限公司、山西君实种业科技有限公司、山西省农业科学院高粱研究所；[①] 大麦属植物新品种申请仅为1项，品种权人为解登金。[②] 对比本省其他作物如玉米，可以说非常之少，而且掌握品种权的并非醋企业，这说明醋企业在醋原料种植与食醋生产上存在脱节，且对植物新品种权关注度不够。

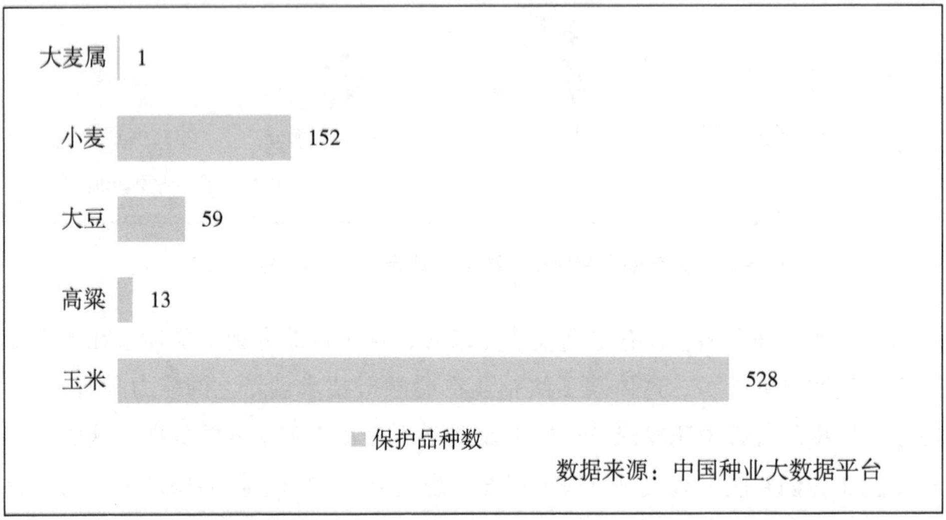

图4　山西省主要农作物植物新品种申请保护情况（2003—2021年）

（二）醋企知识产权纠纷情况

山西醋企知识产权纠纷主要集中于商标权纠纷，专利纠纷数量较少，根据检索案例当事人得出，在几家知名醋企中，太原市宁化府益源庆醋业有限公司商标权纠纷最多，有125件，而山西水塔老陈醋集团、山西紫林醋业股份有限公司、山西老陈醋集团这几个知名醋企知识产权纠纷的案件数量，有的为个位数，有的仅发布了开庭公告，截至目前还尚未有审结案件的裁判文书公布。

---

① 中国种业大数据平台品种保护查询，山西高粱，http：//202.127.42.47：6009/Home/BigDataIndex72。

② 中国种业大数据平台品种保护查询，山西大麦属，http：//202.127.42.47：6009/Home/BigDataIndex292。

从太原市宁化府益源庆醋业有限公司涉商标权纠纷案件的审判年份数据来看，2016 年涉商标权纠纷的案件数量为 6 件，2017 年为 38 件，2018 年为 4 件，2019 年为 10 件，2020 年为 55 件，2021 年为 12 件。① 虽然数据有升有降，但从总体上来看，从 2016 年至 2021 年太原市宁化府益源庆醋业有限司涉及商标权纠纷总体呈上升趋势（详见图 5）。

（单位：件）

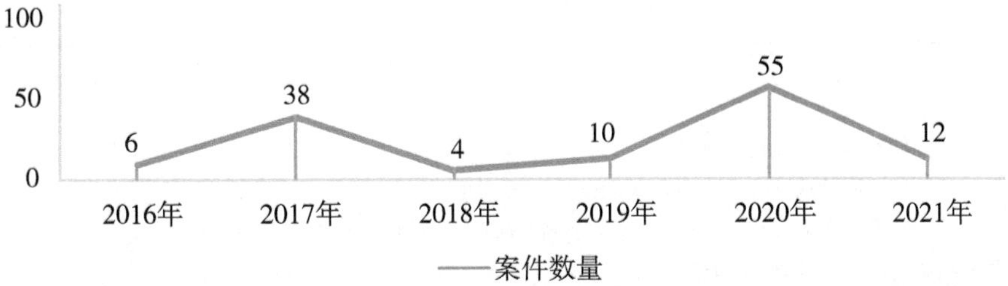

数据来源：聚法案例网案例检索分析

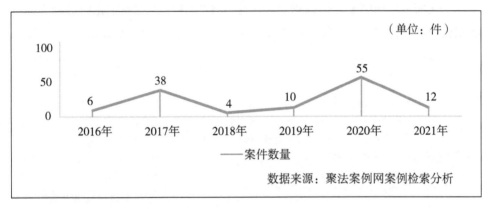

图 5　太原市宁化府益源庆醋业有限公司涉商标权纠纷案件数量（2016—2021 年 7 月 14 日）

在太原市宁化府益源庆醋业有限公司的 125 件涉商标权纠纷案中，121 件案由为侵害商标权纠纷，4 件案由为商标权权属、侵权纠纷。② 其中，太原市宁化府益源庆醋业有限公司作为原告的有 112 件，占比约为 90%；作为上诉人的有 12 件，占比为 9. 6%③；作为被上诉人的案件，即山西省高级人民法院（2017）

① 聚法案例网，太原市宁化府益源庆醋业有限公司案件当事人查询，https：//www.jufaanli. com/new_searchcase? TypeKey = F% 3Alegalperson_2544835_% E5% A4% AA% E5% 8E% 9F% E5% B8% 82% E5% AE% 81% E5% 8C% 96% E5% BA% 9C% E7% 9B% 8A% E6% BA% 90% E5% BA% 86% E9% 86% 8B% E4% B8% 9A% E6% 9C% 89% E9% 99% 90% E5% 85% AC% E5% 8F% B8&search_uuid = 3a7e059a627516b48a678320e936e65b。

② 这 4 件案件的审理法院均为吕梁市中级人民法院，案号分别为（2020）晋 11 民初 74 号、（2020）晋 11 民初 70 号、（2020）晋 11 民初 76 号、（2020）晋 11 民初 72 号，这 4 件案件均是太原市宁化府益源庆醋业有限公司为原告，最终以太原宁化府益源庆醋业有限公司撤诉结案。

③ 聚法案例网，太原市益源庆醋业有限公司侵害商标权纠纷案件检索 https：//www.jufaanli. com/new_searchcase? TypeKey = F% 3Alegalperson_2544835_% E5% A4% AA% E5% 8E% 9F% E5% B8% 82% E5% AE% 81% E5% 8C% 96% E5% BA% 9C% E7% 9B% 8A% E6% BA% 90% E5% BA% 86% E9% 86% 8B% E4% B8% 9A% E6% 9C% 89% E9% 99% 90% E5% 85% AC% E5% 8F% B8&search_uuid = 3a7e059a627516b48a678320e936e65b。

晋民终 191 号案，终审判决撤销一审判决，未支持太原宁化府益源庆醋业有限公司的诉讼请求。①

以太原宁化府益源庆醋业作为原告以及上诉人为基础，对其案件结果进行统计（详见图 6），其中准许撤诉的为 71 件、按撤诉处理的为 10 件、驳回诉讼请求的为 33 件、判决被告履行给付金钱义务的为 10 件，这 10 件案件均为侵害太原宁化府益源庆醋业商标权纠纷。在这 10 件案件中，太原宁化府益源庆醋业有限公司的赔偿主张均未能获得人民法院的全额支持，判赔最高额为 2 万元。②

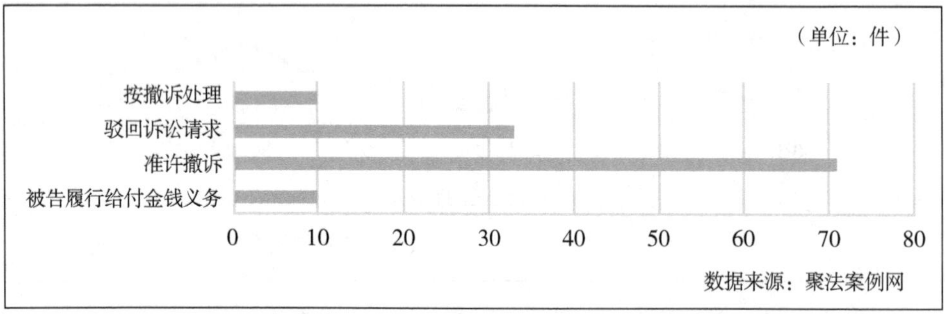

图 6　太原市宁化府益源庆醋业涉案裁判结果（2016—2021 年）

在太原市宁化府益源庆醋业的作为原告、上诉人的商标权纠纷案件中，撤诉案件数量居多，胜诉案件数量反而较少（详见图 6）；司法维权成本高、耗时长，企业为了节省成本选择撤诉。这反映了醋企在面对知识产权侵权行为时存在有一定的厌诉情绪。

---

① 山西省高级人民法院（2017）晋民终 191 号判决书，https：//www.jufaanli.com/detail/6Lak2AG6/? q = &src = search&k = &last _ search _ uuid = b4c87af43fcaeb48e3bc7a8d44a1ea30&level_id = 2&search_uuid = 。

② 审理法院、案号以及侵权赔偿情况：太原市中级人民法院（2020）晋 01 民初 770 号判决书中原告要求赔偿 2 万元，最终判决被告承担 5000 元；太原市中级人民法院（2020）晋 01 民初 301 号判决书中原告要求赔偿 2.5 万元，最终判决被告承担 1 万元；太原市中级人民法院（2020）晋 01 民初 295 号判决书中原告要求赔偿 2.5 万元，最终判决被告承担 8000 元；太原市中级人民法院（2016）晋 01 民初 453 号判决书中原告要求赔偿 3 万元，最终判决被告承担 2 万元；太原市中级人民法院（2016）晋 01 民初 447 号判决书中原告要求赔偿 3 万元，最终判决被告承担 2 万元；太原市中级人民法院（2016）晋 01 民初 444 号判决书中原告要求赔偿 3 万元，最终判决被告承担 2 万元；太原市中级人民法院（2016）晋 01 民初 89 号判决书中原告要求赔偿 3 万元，最终判决被告承担 1.5 万元；太原市中级人民法院（2016）晋 01 民初 431 号判决书中原告要求赔偿 3 万元，最终判决被告承担 2 万元；太原市中级人民法院（2016）晋 01 民初 457 号判决书中原告要求赔偿 3 万元，最终判决被告承担 1.5 万元；太原市中级人民法院（2016）晋 01 民初 217 号判决书中原告要求赔偿 3 万元，最终判决被告承担 2 万元。

二、山西老陈醋知识产权保护存在的问题及其原因

尽管山西老陈醋在知识产权保护方面取得了一定成绩，但与其他省份相比，我们会发现山西老陈醋在知识产权保护方面存在政策制度有待进一步完善、司法与行政协同保护水平较低等问题。

（一）山西老陈醋知识产权保护存在的问题

1. 现有知识产权保护制度不够完善

山西省于2021年先后通过了《山西省知识产权保护工作条例》① 和《山西老陈醋保护条例》，对山西省知识产权进行系统性立法保护的同时，也对山西省老陈醋地理标志进行专门立法保护，不仅可以规范山西省内企业的生产经营行为，保障山西老陈醋的品质和独特风味，确保山西老陈醋的工艺传承，而且可以开拓国内外市场，进而促进山西省经济发展。②

《山西老陈醋保护条例》的大部分规范为引导性、鼓励性、原则性规定，缺少具体的实施方案，其内容还有待完善。对比2016年7月29日颁布的《镇江香醋保护条例》，专门设第三章为知识产权保护，《山西老陈醋保护条例》在知识产权保护方面明显不足。

2. 知识产权司法与行政协同保护力度相对较低

知识产权司法、行政保护力度和水平，直接关系到是否能够保护创新成果激发创新活力。与山西省同属环渤海区域③的省区市中，北京知识产权司法保护指数为83.8，位列全国第3名；天津市知识产权司法保护指数为55.2，位列全国第14名；河北省知识产权司法保护指数为54.1，位列全国第16名；山东省知识产权司法保护指数为80.4，位列全国第5名；辽宁省知识产权司法保护指数为55.1，位列全国第15名；内蒙古自治区知识产权司法保护指数为41，位列全国第26名；以“镇江香醋”闻名的江苏，知识产权司法保护指数为

① 《山西省知识产权保护工作条例》，http：//www.shanxi.gov.cn/yw/sxyw/202106/t20210611_922954.shtml。

② 《山西老陈醋保护条例》，http：//www.shanxi.gov.cn/yw/sxyw/202110/t20211008_939463.shtml。

③ 《环渤海区域城市化发展现状与对策分析》：“广义的环渤海经济圈包括，北京天津两市和河北、辽宁、山东、山西、内蒙古五省（区）”，载中国区域发展网，http：//www.cre.org.cn/list3/hbh/9100.html。

85. 7，位列全国第 2 名；而山西知识产权司法保护指数为 46. 4，位列全国第 21 名。在知识产权行政保护指数上，北京市知识产权行政保护指数为 58. 6，位列全国第 10 名；天津知识产权行政保护指数为 50. 6，位列全国第 18 名；山东省知识产权行政保护指数为 73. 1，位列全国第 5 名；河北省知识产权行政保护指数为 61. 2，位列全国第 9 名；辽宁省知识产权行政保护指数为 49. 7，位列全国第 20 名；内蒙古自治区知识产权行政保护指数为 47，位列全国第 26 名，江苏省知识产权行政保护指数为 81. 6，位列全国第 3 名；而山西省知识产权行政保护指数为 51. 5，位列全国第 17 名（详见图 7）。①

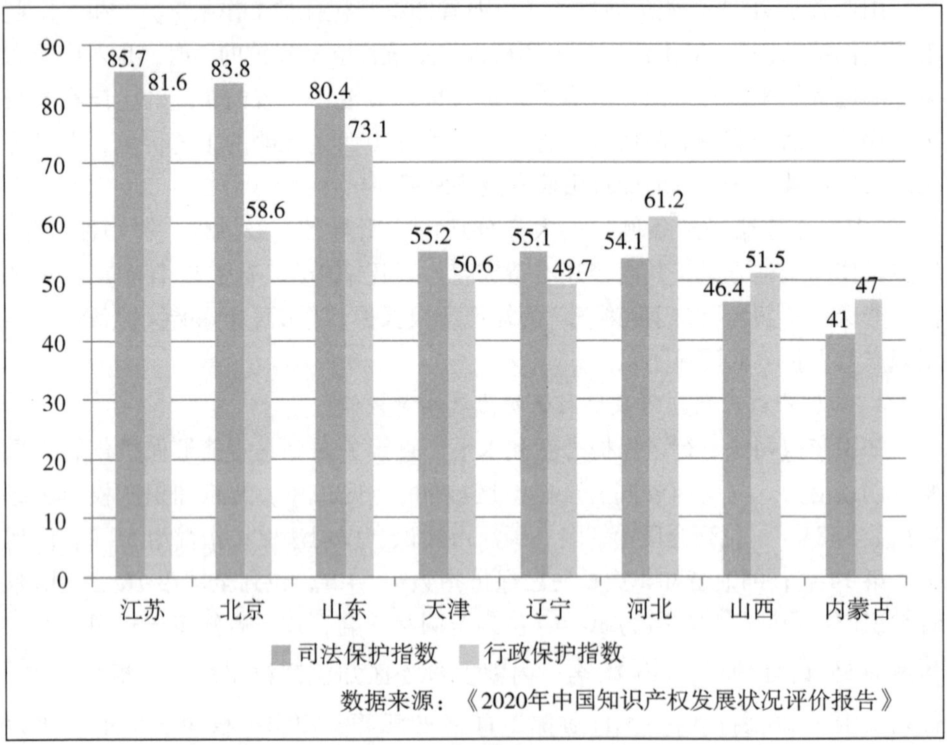

图 7　环渤海区域以及江苏知识产权司法、行政保护指数

相较于江苏以及环渤海区域其他省区市，山西省知识产权司法和行政保护协同力度较低，这在山西老陈醋知识产权保护上也有所体现。

① 国家知识产权局知识产权发展研究中心：《2020 年中国知识产权发展状况评价报告》，http：//www. cnipa-ipdrc. org. cn/。

醋企商标涉诉情况，反映了市场上存在大量侵犯醋企商标权的行为，然醋企提起侵权诉讼的数量较少，这与醋企司法维权成本高、获赔小有一定关联。太原市宁化府益源庆醋业有限公司作为原告，在侵害商标权案件中获赔金额最多的只有2万元，与其进行诉讼投入的时间和金钱成本不成正比，获赔数额难以弥补其商誉损失，一定程度上表明山西老陈醋司法保护力度和获赔数额尚嫌不足。另外，市场上知识产权侵权现象频发，反映了行政执法机关打击知识产权行为的力度不够。

3. 醋企知识产权创造运用能力相对较弱

《2020年中国知识产权发展状况评价报告》显示，山西省知识产权创造指数位列全国第25名，创造指数得分49.8，低于位列全国第3名且盛产“镇江香醋”的江苏31.7分；在知识产权运用指数上，山西位列全国第24名，得分46.9，低于位列全国第2名的江苏省33分；环渤海区域除内蒙古，北京、天津、山东、河北、辽宁的知识产权创造、运用指数均位居山西前列（详见图8）①。

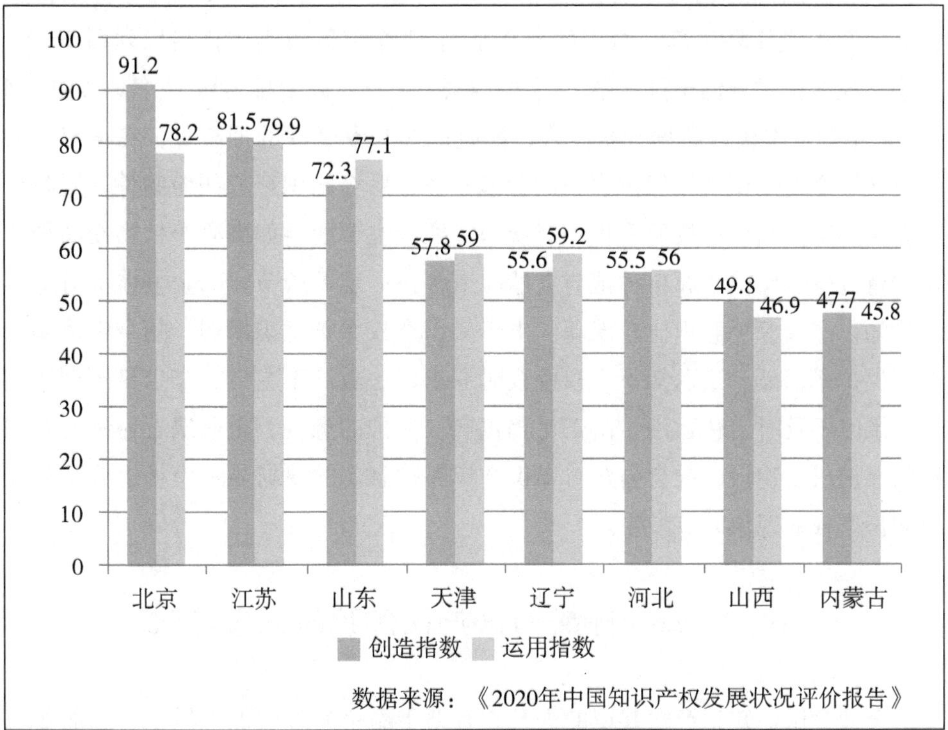

图8　环渤海区域以及江苏知识产权创造及运用指数

① 国家知识产权局知识产权发展研究中心：《2020年中国知识产权发展状况评价报告》，http：//www.cnipa-ipdrc.org.cn/。

山西省在知识产权创造和运用的能力上相对略有不足，这在醋企的知识产权创造和运用上也有所体现。就上文对醋企专利数量统计情况来看，醋企对专利拥有数量少，其中拥有的发明专利数量更少，这表明醋企知识产权创造以及对于科技成果转化为知识产权的能力不足。而醋企对知识产权运用的能力不足可以从图 1 中的数据来体现。该图 1 中的数据反映出，核准使用企业数量总体呈逐年递减趋势，这体现出山西老陈醋地理标志运用规模还不够大，醋企对地理标志的运用能力不足，企业对申请地理标志保护仍不够积极。

（二）原因分析

山西老陈醋知识产权保护存在的上述问题，在很大程度上是由于山西省知识产权保护意识的相对落后。据《2020 年中国知识产权发展状况评价报告》，山西省知识产权环境部分意识指数在全国 31 个省区市当中排名位列第 30 名，知识产权意识得分低于排名第 25 名的内蒙古 1 分，高于排名第 31 名的甘肃 0.4 分。① 结合上文统计数据分析发现：醋企商标和专利权的拥有量，在一定程度上反映了企业知识产权保护意识的参差不齐；醋企知识产权纠纷案件，反映出醋企主动维护知识产权的意识相对淡薄；酿醋主要原料如高粱等植物新品种的申请量极少，反映了原料种植与食醋酿造存在一定的脱节，醋企整体上对这一类型知识产权保护意识比较淡薄。由于知识产权保护意识薄弱，醋企申请知识产权保护不积极、遭遇知识产权侵权时寻求司法救济不主动、作出科研创造创新成果时不及时转化运用，由于对知识产权保护的忽视，企业缺乏完善的知识产权保护机制建设，社会公众对知识产权保护意识的薄弱导致市场上假冒等侵害知识产权的现象时有发生。

三、山西老陈醋知识产权保护的完善建议

全社会保护知识产权共识的提升，有助于醋企品牌的做大做强，进而实现产业兴旺，反哺乡村，使乡村振兴真正落到实处。为此，建议山西省从构建完

① 国家知识产权局知识产权发展研究中心：《2020 年中国知识产权发展状况评价报告》，http：//www.cnipa-ipdrc.org.cn/。

善的保护山西老陈醋知识产权政策制度体系、提高知识产权行政与司法的协同保护水平、提升企业知识产权创造、转化与运用能力等方面，为山西老陈醋提供良好的知识产权保护运用环境，这也符合国务院《“十四五”国家知识产权保护和运用规划》的要求。①

（一）构建完善的保护山西老陈醋知识产权政策制度体系

习近平总书记在中央政治局第二十五次集体学习时强调，要提高知识产权保护工作法治化水平。结合山西《关于强化知识产权保护的实施意见》《关于新形势下推进知识产权强省建设的实施意见》《山西知识产权保护工作条例》《山西老陈醋保护条例》，建议山西省从政策和法律制度两大方面，对山西老陈醋实施全方位的知识产权保护。

其一，建议进一步加大加强山西省各级政府对山西老陈醋知识产权保护的政策扶持力度。资料显示，山西老陈醋的利润空间远远小于镇江香醋的利润空间，山西老陈醋的社会资本介入远远低于镇江香醋。因此，建议山西省进一步出台吸引资本投入山西老陈醋的具体政策。

其二，建议适时制定《山西老陈醋知识产权保护办法》。如前所述，《镇江香醋保护条例》就镇江香醋保护规定了专门的知识产权章。反观山西省，无论是《山西知识产权保护工作条例》，还是《山西老陈醋保护条例》，均未就山西老陈醋的知识产权保护工作做出明确的安排。在全面落实知识产权强国建设目标任务的“十四五”期间，就山西老陈醋这一最具代表性的农耕文化产物，非常有必要对其国家地理标志产品的知识产权进行保护运用，就其酿造技艺的保护传承、产业发展的知识产权全链条保护做出合理的制度性安排，形成良好的保护知识产权的市场氛围，提高社会对山西老陈醋知识产权的保护意识，激发醋企潜能，带动乡镇地区经济社会可持续发展，实现产业兴旺的目标。

（二）提高知识产权行政与司法的协同保护水平

建议从以下方面提高山西老陈醋知识产权的行政与司法协同保护能力，首

---

① 《“十四五”国家知识产权保护和运用规划》（国发〔2021〕20号）明确规定，要完善知识产权法律政策体系，加强知识产权司法与行政协同保护能力，完善知识产权转移转化体制机制。http：//www. gov. cn/zhengce/content/2021-10/28/content_5647274. htm。

先，建立山西老陈醋知识产权行政保护信息化制度。建设山西老陈醋知识产权信息化综合服务平台，提高政务服务效率，加强知识产权信息共享，实现知识产权相关事项一网通管、通办。其次，加强监督管理。建立食醋驰名商标和知名商标重点保护名单和监测点，对侵权行为进行全国乃至世界范围的监测预警。最后，完善知识产权司法保护与行政保护的衔接机制。就山西老陈醋知识产权行政执法保护与司法保护，进一步完善协调对接机制，促进行政机关与司法机关在违法线索、监测数据、典型案例等方面的信息互通互享，有助于缩短侵权持续时间，减轻企业维权负担与维权成本，提高诉讼效率。建议司法机关联合行政机关共同发布年度知识产权发展报告，编制山西省年度知识产权白皮书，发布年度知识产权典型案例以及知识产权发展年度数据，以促进山西老陈醋知识产权的保护。值得注意的是，国务院新近发布的《“十四五”国家知识产权保护和运用规划》明确指出，要完善知识产权纠纷多元化解决机制。因此，山西省应当按照《“十四五”国家知识产权保护和运用规划》要求，重视多元化的知识产权纠纷解决机制建设，健全知识产权纠纷投诉受理处理、诉讼调解对接、行政执法与调解仲裁对接等机制。①

（三）提升醋企的知识产权创造、转化与运用能力

建议从以下两大方面来提升醋企的知识产权创造、转化与运用能力。其一，醋企自身要注重知识产权创造、转化与运用能力的提升。一是要加大科研投入，进行技术创新发明等知识产权的高质量创造；二是要提升知识产权保护意识，在企业内部建立一个科研成果向知识产权转化机制，积极进行知识产权申请；三是醋企业还要积极进行知识产权运用，将自己已有的知识产权进行许可使用等，将知识产权真正转化为经济效益，同时也要注重知识产权的申请使用，如申请使用山西老陈醋地理标志产品专用标志，提升自己的经济效益，将知识产权运用落到实处。其二，营造醋企提高知识产权创造、转化与运用能力的社会环境。建议设立山西老陈醋知识产权保护协会，帮助醋企解决在知识产权申请、管理和保护运用中遇到的问题，引导山西醋企构建知识产权转化、运用以及保

① 《“十四五”国家知识产权保护和运用规划》（国发〔2021〕20号），http：//www.gov.cn/zhengce/content/2021-10/28/content_5647274.htm。

护机制；建议组建山西老陈醋知识产权保护专家智库，着力推动校企联合，高校输送知识产权领域专业人才进驻企业，为企业知识产权保护制度建设、为企业拥有的高技术申请专利、将知识产权向经济效益转化以及处理知识产权纠纷、进行品牌声誉的维护等提供专业性的指导。

数据产权的基本问题研究*

闫　斌** 张　佳***

摘　要： 进入大数据时代以来，数据产权成为学界关注的焦点问题。近年来，学者对数据产权面临的困境、确立的必要性及可行性、保护的原则和方式进行了大量研究，取得的研究成果非常丰富，为我国解决数据相关问题提供了理论支撑。当前的研究成果显示出学界对于数据产权的研究多样化、深入化的趋势明显，但是当前的研究在某些方面仍然存在一些问题。学者们在此后的研究中应当注意明确数据产权相关概念，加强对数据产权保护方式及背景的研究，在横向和纵向两个维度上对数据产权展开系统研究。

关键词： 数据产权　个人数据　企业数据　综述

随着大数据时代的来临，庞大数据背后所蕴含的巨大价值正逐步被挖掘，我国也已经意识到了数据资源所具有的战略意义，2015 年，党的十八届五中全会正式提出“实施国家大数据战略”，全面推进我国大数据的发展和应用，加快建设数据强国。2020 年 4 月 9 日，中共中央、国务院发布《关于构建更加完善的要素市场化配置体制机制的意见》，将数据纳入生产要素参与市场化配置，并提出根据数据性质完善产权性质，并建立健全数据产权交易机制。“十四五”规划纲要提出，“统筹数据开发利用、隐私保护和公共安全，加快建立数据资源产权、交易流通、跨境传输和安全保护等基础制度和标准规范。”我国学者开展

* 本文是 2021 年度山西省法学会法学研究一般课题“大数据时代数据产权的确立及保护”［SXLS（2021）B13］的研究成果。

** 山西大学法学院副教授，主要研究方向为法理学。

*** 山西大学法学院硕士研究生，主要研究方向为法理学。

对于数据产权相关问题的研究最早是在 2013 年，此后对于数据产权的关注热情逐年高涨，研究成果也呈现高产出的趋势。通过对近年来数据产权的相关研究成果进行梳理及总结，不仅能厘清数据产权的发展脉络，还能为大数据时代对数据产权的进一步研究提供可靠的数据资料。

一、数据产权的确立问题

鉴于大数据时代下数据的经济价值一再显现，学界内关于数据的研究也进行得如火如荼，其中最热门的莫过于对数据产权问题的研究，确立是保护的前提与基础，通过对数据产权确立的研究，明确数据产权的确立所遭遇到的困境，才能更高效地为其找寻保护路径。大数据时代是否应该确立数据产权？有学者基于数据自由流通方面考虑，认为当前确立数据产权会限制数据的正常流转，同时现有法律框架已经可以对其进行保护，所以设立数据产权实则是没有必要。① 也有一些学者通过分析数据产权当前的困境，对其确立的必要性及可行性加以论证，从而得出数据产权的确立具有其现实意义，应当加以明确。

（一）确立数据产权面临的困境

数据产权当前面临的困境主要表现在两方面，一方面是关于数据产权的保护，张莉认为当前关于数据产权的相关立法较为贫瘠，现有的法律规定不能对数据产权在司法实践中面临的问题进行合理解答，当前理论界对于数据产权的归属也莫衷一是。② 李齐等认为，当前关于数据产权的理论问题学术界纷争不休，在未有明确规范之前，数据产权的相关司法实践都是在摸着石头过河，即使数据产权的案例彼此相似，也可以被分到不同的法律部门，更遑论各国对数据的规范也存在着极大的差异，数据主权的保护同时也存在冲突，这些都是数据产权按照现有路径继续向前摸索所面临的困境。③ 另一方面则是数据产权自

① 王镭：《“拷问”数据财产权——以信息与数据的层面划分为视角》，载《华中科技大学学报（社会科学版）》2019 年第 4 期。

② 张莉：《数据治理与数据安全》，人民邮电出版社 2019 年版，第 1 页。

③ 李齐、郭成玉：《数据资源确权的理论基础与实践应用框架》，载《中国人口·资源与环境》2020 年第 11 期。

身所存在的问题，汪琼欣认为大数据时代企业所拥有的高时效的数据数量将直接影响其在市场竞争中的地位，因此企业为了提高其在市场上的竞争力，会倾向于使用协议等方式避免其他企业获取数据，基于此可能会造成数据垄断，这与促进数据的流通及应用相左，这便是数据产权在设定时面临的最大困境。①姚志刚也认为数据资源自身的复杂性和多样性为数据确权增添了极大的难度，并且数据生产链条有众多参与者，这些因素都导致数据产权的内容与一般产权的内容存在区别。② 学者们在开展关于数据产权的研究时，已经意识到了数据产权所面临的困境，不能合理解决这些困境将直接影响数据产权的确立与保护。

（二）确立数据产权具有必要性

当前环境下，学者们不仅意识到了数据产权面临的困境，多数更加认识到确立数据产权是有必要的，通过对当前学术界数据产权必要性研究成果展开分析，可以发现当前的研究成果主要围绕在两方面，一方面是强调对数据资源的开发，另一方面则是强调对数据的保护。

第一，确立数据产权可以促进数据资源的开发。汪琼欣认为不明确的数据产权将不利于数据作为生产要素在市场内发挥价值，确立数据产权不仅可以发挥数据的生产要素功能，也可以推动数据产业的创新性发展。③ 汤琪指出，数据交易形式的出现一方面可以改善数据资源分散零落的局面，实现数据资源的整合，另一方面也可以促进数据的流通共享，推进相关产业的转型发展，但是进行数据交易的基础和前提便是拥有清晰的数据权属，而当前未确立数据产权将会导致持投资意向的企业对数据交易持怀疑态度，从而不利于数据产业的发展。④ 郑佳宁认为，如今在挖掘数据价值的同时，也应当注意到数据权属主体对于数据的发展利用做出的突出贡献，因此应当注重保护他们在数据方面的合法权益，确立数据产权并以法律的形式对其加以保护，以此在制度层面对数据

---

① 汪琼欣：《数据要素市场化背景下数据产权界定研究》，载《河北科技师范学院学报（社会科学版）》2021 年第 2 期。

② 姚志刚：《数据要素产权界定》，载《合作经济与科技》2021 年第 13 期。

③ 汪琼欣：《数据要素市场化背景下数据产权界定研究》，载《河北科技师范学院学报（社会科学版）》2021 年第 2 期。

④ 汤琪：《大数据交易中的产权问题研究》，载《图书与情报》2016 年第 4 期。

的流通共享予以鼓励，而在当前的法律规范中可以采用的对数据产权保护的方式主要有《民法典》合同编、侵权责任编和《反不正当竞争法》，但是已有的规范对于数据产权的保护仍然力不从心。[①] 和郑佳宁持有一致观点的学者们都认为当前已有的法律保护模式尚不能对涉及数据权益的问题进行合理高效解决，这也从侧面印证了确立数据产权的必要性。史亚丽认为，无论是当前的民法、著作权法或者是反不正当竞争法，以上三种模式并未对数据作为财产权利的客体予以肯定，现有规范对于数据以及数据财产及其背后的法益尚未明确并且定位不清，当前对于数据利用和价值挖掘的时代需求呼吁数据产权的确立。[②] 龙卫球则认为数据新型财产权的构建符合时代需要，大数据时代的到来再加之互联网、计算机技术的成熟与运用，使我们对于数据的利用达到了一个新的高度，依托数据发展经济已成为大势所趋，但是既有的法律规制未能满足数据经济发展的需求，而新型数据财产权的引入可以在自由、效率等价值间找寻平衡点，发挥对资源和利益的制度配置功能。[③] 对于数据资源的开发及利用，对于数据价值的进一步深入挖掘，数据产权能发挥出其独有的功效，这也是很多学者认为当前需要确立数据产权的原因。

第二，确立数据产权也有助于防止侵害。张黎主要从个人数据保护的角度进行论证，他认为通过确立数据产权，将涉及数据的相关权利予以体系化、规范化，有助于开展个人数据保护工作，明确的数据权利将为个人数据的保护发挥引导作用。[④] 杜振华、茶洪旺则认为，于公于私数据产权的确立都具有其必要意义，于私确立数据产权可以对个人数据进行保护，这些被保护的个人数据涉及公民的基本信息及隐私，通过数据产权的确立，可以对数据市场交易数据的行为进行合理规范，使数据使用者知晓数据使用及交易的界限，为其不当使用数据的行为担责，防止使用者因过度使用数据侵害公民合法权益；于公确立数据产权也可以对国家的数据主权进行保护。[⑤] 周秀娟等认为鉴于当前数据侵

---

① 郑佳宁：《数字经济时代数据财产私法规制体系的构塑》，载《学术研究》2021年第6期。

② 史亚丽：《数据财产属性及法律保护模式探析》，载《法制与经济》2019年第5期。

③ 龙卫球：《数据新型财产权构建及其体系研究》，载《政法论坛》2017年第4期。

④ 张黎：《大数据视角下数据权的体系建构研究》，载《图书馆》2020年第4期。

⑤ 杜振华、茶洪旺：《数据产权制度的现实考量》，载《重庆社会科学》2016年第8期。

权行为屡屡发生，而现有规范在解决数据侵权问题上力不从心，采用数据产权的方式更具优势，除了可以促进数据资源的流转，还可以为个人信息的保护添砖加瓦，同时基于不扰乱现有法律体系的角度考虑，单设与数据产权相关的法律规范是有必要的。①

学者们关于数据产权确立必要性的研究已经基本上达成一致，当前迫切需要确立数据产权的原因：一是为了资源开发，二是为了防止侵害，必要性除了应当包括确立原因外还应当包括确立条件，当下大数据时代的到来或许可以成为当前要确立数据产权的条件之一。

（三）确立数据产权具备可行性

对于数据产权必要性的研究主要解决的是关于确立的“应当”问题，而对于数据产权可行性的研究则是关于确立的“行得通”问题，只有必要性没有可行性将会是纸上谈兵，数据产权的确立将无法落在实处，当前学界关于数据产权确立可行性的研究，主要反映在两方面。一方面是关于可以确立数据产权的研究，这里的可以是指正当性，石丹在关于企业数据财产权利的正当性论证中认为，无论是从劳动权理论还是功利主义角度出发，确立数据产权都是具有正当意义的，从劳动权理论角度出发，企业对其经过二次加工产生增值效益的数据可以得到权利保护，但是这一权利保护的力度应当与其在数据中贡献的劳动水平相当；从功利主义角度而言，构建数据财产制度应当在社会收益与成本间找寻平衡点，从而实现社会最大利益。② 袁昊通过对数据进行分析，指出数据具有独立性、价值性和排他性，满足了数据进行财产权构建的基础，同时他认为数据财产权的事实已经存在，当下最重要的是以法律制度的形式对数据财产权这种新兴的社会利益予以保障。③

另一方面则是关于数据产权切实可为的研究，安柯颖认为我国已经在司法层面对数据权益予以确认，“淘宝生意参谋案”的判决结果对数据权益进行了

① 周秀娟、陈斐：《数据新型财产权的构建路径研究》，载《电子科技大学学报（社科版）》2020 年第 3 期。

② 石丹：《企业数据财产权利的法律保护与制度构建》，载《电子知识产权》2019 年第 6 期。

③ 袁昊：《数据的财产权构建与归属路径》，载《晋阳学刊》2020 年第 1 期。

司法确权，而《深圳经济特区数据条例（征求意见稿）》则首次对个人数据在立法上进行了确认，并明确了数据权利归属的问题。① 周秀娟等认为将数据财产权化需要满足两个条件，分别是客体和主体的可行，她认为自从社会认识到无形财产包含了知识产权，财产权的客体相较过去已然发生了改变，这为数据资源作为客体进行权利化提供了基础，在关于主体可行性论证过程中，她以洛克的劳动价值理论为切入点，指出正是由于市场中涌入了大量数据产品，社会生活才能如此便利，法律应当对将数据赋予使用价值的劳动者进行保护，因此数据确权理论在主体上是可行的。②

二、数据产权的保护问题

如果认可应当对数据产权予以确立，那么接下来最紧迫的问题便是如何对数据产权进行保护，在对众多学者关于数据产权保护方式的研究中，可以发现当前研究主要集中在三方面，一是关于数据产权保护的原则，这些原则为数据产权的保护提供了指导性理念；二是关于数据产权的权利界定，关于权利归属以及权利构造等内容的明确，这些内容构成了数据产权的核心部分，是每个开展数据产权研究的学者不可避免的一项内容；三是关于构建数据产权的配套制度的研究。这三项内容构成了当前学界对于数据产权保护方式的主要观点。

（一）数据产权保护的原则

可以认为数据产权保护的原则代表了各位学者处理数据相关问题的准则，也可以看出各位学者对于数据产权保护的核心思想，毕颖等指出当前进行数据产权立法应当遵循一定的原则，一方面要维持财产权权利体系的整体性，在权利设定过程中不得与财产权的本质属性相悖，不得与相邻法律相抵触，另一方

---

① 安柯颖：《个人数据安全的法律保护模式——从数据确权的视角切入》，载《法学论坛》2021 年第 2 期。

② 周秀娟、陈斐：《数据新型财产权的构建路径研究》，载《电子科技大学学报（社科版）》2020 年第 3 期。

面也要注重数据产权的独特性。① 朱宝丽认为在当前关于数据产权保护的众多基础性原则中，② 匿名和透明度原则对于数据产权的保护具有独特价值，基础数据或者显名数据如若想取得进一步的利用，发挥数据的最大价值，那么清洗脱敏进行匿名化处理则是其最关键的技术手段，随着当前信息技术水平的飞跃式发展，进行匿名处理的技术手段不断面临挑战，应当对清洗技术从清洗方法到清洗范围予以明确规定，避免脱敏后的数据再次被识别，从而影响数据价值的挖掘。透明度原则主要用于数据开发、交易及流通过程中的监督问题，应当在明确数据产权立法的前提下，尽快加强透明度原则的相关规范。无论是匿名还是透明的原则，数据安全和隐私保护都是学者们首先应当考虑的问题，数据价值的最大限度挖掘应当是在保护隐私实现数据安全的基础之上。③ 郑佳宁主要从个人数据层面谈及了数据产权保护的原则，他指出个人数据利用的基本原则应当是实现数据的合理利用，同时在实现数据合理利用的基础上加大数据利用的透明度，前者是为了最大限度发挥数据的价值功效，后者则是出于对数据主体的利益维护考虑。④ 通过对这些基础性原则的研究，可以从中窥见一些数据产权保护的思路，有学者从宏观角度分析数据产权的权利保护应当注重其在财产权权利体系中所处的地位，也有学者指出保护数据产权既要挖掘数据价值，但也不能忽视对数据主体利益的维护。

（二）数据产权的权利界定

1. 明晰数据产权的权利归属

研究数据产权，则避不开对其权利归属问题展开讨论，目前，关于数据产权的权利归属问题，学界形成了三种观点。有一些学者认为数据产权的权利归属主体中应当包含个人，如周秀娟等认为数据财产权的主体应当由网络用户和数据从业者共同构成，但是这种双重结构应当以数据经营者为重心，强调数据

---

① 毕颖、叶郁菲：《数据产权的治理困境与法治化治理路径》，载《网络空间安全》2019 年第 8 期。

② 综观当前数据保护研究成果及有关国家立法实践，知情、自主可控、透明度、匿名、遗忘等构成了数据保护领域的基础性原则。

③ 朱宝丽：《数据产权界定：多维视角与体系建构》，载《法学论坛》2019 年第 5 期。

④ 郑佳宁：《数字经济时代数据财产私法规制体系的构塑》，载《学术研究》2021 年第 6 期。

主体应当包含个人是出于对个人信息的保护和对数据从业者的限制。① 石丹认为企业层面要享有数据财产权，则需要先征询数据主体的同意，再对数据进行进一步的深度加工，加工后增值部分的数据才是企业所具有的产权。② 但也有部分学者认为个人不应当成为数据财产权的主体，袁昊认为无论是由于个人不具有对数据的控制能力，还是当前的社会实践并不需要个人拥有数据财产权，数据财产权如果将个人作为其主体则性价比不高，即使付出高昂的代价也很难取得良好的效果，他认为现阶段将数据财产权的主体赋予企业是妥协之举。③ 雷震文也认为当前为数据产权进行最合理的配置应当是将数据的权属交由数据的合法采集者享有。④ 还有一些学者主张应当依据数据的不同类型进行数据权属的划分，赵磊认为数据产权的归属应当依据个人数据、企业数据和政务数据分别进行确认，不同类型的数据产权其权利构成及边界也有所差异。⑤ 文禹衡认为数据产权的主体是数据生成者，而数据生成者可细分为用户个人和企业，前者为人类产生的数据所归属的主体，后者则为机器生成的数据所归属的主体，其他主体在特定情形下可以成为用户或者企业。⑥ 朱宝丽则认为，公共数据的产权应当为国家所有，而个人或者企业所产生的显名数据应当按照“谁产生谁享有”的原则确定产权归属，脱敏及匿名数据则应当由劳动者享有产权。⑦

由上述可知，当前学术界关于数据产权权利归属问题尚未达成一致观点，鉴于数据这一客体的复杂性、多样性，以及数据由诞生到发挥价值所经历周期较长，其间涉及的主体也较为复杂，因此学界当前尚未对数据产权的归属问题达成一致观点，鉴于数据产权权属的复杂性，对其主体划定应当遵循不能泛泛而谈的基本原则，应当对权利归属问题进行具体化、差异化分析。

---

① 周秀娟、陈斐：《数据新型财产权的构建路径研究》，载《电子科技大学学报（社科版）》2020 年第 3 期。

② 石丹：《企业数据财产权利的法律保护与制度构建》，载《电子知识产权》2019 年第 6 期。

③ 袁昊：《数据的财产权构建与归属路径》，载《晋阳学刊》2020 年第 1 期。

④ 雷震文：《数据财产权构建的基本维度》，载《中国社会科学报》2018 年 5 月 16 日第 5 版。

⑤ 赵磊：《数据产权类型化的法律意义》，载《中国政法大学学报》2021 年第 3 期。

⑥ 文禹衡：《数据确权的范式嬗变、概念选择与归属主体》，载《东北师大学报（哲学社会科学版）》2019 年第 5 期。

⑦ 朱宝丽：《数据产权界定：多维视角与体系建构》，载《法学论坛》2019 年第 5 期。

2. 明确数据产权的权能构成

除了探讨数据产权的权利归属问题，也应当对其权能构成开展研究，张莉认为，当前数据产权的三大争议主要围绕所有权、使用权、收益权展开，即数据归谁所有？谁可以用数据？数据收益如何分配？① 魏鲁彬、黄少安、孙圣民认为数据产权的权能应当包括所有权和使用权两方面，企业对于其完全依据自身所产生的数据享有所有权，而对于其他类型的数据则享有有限制的使用权。② 姜奇平却认为数据产权的确定不能按照原有的数据所有权、使用权、收益权等予以确定，而应当按照所有权与使用权分离的新思路明确产权，前者的产权模式并不适用数据这一特殊权利客体，数据产权应当由以所有权为主转变为数据控制权为主，此种产权模式的应用可以保证数据利用的最大价值化。③ 申卫星认为为了平衡各方在数据上的利益，应当设立数据所有权和数据用益权的二元权利结构，数据所有权由数据的原始发布者享有，而数据用益权则由数据处理者享有。④ 雷震文提出数据产权以对数据的控制和支配为主要内容，其中支配权包括对数据的占有、使用、收益和处分权能，同时他还指出当前相比对数据财产权进行数据权能的划分，更加具有紧迫性的是对支配权予以限制。⑤ 针对企业数据这一特殊客体，有学者对其数据产权权能进行了专门研究，龙卫球认为应当设立数据财产权和数据经营权，数据财产权是狭义的产权，而数据经营权是为了保证企业可以对数据进行合法开发及利用。⑥ 石丹则认为企业所拥有的应当是数据财产绝对权，这项权利是绝对的、排他的。当前学界对于数据产权权利内容的基本构成尚处于粗浅阶段，还未形成主流观点，学者们各执一词，这其实也与数据产权的主体不能明确有很大的关系。⑦

---

① 张莉：《数据治理与数据安全》，人民邮电出版社 2019 年版。

② 魏鲁彬、黄少安、孙圣民：《数据资源的产权分析框架》，载《制度经济学研究》2018 年第 2 期。

③ 姜奇平：《数据确权的产权原理改变》，载《互联网周刊》2021 年第 8 期。

④ 申卫星：《论数据用益权》，载《中国社会科学》2020 年第 11 期。

⑤ 雷震文：《数据财产权构建的基本维度》，载《中国社会科学报》2018 年 5 月 16 日第 5 版。

⑥ 龙卫球：《数据新型财产权构建及其体系研究》，载《政法论坛》2017 年第 4 期。

⑦ 石丹：《企业数据财产权利的法律保护与制度构建》，载《电子知识产权》2019 年第 6 期。

（三）构建数据产权的配套机制

当前学界关于数据产权的研究主要围绕在如何进行权利构建方面，但也有一些学者意识到了进行数据产权保护不能仅靠明确数据产权的基本内容便可达成，对数据产权进行配套制度的完善也具有重要意义。有学者主张设立多元协同机制，将个人、企业、市场以及国家纳入数据产权的保护队列，何柯等认为通过设立数据银行、数据信托机构等，结合我国的监管机制的使用可以在成文法尚未完善之前取得良好的解决效果。① 徐汉明等认为，多元共治的主体应当包括市场主体、公民个人、政府以及其他国家机关，市场应当肩负起对数据的维护职责，而公民个人应当对市场合理使用数据的行为予以监督，并鼓励支持公民对市场违法使用数据的行为向国家机关举报。② 包晓丽认为应当对于数据滥用、歧视性定价以及数据垄断行为进行国家监管，国家监管的目的是营造一个良好竞争的市场交易环境。③ 当前对于数据产权配套机制的研究仅有少数学者参与，在数据产权尚未入法及数据产权的权利内容尚未明确时，关于数据权利归属的法律问题仍有待商榷，我们不能消极等待法律明确产权内容，应积极构建相关制度，建立多元共治的体系。

三、数据产权相关问题的研究展望

自进入大数据时代以来，数据已经对我们的日常生活产生了全方位的影响，我们在良莠不齐的平台上生产数据，也在享受丰富多彩的数据为我们带来的生活便利，数据不仅影响民众的生活，也逐渐成为市场的主要竞争资源，现在俨然已经引起了各类企业的高度重视，再加之国家在政策上也对数据行业的发展有所倾斜，因此，近年来形成了一股研究数据的热潮，并取得了较为丰硕的研究成果。总的来说，近年来关于数据产权的研究呈现出以下特点：一是观点的

---

① 何柯、陈悦之、陈家泽：《数据确权的理论逻辑与路径设计》，载《财经科学》2021年第3期。

② 徐汉明、孙逸啸、吴云民：《数据财产权的法律保护研究》，载《经济社会体制比较》2020年第4期。

③ 包晓丽：《数据产权保护的法律路径》，载《中国政法大学学报》2021年第3期。

多样化，对于数据产权的研究从确立与否便有学者各执一词，此后对权利归属问题以及权能问题，学者们更是众说纷纭，关于数据产权基本内容的研究呈现出百家争鸣、百花齐放的趋势。这些多样化的观点有的是法学领域的学者从保护隐私的角度提出，有的是经济学领域的学者以数据作为生产要素为研究视角提出，多领域主体的参与为数据产权的研究带来了多角度的思维碰撞。二是研究的深入化，对数据产权的研究内容一再扩充，从起初确立的必要性与可行性，到后面关于数据产权的保护措施，同时对数据产权的具体权利规划也逐渐清晰；对数据产权展开多面研究，不仅对数据产权进行了整体研究，同时也分别对个人数据、企业数据与国家政务数据进行了细化研究；对数据产权理论基础的研究加深，通过对劳动赋权、劳动价值论、功利主义学说以及社会契约思想、国家赋权等理论展开深入研究，不仅可以从中找寻确立数据产权的必要性，还可以为数据产权的保护途径提供思路借鉴。总之，关于数据产权的研究虽然在某些方面已经形成了主流观点，但是在某些方面也仍然存在一些争议和不足。

关于数据产权未来研究的发展方向，笔者认为：一是要明确相关概念，当前我们对于数据产权尚未形成一个确切的概念，而许多学者在研究中存在数据确权、数据赋权、数据产权以及数据财产权混用的情形，在此后的研究中应当明确数据产权的概念，厘清数据产权的内涵和外延。二是要在横纵两个维度上对数据产权展开系统研究，在横向上应当对其他国家关于数据产权的研究展开比较，当前环境下各国都已经意识到数据背后蕴含的巨大价值，也针对数据开展了一系列的制度部署，我们应当对其他国家数据产权的相关内容进行借鉴；在纵向上应当开展数据产权历史脉络的相关研究，厘清数据产权的发展脉络有助于加强对数据产权的理解。三是加深对数据产权保护的相关研究，当前对于数据产权保护的研究主要集中在明确权利内容上，即使有学者提出了配套制度的构建，但是研究层面较浅还不够深入，尚未形成体系化成果。四是应当加强对数据产权的背景研究，数据产权的提出基本上与我国迈入大数据时代的步伐相一致，那么在此后的研究中应当重视大数据时代这一背景因素，结合大数据时代的特征开展数据产权的确立与保护研究。

事实认定：司法裁判的逻辑起点*

李苏林** 李浩浩***

摘 要：司法裁判包括事实认定和法律适用两个阶段，事实认定作为法律适用的前提和司法裁判的逻辑起点，主要任务是查明案件事实真相。证据是事实认定的信息来源。事实认定者依据证据规则判断证据能力评价证明力，综合运用司法证明、推定和司法认知等方法，借助经验法则和逻辑规则确定案件事实。案件事实认定结果具有似真性，源于证据的不完整性和经验推论的不确定性。

关键词：事实认定 证据裁判 司法证明 经验推论

综观古今中外，所有证据制度和诉讼制度都是围绕准确认定案件事实而建立，事实认定是诉讼活动的中心问题。司法裁判中，一旦事实认定出现偏差，认定的案件事实与客观真相不符，法律适用必然错误。近年来，我国披露的诸多冤假错案，细究发现几乎都存在事实认定错误的问题，严重损害了司法的公正与权威。事实认定是司法裁判的逻辑起点，科学把握案件事实本质，综合运用事实认定方法，使案件事实最大限度与客观真相符合，无疑是理论研究和诉讼实践的基础性问题。

---

* 本文是山西省哲学社会科学规划课题“刑事诉讼中专家辅助人运行模式研究”（课题编号 2021YJ079）的阶段性研究成果。

** 山西大学法学院副教授，主要研究方向为诉讼法学和证据法学。

*** 山西大学法学院硕士研究生，主要研究方向为证据法学。

一、司法裁判中的事实认定

司法裁判的过程，就是事实认定与法律适用的过程。随着法律规范化程度的提高，事实认定成为司法实践的难点和理论研究的热点。何为事实认定？张保生教授给出的定义是“事实认定者对特定事物及其关系真实存在可能性的确定”。[①] 为了确定诉讼中的这种“可能性”，诉讼双方在法庭举证、质证，事实认定者根据经验推论认证。因此，事实认定本质上是事实认定者根据证据进行推论，并对特定事实形成内心确信的判断活动。事实以及如何认定事实是司法裁判中事实认定的两个基本问题。

（一）经验事实与法律规范的结合

什么是事实？一般而言是指事物之间关系的真实存在。哲学“事实是不论我们对之持有什么样的看法而该是怎么样就是怎么样的东西”[②] 的观点将事实与存在相混淆，不利于充分认识事实的特性。张保生教授提出“事实是人的感官和思维所能把握的真实存在”，[③] 即只有能够被人所感知并作出经验判断的真知之事，才能被称为事实。例如：案件发生以后，对于不在案发现场的法官来说，它是客观存在。而当该案件提交法庭裁判，法官通过证据查清了案发经过，则这个案件就成为能够被人们所感知的经验事实。因此，事实应当是人能够感知到的经验事实。诉讼领域的事实，即案件事实，不等同于法哲学意义上的经验事实。案件事实最终必须以法律适用为导向、涵摄法律规范所规定的法律构成要件当中。因为案件事实即使符合案件发生时的情况，但与规范事实不符，那么在法律上也是没有存在意义的。[④] 案件事实可以称为法律规范投影下的经验事实，因此通过刑讯逼供获取的口供等事实不能归属于案件事实。案件事实既包括犯罪构成和量刑情节等实体法事实，还包括管辖、回避等程序性事实。经过法律规范的加工，案件事实已经不再是历史案件中本来形态的事实，而是成为经验事实与法律规范相结合的事实。

---

① 张保生：《证据法学》，中国政法大学出版社2018年版，第34页。

② ［英］伯特兰·罗素：《逻辑与知识》，苑莉均译，商务印书馆1996年版，第219页。

③ 张保生：《证据法学》，中国政法大学出版社2018年版，第1页。

④ 郭华：《案件事实认定方法》，中国人民公安大学出版社2009年版，第4页。

（二）事实认定：运用证据进行推论的过程

在诉讼史上，事实认定一开始是野蛮的、非理性的，先后经历了神明审判和“听讼制度”，从法定证据制度到自由心证证据制度，才进入了符合认知规律的理性证据裁判时代。事实认定以证据为基础，“证据之境原理”① 是事实认定的理论基础。案件事实发生在过去，法官无法直接感知案件发生时的真实情况，只能通过与案件事实有关的证据去重构过去发生的事实。证据是静态意义上的信息，大部分证据并不能够直接反映案件事实的真实情况，因此证据需要被解释。证据对待证构成要件事实的证明作用是由事实认定者根据经验和逻辑进行解释推理来确定的，其中归纳推理发挥非常重要的作用，是连接证据与待证构成要件事实的纽带。法官运用个人知识和生活经验归纳概括出可以适用于案件的一般经验法则，为从证据到待证构成要件事实的推理提供正当性理由，具体表现为典型的“三段论”逻辑结构。例如，福建念某案中，在案证据有一项被告人念某看到被害人丁某虾抢走本店顾客的证据。法官凭借个人经验作出“通常人们对把自己生意抢走的人会起杀机”这一推断，进而得出“丁某虾抢走了念某生意，念某对丁某虾起了杀机”的结论。该案法官就是基于一个概括性事实，将证据与待证构成要件事实从逻辑上联系起来。由于这个概括性推断不具有普遍性，导致了事实认定错误。因此，事实认定是运用证据进行经验推论的过程，适用概括性推断具有一定的危险性。

二、事实认定中的规则运用

在事实认定过程中，证据规则指引证据能力判断和证明力评估，经验法则和逻辑规则在证据与案件事实之间发挥桥梁作用，程序规则保障证据的真实性、合法性与庭审质证的有效性，三者相互作用共同保障事实认定准确性。

（一）证据规则的运用

1. 证据能力规则

证据能力规则是指法庭审查判断证据能力所运用的规则，集中表现在证据

---

① 张保生：《事实、证据与事实认定》，载《中国社会科学》2017 年第 8 期。

的采纳与排除。我国诉讼法没有关于证据采纳的直接规定。《最高人民法院关于民事诉讼证据的若干规定》第 87 条中规定了审判人员对单一证据应当从证据的真实性、合法性和相关性去审查判断，将证据的三个理论特性予以规范，可以视为证据采纳规则。我国的证据排除不同于英美法中主要排除不相关的证据，我国构建了以非法证据排除为主要内容的证据排除规则，明确排除对象、排除阶段、排除程序等规则内容。另外，《最高人民法院关于适用〈中华人民共和国刑事诉讼法〉的解释》（2021）第 82 条第 4 项规定“物证、书证与案件事实有无关联”以及第 97 条第 8 项规定的“鉴定意见”和第 108 条规定的“视听资料”等与案件事实是否有关联，构成了无关联性证据的排除规则；第 88 条第 2 款规定了禁止将证人的猜测性、评论性和推断性的证言用于证明案件事实，要求证据应当具有真实性，确立了意见证据排除规则。

运用采纳规则筛选出适格证据进入法庭，运用排除规则排除那些可能导致事实认定错误的证据。可见，证据能力规则的运用旨在为证据证明力的判断奠定适格的证据基础，保障事实认定的准确性。

2. 证明力规则

证据的证明力是指证据对案件事实的证明价值或者作用大小，体现的是证据对案件事实的实质证明关系以及二者之间的自然联系。正如威格摩尔指出的，任何法律规则都不能对陪审团审查判断证明力或者可信性予以限制，[①] 法律一般不对证明力的审查判断作出规制，而是交由事实认定者运用经验和逻辑进行自由评价。所谓证明力规则是指法官在审查判断证据的证明力时所受到的约束性法律规则。我国刑事证据法大致确立了两种证明力规则：其一是用于限制单项证据证明力。例如，原始证据优先于传来证据，直接证据的证明力大于间接证据，传来证据和间接证据只有在得到其他证据的印证的情况下才能作为定案的证据等。其二是适用于对全案证据证明力的整体评价。例如，当认定事实只有间接证据时，需要满足所有证据都经查证属实、证据之间能够相互印证、可以排除矛盾、全案证据形成完整的证明体系，并排除合理怀疑、得出唯一结论。只有这些条件都符合，才能认定被告人有罪。单项证据的证明力评估和全案证据的整体评价，主要是围绕证据的真实性而确立的证明力规则。其中，印证规

---

① 李训虎：《美国证据法中的证明力规则》，载《比较法研究》2010 年第 4 期。

则贯穿证明力审查判断的全过程，与其他证明力规则共同对法官的心证形成限制。

我国之所以确立各种旨在限制法官自由裁量权的证明力规则，与侦查中心主义的程序构造和法官队伍的实际情况具有直接的关系。侦查取证活动缺乏严格的程序机制约束，证据的真实性、可靠性在侦查阶段难以得到保障。如果在证明力审查判断中任由法官根据单项证据或者没有其他证据印证的证据定案，则可能做出错误的裁判。实质上，此时的证明力规则具有弥补程序不足的意义，用来保障定案证据的真实可靠性。

（二）经验法则与逻辑规则的综合运用

事实认定是从证据到案件事实的回溯建构过程。法官运用证据认知案件事实需要借助经验法则和逻辑规则发挥作用。生活经验可以被理性概括形成经验法则，归纳推理和演绎推理是案件事实认定中常用的思维方法。经验法则在证据与案件事实之间发挥桥梁和中介的作用，逻辑规则发挥推理作用。两者贯穿证据证明的始终，共同作用于案件事实认定的完成。经验法则在对事实认定发挥积极作用的同时，我们也应该看到它的不足之处。经验法则是通过归纳推理起作用的，归纳推理不可能涵盖所有的事实情况，难免存在例外的情况，这就决定了其结果具有盖然性。对社会产生重大影响的南京“彭某案”就是法官运用了较低盖然性的经验法则，而作出了不能被社会所接受的事实认定结果。因此，在案件事实认定过程中应当允许承担不利后果的一方提出异议，同时不能将经验法则作为认定案件事实的唯一根据，应当在其他证据的印证下综合全案证据作出事实认定。

（三）程序规则的运用

事实认定是一个复杂的过程，离不开一套行之有效的程序机制作为保障。事实认定中的程序机制主要是围绕证据的收集以及举证、质证、认证活动展开的一系列程序性规则，表现为对诉讼当事人权利的保障和对司法权力行使的限制。例如，《最高人民法院关于适用〈中华人民共和国刑事诉讼法〉的解释》第 70 条中规定了审判人员收集、审查、认定证据时应当遵守法定程序，这对于保障单个证据来源的真实性及合法性具有重要作用；第 71 条规定了证据只有经过法庭调查程序查证属实才能作为定案的证据，以及针对证人出庭而确立的有限的直接言词审理规则，对于保障当事人的质证权和庭审的有效性能够发挥积极作用。可见，程序规则通过防止违法取证、过滤虚假证据、促进庭审实质化等功能来保障事实认定的准确性。司法实践中，程序规则和证据规则相互作用共同推动案件事实认定活动。

三、事实认定的方法适用

证据裁判原则决定运用证据重构案件事实是司法证明的主要方法。此外，还存在不需要证据证明就能确定案件事实的方法，包括推定和司法认知，构成事实认定方法的辅助和补充。

（一）司法证明

司法证明是指在法官的主持下，诉讼当事人运用证据进行验证所提事实主张为真的活动。本质上，司法“证明”是对已知命题（事实主张）的验证活动，应区别于发现未知命题（案件事实）的“查明”活动。一般的证明包括论题、论据和论证方式三个组成部分，司法证明也不例外。具体而言，论题是诉讼当事人提出的事实主张；论据就是与案件有关的证据，用于论证事实主张是否成立；论证方式是根据证据事实运用经验法则和逻辑对事实主张的真实性进行验证。司法证明不同于一般的证明过程：第一，司法证明只存在于审判过程中，是由承担证明责任的一方将证据提交法庭所进行的证明活动；第二，司法证明是在诉讼双方以及审判方（或者控、辩、审）共同参与下进行的，诉讼双方根据证明责任规则分别进行证实和证伪活动，法官居中裁判；第三，司法证明需要以对抗式的诉讼构造作为制度基础。只有诉讼双方能够形成实质对抗，并对诉讼程序具有控制力的诉讼形态，才能真正孕育出司法证明机制。

司法证明是从事实主张提出开始到案件事实认定结束。证据是进行司法证明的基础，司法证明实质上就是通过分析证据与案件事实之间的关系来认定案件事实。司法证明含有三个方面的基本构成要素：一是证明对象，即需要诉讼当事人证明的事实主张。司法证明的主要目的就是验证这一事实主张的真实性。二是证明责任，包含两个方面的内容，其一是提出证据证明并说服法官相信事实主张成立的法律义务，其二是在无法举证或者举证不足时承担法律上的不利后果。证明责任分配为法官在案件陷入事实不清的状态下提供了法律上的解决办法。我国刑事证据法针对不同待证案件事实确立了不同的证明责任分配规则。例如，刑事诉讼法规定特殊情况下发生的证明责任转移或者倒置，常见于非法持有型犯罪和巨额财产来源不明罪。三是证明标准，即证明责任的承担者提出证据证明事实主张成立并且能够使法官相信的程度。对于不同的待证案件事实，应该规定不同的证明标准。例如对犯罪事实和法定量刑事实应规定较高的证明标准，实行严格证明，而对于其他量刑事实只需要进行自由证明即可。

证据是事实发生之后留下的信息，① 运用证据认定案件事实是最为可靠的方式，决定了司法证明是案件事实认定的主要方法或者主要途径。证据裁判原则要求案件事实的认定主要采用司法证明的方法。

（二）推定

推定是指在已经证明的基础事实上，根据推定规则直接对有关案件事实进行的认定。推定是由“基础事实”“推定规则”和“推定事实”所构成，② 基础事实与推定事实之间本身没有关联，③ 推定规则的出现成为二者之间联系的纽带。根据基础事实认定推定事实，需要在法律中确立以推定规则为前提。从基础事实到推定事实是一种非证明的事实认定，二者不存在逻辑推理上的联系，根据一般的经验法则也无法直接推理出推定事实。从基础事实到推定事实是通过推定规则在法律上建立起来的关系。因此，推定实质就是一种法律拟定。推定方法包括以下内容：首先，推定的前提基础事实必须得到证实，基础事实的存在需要承担证明责任的一方运用证据加以证明；其次，推定事实是根据基础事实而直接认定。推定事实不需要证据证明，也不需要经验法则、逻辑法则推论，而是在基础事实被证实的前提下，以推定规则为依据直接认定推定事实的存在；最后，推定事实具有高度盖然性。运用推定方法认定案件事实，不像司法证明具有逻辑上的必然性。它是在对司法实务总结的基础上建立的，与事实

① 陈增宝：《司法裁判中的事实问题》，载《法律适用》2009 年第 6 期。

② 李苏林：《证据裁判原则下的案件事实认定》，载《山西大学学报（哲学社会科学版）》2015 年第 3 期。

③ 何家弘：《论司法证明中的推定》，载《国家检察官学院学报》2001 年第 2 期。

真相之间具有不完全的确定性，可能会有例外情况的出现。因此，在运用推定认定案件事实过程中应当赋予推定的不利一方进行反驳的权利。

推定方法的采用主要基于案件事实认定中存在特定的事实无法或者难以通过司法证明进行认定。例如，在对巨额财产来源不明罪的犯罪事实进行事实认定时，公诉机关能够提出证据证明行为人的财产以及合法收入事实，但对超出合法收入的财产部分的来源则很难进行证明，法律选择由被告人来证明那部分财产来源的合法性则相对容易。通过推定方法认定案件事实，一方面，规避了司法证明，化解了特定事实的证明困境，另一方面，特定事实的举证责任发生了转移，转由占有证据较多的诉讼一方承担。推定，实际上造成了证明过程的中断。① 推定得出的案件事实具有高度盖然性，决定了它不是一种很精确的事实认定方法，这与刑事司法对实质真实和事实认定准确性的追求不相适应。因此，推定主要在民事诉讼领域适用。

（三）司法认知

司法认知是指在审判活动中法官对一些特定事实和有关法律的事实无须当事人提出证据证明而直接予以认定。可见，司法认知是法官行使职权认定案件事实的一种方法。在诉讼中，对于一些没有证明必要的事实，法官根据法律规定或者直接予以认定。相对于运用证据证明认定案件事实而言，司法认知起到辅助认定案件事实的作用。司法认知的事实仅限于一般人所共知的，或者法官在审判上所知悉的等不会引发合理争议的事实，例如太阳每天东升西落、法律规范存在的事实等。司法认知的适用会直接产生法律约束力，影响到整个案件事实认定的结果，因此司法认知必须牢牢掌握在裁判的中立者法官手中，以保障事实认定的公正性。司法认知在功能上会免除诉讼一方的部分证明责任，影响当事人之间证明责任的配置，会给另一方造成诉讼上的不利影响，应当允许诉讼当事人对通过司法认知方式确定的案件事实提出反驳。

我国诉讼法中没有明确规定司法认知，司法解释中作出了部分规定。例如，以下事实，当事人不需要证明：（一）自然规律以及定理、定律；（二）众所周知的事实；（三）根据法律规定推定的事实……《最高人民法院关于民事诉讼

---

① 张保生：《证据法学》，中国政法大学出版社2018年版，第395页。

证据的若干规定》《最高人民法院关于行政诉讼证据若干问题的规定》中都有类似的规定。在案件事实认定中，司法认知在减少当事人诉累、提高诉讼效率方面发挥了重要作用。我国对司法认知的理论研究还不成熟，现有的研究成果和法律规范也没有很好地服务于司法实践，因此需要严格限制司法认知的适用范围，防止司法认知被滥用于案件事实的认定。

四、事实认定结果的似真性

证据的不完整性以及经验推理的不确定性，使得事实认定的结果具有似真性。曾有学者认为“任何案件事实都可以通过正确地收集、分析证据来确定”,① 通过司法证明认定的案件事实应当是“原原本本的事实，也即事实的真实情况”,② 法定证明标准下所达到的案件真实是一种“客观事实”。这无疑是一种理想的状态。受认知规律限制和各种主客观因素的影响，人们对过去发生事实的认识不可能达到绝对还原“客观真实”的状态。我们必须尊重诉讼规律，从事实认定的本质和认知规律出发，正视事实认定结果的客观实际。

事实认定的结果具有似真性，是基于事实认定中静态的“证据”和动态的“经验推论”两个方面的原因做出的判断。首先，根据证据之境原理，事实认定者是从证据中所反映出的信息来判断过去事实是否真实发生过。人们认定案件事实总是基于不完整的证据，证据运用过程需要解释，而不同的解释者对同一证据可能解释出不同的信息，由于证据这些自身的本质属性，透过证据这面“镜子”看到的事实真相往往是模糊的。其次，事实认定是经验推论的过程。在案件事实认定中，事实认定者只有对证据的真实可靠性以及证据证明力进行评估后，才能对诉讼双方主张的事实存在与否作出判断。而证据是否真实，有无证明力以及证明力的大小，均是由事实认定者根据经验作出的判断。另外，归纳推理在事实认定中的作用是借助事物之间联系的一般规律为证据推理提供的概括性经验，从而把特定证据与案件事实联系起来的。这意味着，对事实存在可能性的判断不会十分准确并且有发生错误的风险。民事诉讼中的“优势证

① 张子培：《刑事诉讼法教程》，群众出版社 1987 年版，第 192 页。
② 裴苍龄：《证据法学新论》，法律出版社 1989 年版，第 183 页。

据标准”要求事实存在的可能性要高于50%，刑事诉讼中的“排除合理怀疑标准”需要事实认定者的内心达到95%以上的确信度，司法证明达到法定证明标准法官内心才能形成确信。因此，概率证明标准也一定程度上反映了事实认定结果的似真性。

五、结语

事实认定是司法裁判的逻辑起点，它决定着法律适用是否正确，裁判结果是否公正。证据是事实认定的基础，事实认定者是依靠证据回溯建构案件事实。案件事实经过法律程序的作用，不完全是过去实际发生的事实，而是经验事实与法律规范的结合。事实认定者在证据规则和程序规则相互作用下对证据查证属实，运用经验法则和逻辑完成案件事实的认定，要充分认识证据的不完整性和经验推理的不确定性。事实认定难以达到客观真实的标准，只能以具有似真性的结果呈现于法庭。无论是诉讼法还是证据法，都应该以保障事实认定准确性为核心，让刑事错案不再源于案件事实认定。

论公共法律服务的智能化建设*

史永丽**　薛美玲***

摘　要：互联网、大数据和人工智能等新科技的发展为法律服务注入了新的活力，许多律师事务所及有较大法律服务需求的企业已经开始广泛使用人工智能相关法律服务产品。公共法律服务领域在智慧建设方面由于其“公共性”和“普惠性”而发展相对滞后。因此，本文认为，应当通过优化公共法律服务智能平台建设提升公共法律服务领域的智能化水平，加大宣传，提升智慧公共法律服务的应用效率，同时还应注意防止过度依赖智能科技，确保以专业法律服务人员为主体人工智能服务为辅助的服务模式，以便为社会民众提供更优质高效快捷多元的公共法律服务产品。

关键词：人工智能　法律服务　公共法律服务

人工智能自诞生以来，理论研究和应用技术日渐成熟，应用领域也在不断扩大。目前，该领域的技术应用主要包括智能机器人、模式识别、自动工程、知识工程等。除了在医疗、金融、自动驾驶等领域取得的不俗成绩，人工智能在法律服务领域也有了一些发展和成就。

---

* 本文是2020年度山西省省筹资金资助回国留学人员科研项目“卓越法治人才培养中的法律职业伦理教育研究”、2022年度山西省教育厅高等学校教学改革创新项目“法律职业伦理教学模式的实践性研究”、2022年度山西省教育厅研究生教育创新项目“山西省涉外法律服务的地方立法研究”的阶段性研究成果。

** 山西大学法学院副教授，主要从事法律史、法律职业伦理研究。

*** 山西大学法学院法学理论专业硕士研究生。

2014年，美国IBM公司推出了世界上首个人工智能律师Ross。① 2016年，我国无讼网络科技公司推出了中国第一个人工智能法律机器人——“法小淘”。② 继而，越来越多的律所、企业开始引入人工智能产品去替代、辅助律师处理较为简单的法律事务，如文本检索和校对、合同起草以及风险预警等。与此同时，在司法部等部门的引领下，中国法律服务网、各级地方法律服务性网站也逐渐建设起来，但以“公共性”“普惠性”“政府主导性”为主要特征的公共法律服务同以“逐利性”“商业性”为主要特征的企业、律所运用人工智能法律产品的程度相比，仍显得相对滞后。因此，我国需要加快建设完善智慧公共法律服务以满足人民日益增长的多元法律需求。

一、智能化公共法律服务建设的必要性

从人脸识别到Siri，到无人驾驶汽车，人工智能正在以极快的速度渗透到各行各业，推动着各行各业的变革与发展。对法律服务领域而言，人工智能的加入，带来的是传统法律服务的变革更新。因此，新时代公共法律服务建设要主动顺应人工智能发展的时代要求，抓住机遇，实现法律服务产业的快速更新。

（一）加快智能化建设是实现公共法律服务均衡性、普惠性的必然要求

公共法律服务是政府公共服务职能的重要组成部分，其建设的核心是法律服务公共性的实现。近年来，虽然公共法律服务体系建设取得了一定的成果，实体、热线、网络三大平台均在不断地发展和完善，但由于地区、资源、资金投入等差异，公共法律服务体系的建设呈现出东强西弱中落后、大城市强小城市弱、城市丰富农村贫瘠等发展态势。人工智能与公共法律服务相结合，会极大减少公共法律服务体系建设所需的人才、设施需求，使一些因地处偏僻落后，吸引不来人才的地区能够获得智能化的公共法律服务建设，极大地降低资金投

① 《IBM人工智能进入法律行业：推世界首位AI律师ROSS》，https：//www.cnaiplus.com/a/review/441684.html，最后访问时间：2022年11月10日。

② 法小淘：《国内首款智能分析案情的法律机器人》，https：//www.jcrb.com/xztpd/ZT2018/201801/fzlps/renw/201801/t20180117_1834755.html#：~：text=2016年10月款法律机器人，最后访问时间：2022年11月10日。

入，使资金匮乏的地区能以少量的人工智能设备、数据等投入获得高效循环发展的智能化公共法律服务。因此，要加强智能化公共法律服务的建设完善。

（二）加快智能化建设是实现公共法律服务专业化、多样化的必然要求

伴随着经济的发展和社会的进步，公共法律服务扩展了新的领域，不只满足人民的法律需求，还服务于“一带一路”倡议、区域协调发展等国家重大发展战略。人工智能的发展，为多元化专业化的公共法律服务发展插上了科技的翅膀。例如，在服务国家重大发展战略中，人工智能优越的文本处理能力不仅能够辅助律师处理庞大杂乱的基础数据，且达到一个相对较高的准确率，还可以制定法律风险评估报告，防范化解重大风险。同时，智能化公共法律服务的建设与完善有利于加快整合调解、公证、仲裁、鉴定等公共法律服务资源，打通信息孤岛，实现“一网通办”，满足多样化的服务需求。还可以将人工智能与地方特色、个人需求结合起来，更好地满足个性化、专业化需求。

二、智能化公共法律服务的建设现状

（一）智能化公共法律服务的政策支持现状

为贯彻落实国务院印发的《国家基本公共服务体系“十二五”规划》，2014年1月，司法部印发了《关于推进公共法律服务体系建设的意见》，首次提出了“公共法律服务”一词并界定了其基本概念，公共法律服务是指由司法行政机关统筹提供，旨在保障公民基本权利，维护人民群众合法权益，实现社会公平正义和保障人民安居乐业所必需的法律服务，是公共服务的重要组成部分。意见指出，要进一步健全公共法律服务网络，大力加强法律服务信息化建设。

2017年8月，司法部印发了《关于推进公共法律服务平台建设的意见》，提出要加强公共法律服务实体、热线、网络三大平台建设，推进公共法律服务平台规范化运行。2018年司法部印发的《全面深化司法行政改革纲要（2018—2022年）》中提出，要加大信息技术的应用，构建全国性的公共法律服务网络平台，同年5月20日，以互联网+、大数据、人工智能为基础的中国法律服务网正式上线运行。而2022年1月发布的《全国公共法律服务体系建设规划（2021—2025年）》，对加大公共法律服务中的人工智能运用作了更加详细具体的规定，首次

提出要推进“智慧法律服务”，“大力发展公共法律服务领域科技创新支撑技术，提高法律服务智能化水平”等。

从2014年到2022年，司法部发布的一系列政策性文件为智能化公共法律服务的建设和发展提供了稳健的政策支持。

（二）智能化公共法律服务的技术支持现状

伴随着互联网+的热潮，一批互联网公司和企业早已进入了法律领域，如北大法宝、无讼网等，这些企业大多属于法律检索平台，其以丰富专业的法律法规资源、案例资源闻名。如果说互联网、云计算的出现使得杂乱无章、规模庞大、散落的数据得以整合归类、存储运行，那么裁判文书、法律法规、案例资源的数据公开，便是滋养法律人工智能的基本营养。

总的来说，人工智能在法律服务领域的应用主要分为三个方向：为B（Business）端提供服务；为G（Government）端提供服务；直接服务于C（Consumer）端，即我们常说的TB、TG和TC。

1. 面向企业的TB服务

人工智能的自然语言处理，知识图谱等技术，可以帮助企业自动化处理相关法律问题，如多样化合同文本的合同信息抽取，合同审校流程中的不同版本合同对比，格式化合同自动起草，合同合规性的自动审核与预警等。人工智能在企业法务中的应用，不仅能够节省时间金钱成本，提高效率，而且能最大限度地避免失误。人工智能之于律所而言，主要应用在三个方面，一是查找信息和处理文件，二是案情分析与预测，三是智能客服。

2. 面向政府的TG服务

TG服务不同于TB和TC的关键点在于，它服务的对象同时包括政府和民众两类。通常是指由政府通过外包形式采购，最终由政府相关人员和普通大众使用的项目。《新一代人工智能发展规划》（2017）明确提出要加快建设智慧法院。随后，最高提出要建设智慧检务，公安部和司法部也有类似的大数据与信息化建设的指南。① 之后，人工智能+“法务”或“检务”在各地也纷纷出现。人工智能之于司法机关而言，主要应用在以下几个方面：一是办案辅助，二是

---

① 左卫民：《关于法律人工智能在中国运用前景的若干思考》，载《清华法学》2018年第2期。

信息的电子化数据化，三是真实裁判的预测和预警。

3. 面向个人的TC服务

TC是指人工智能法律服务直接应用于个人，此类应用更加灵活，需求量更大。AI法律服务之于个人而言，主要应用于两个方向。第一是智能法律咨询，第二是律师推荐。智能法律咨询，它是指当普通人想要寻求法律帮助时，登录法律咨询平台，平台通过智能化处理，出具法律意见报告，如前述人工智能法律机器人“法小淘”的相关功能设置。律师推荐也是相同流程，基于当事人的自然语言描述与大数据的分析处理，为当事人推荐符合其要求且在相关领域较为专业的律师，但这方面的智能推荐可能会因为数据源的不充足以及其他功利因素影响而变得不够客观中立，有偏向性。

如果说大数据、互联网的发展为人工智能的开展奠定了基础，那么人工智则能在法律服务领域的各种应用为智能化公共法律服务的建设提供了技术支持，人工智能与法律服务领域相结合形成的不断更新发展的智能化法律产品、智能化法律应用，推动着智能化公共法律服务的建设与完善。

（三）智能化公共法律服务的平台建设现状

从2017年司法部提出要加强公共法律服务实体、热线、网络三大平台起，截至目前，我国已建成57万个公共法律服务实体平台，2000多个公共法律服务热线坐席，每年提供法律咨询、法律援助等各类服务1800多万次。中国法律服务网、各省级法网全面建成，覆盖城乡的公共法律服务网络基本形成。① 在此，我们以中国法律服务网为例来看我国智能化公共法律服务平台的建设现状。

中国法律服务网利用大数据、人工智能文本处理等技术，将各省的律师、律所、公证、鉴定、调解、法律援助等法律专业人员和相关机构的信息进行了统筹建设。用户只要登录网站主页，就可以根据关键词等检索工具找到所需公共法律服务机构的相关信息，就连地理位置也一目了然，并可通过导航到达。网页下方的省级法网导览，放置了各省区市的超链接，点击想要选择的省区市便可直接转到相应省区市的公共法律服务网站，寻求更具体的服务。

---

① 《我国建成五级公共法律服务实体平台57万个》，www.gov.cn/xinwen/2021-12/28/content_5664897.htm，最后访问时间：2022年11月8日。

2019年8月1日，中国法律服务网小程序正式上线，小程序的重点法律服务分为三个板块，即“我要问”“我要查”“我要办”。“我要问”分为三项服务，分别为智能咨询、即时咨询、留言咨询。智能咨询由律品汇科技（北京）有限公司提供技术支持，为人工智能在线法律服务，由咨询人首先选择要咨询的法律问题大类，如婚姻、收养、继承等，然后AI以咨询人选择的多轮选择题结果为基础，出具智能法律意见书。小程序上线至2022年11月8日，已经出具了3366436份意见书。①“我要办”的三项服务分别为公证服务、群众批评、农民工欠薪求助，其中，新增的农民工欠薪求助绿色通道极大地体现了公共法律服务的人文关怀和为人民服务的务实举措。

此外，除了中国法律服务网线上与人工智能的结合，公共法律服务线下与人工智能的结合也在逐步发展，推出了一系列人工智能公共法律服务产品，例如，2019年5月6日，在第二届数字中国建设峰会上司法部推出的“小律·智能公共法律服务系列终端”就是这方面的一个典型。②

三、智能化公共法律服务建设的不足及完善路径

虽然智能化公共法律服务的建设迄今已经取得了一定的成绩，但是仍存在很多不足之处，需要进一步发展和完善。

（一）针对公共法律服务智能化水平低的问题，应当优化公共法律服务智能平台，提升智能化水平

公共法律服务三大平台是法律服务实施的载体，也是人民群众寻求法律帮助、法律意见的载体。正在经历智能阶段的公共法律服务虽然较传统公共法律服务平台有了极大的进步，但从整体来看，其智能化水平仍然处于一个较低的程度，仅仅停留在数据分析整理、远程交流答疑等方面。③ 因此，必须融合新

① 中国法律服务网，https：//ai. 12348. gov. cn/pc/，最后访问时间：2022年11月8日。

② 《数字法治 智慧司法——小律·智能公共法律服务系列终端亮相数字中国建设峰会》，https：//www. sohu. com/a/312537073_120136421，最后访问时间：2022年11月10日。

③ 杨玉晓：《智能化法律服务平台建构研究》，载《青海师范大学学报（社会科学版）》2022年第2期。

技术，提升智能化水平。

第一，应当进一步加大政策的引导和支持。优化公共法律服务智能平台，首先应当加强专门政策指引和支持，由司法部出台更为细致的引导和支持性文件，同时还应加大资金投入，引导支持鼓励人工智能公共法律服务的技术开发、产品优化、服务创新、应用更新。

第二，应当进一步优化智能平台的操作。例如，可以加大以移动手机为主要载体的提供方式，增加交互式智能法律咨询，智能客服可运用自然语言识别和分析技术，通过开放式提示语言与用户进行双向交流，对用户提出的问题进行实时分析，匹配数据，然后快速出具详细准确的法律意见书。又如，针对特殊人群，可以在手机端智能法律咨询页面增加可调节字号大小选项，增加无障碍浏览使用选项，增加居民身份证号码、面部识别登录等选项。再如，可以加大对提供智能法律咨询的网站、小程序、App 的日常运营和维护，防止其在使用的过程中出现闪退、卡顿以及弹出不良广告等影响用户体验的情形。

第三，应当进一步优化智能机器人的在线法律咨询功能。现阶段，智能法律咨询机器人的主要功能是根据用户提供的基本案件信息，出具智能法律意见书。这是一种较低水平的应用。因此，我们可以将法律服务市场化运营中的相关人工智能新技术运用到公共法律服务中，优化智能法律咨询在线机器人的处理水平。如在 TB 类应用中，企业运用人工智能实现了对法律文件的审核校对，我们也可以在公共法律服务中增设这一板块。当事人根据网上下载的格式化文书，填写起诉状、上诉状、申请书、协议书时，由于法律知识的欠缺或经验匮乏，大概率会出现填写错误的问题。此时，我们便可以运用人工智能进行审核校对。这样，一方面可以减轻相关司法行政机关的文书审查压力，也可以减少当事人寻求律师帮助起草文书的资金投入。再如 TC 类应用中，人工智能可以根据用户的案情描述智能推荐律师，因此，我们也可以在手机端中国法律服务网上增设一个智能推荐律师板块，以在该领域内经验丰富、胜诉率高，且有相关法律援助经历为推荐顺序，再由当事人在推荐顺序中选择，当事人选定后，系统将当事人的智能法律意见书发送给该律师，使律师能够从智能法律意见书中了解到案件的基本信息，避免双方重复沟通。

（二）针对公众知晓率低的问题，应该加大智能化公共法律服务的宣传与推广

经过调查研判，笔者发现，很多法学院校的教师和学生对中国法律服务网

的建设及智能化发展现状所知甚少，对智能法律服务机器人也了解不多。可想而知，对于没有专业法律知识的社会民众而言，遇到涉法事务时仍然会更多地求助于法律专业人士，因此，有必要大力宣传推广智能化公共法律服务产品。

从中国法律服务网和各地方法律服务网出具的智能法律意见书数量来看，中国法律服务网截至2022年11月8日已出具3348526份智能法律意见书，北京市公共法律服务网出具智能法律意见书56766份，广东省法律服务网出具智能法律意见书77955份。① 作为参考，截至2022年11月，北京市各人民法院共新收各类案件813654件，② 广东省各人民法院新收各类案件292.8万件。③ 由此可见，即使是全国经济发达、法治发展水平较高的省份，它们出具的智能法律意见书数量远低于法院受理案件的数量。因此，为了加快智能化公共法律服务的应用，可以采取以下措施加大智能化公共法律服务产品的宣传，提高其知晓率。

线上，可以与哔哩哔哩、微博、今日头条等普法类博主合作，在他们的更新内容里嵌入智能化公共法律服务产品的应用，在抖音等社交平台建立中国公共法律服务官方账户，结合视频网站快、短、精的特点，以经典案例为引，加大公共法律服务宣传。如云南公共法律服务官方抖音账号，选取人民群众感兴趣、密切关注的方向，增加科普视频的趣味性和互动性，寓学于乐、寓知于乐。

线下，可以在消费者权益保护日、世界法律日、国家宪法日等节日，在人员较密集的商业经营场所开展公共法律服务热线、网络、智能宣传活动，通过发放宣传单、摆放宣传栏、展示智能化法律服务机器人等方式向过往的群众详细宣传，讲解介绍。同时，可以挑选随机群众提出法律问题，让法律机器人现场演示，让群众身临其境地感受科技与法律的结合。同时，各省份可以与当地的媒体中心合作，利用相关报纸刊物增加普法宣传板块加强宣传。让公共法律服务进校园，在校园内招聘大学生志愿者，开展一系列的宣传活动。

---

① 中国法律服务网于2018年5月20日正式上线；北京市法律服务网于2018年6月22日正式上线；广东省法律服务网于2018年4月9日正式上线。这里的智能法律意见书数据是指从成立以来出具的总数量。

② 《各法院全年案件统计》，https：//ai.12348.gov.cn/pc/，最后访问时间：2022年11月8日。

③ 《广东省高级人民法院工作报告》，https：//www.gdcourts.gov.cn/index.php？v=show&cid=86&id=56544，最后访问时间：2022年11月8日。

（三）针对人工智能法律服务定位不清晰的问题，应明确公共法律服务者自然人的主体性和人工智能的工具辅助性，形成以专业法律工作者为主人工智能法律服务为辅的公共法律服务模式

人脸识别、无人驾驶无一不在显示着我们已经进入了人工智能时代。智慧法庭、智慧检务等则代表着法律服务领域也与人工智能紧密地联系在了一起。在线咨询、一键生成智能法律文本，人工智能将复杂的法律问题经过短短几分钟的信息收集便可生成相对准确的法律文本，能极大地提高法律服务效率。

但是，智能公共法律服务的核心仍然在于“公共法律服务”，人工智能只是推动公共法律服务改革创新发展的科技手段，是一种在互联网、大数据基础上模拟人脑运行思考的工具，其无法也不可能取代人类，智能公共法律服务也无法替代传统的面对面交流的公共法律服务，[①] 因为人工智能产品不具备人所拥有的情感、道德观及同理心等，这些品质对于法律服务来说也同样重要。[②] 法律服务的对象是有情感的人，法律服务者不仅要提供理性的法律意见，更要有感性的认知，设身处地地为当事人考虑。在传统的公共法律服务中，法律服务者不仅能作出专业的法律分析，提出切实的法律意见，更重要的是可以进行双向交流，更好地了解当事人的法律需求，从而更切实际地解决当事人的法律纠纷。智能化公共法律服务产品虽然也可以按照当事人的自然语言描述或多轮选择，经过算法的分析出具相应的法律意见，但是它是机械的、片面的，既无法与当事人进行情感互动，也无法挖掘自然语言之下的信息，更有甚者可能因语义的多样性，无法做到前后贯通理解，从而对案情理解错位，作出完全错误的法律意见。

基于此，我们要在重视人工智能、发挥人工智能优势的基础上，加大后备公共法律服务人力资源的配置，把一些争议不大、事实明确、案情性质轻微的案件交由人工智能处理，进行初筛，将一些案情较为复杂，性质涉及人身或大额金钱的案件咨询及时链接到后备专业律师、法律援助人员等，交由他们来转接处理更复杂更专业的问题等。公共法律服务要将人工智能产品与专业法律服

---

① 黄东东、张锐：《数字技术、国家治理与公共法律服务制度改革》，载《学习论坛》2021 年第 3 期。

② 杨立民：《律师职业人工智能化的限度及其影响》，载《深圳大学学报（人文社会科学版）》2018 年第 2 期。

务者结合起来，既要发挥人工智能产品高效便捷、成本低廉的优势，又要发挥专业法律服务者双向沟通，以人为本，可以将情、理、法结合的特点，此过程中，要坚持公共法律服务者自然人的主体性人工智能产品的辅助性，不可本末倒置，认为有了智能化产品便万事大吉，忽略实体人力资源的配置。

四、结语

人工智能的出现为公共法律服务注入了新的力量，使公共法律服务能以相对较低的资金投入满足更多的社会法律需求，获取更大的社会效益。现阶段，公共法律服务与人工智能的结合虽已取得了一些成果，但我们也应清楚地认识到，其仅仅处于起步阶段。因此，基于“公共性”“普惠性”的特点，智能化公共法律服务的建设必须以政府为主导、加大顶层设计，加大技术支持和构建。在完善智能化公共法律服务的过程中，应进一步将市场领域的新兴智能化法律服务产品及应用及时引入智能化公共法律服务领域，同时，也要通过创新，提供更为多元的公共性智能化法律服务产品，使智能化公共法律服务的运行既有高效性，又有公共性，最终促进公共法律服务体系均衡性、普惠性和多元化目标的实现。

法学教育

◎ 案例研究在法学本科生科研训练中的意义
◎ 法学本科教学质量评估体系研究
◎ 国际法学课程思政设计研究
◎ 法治思想引领高校共青团阵地建设

案例研究在法学本科生科研训练中的意义*

李　麒**　孙　娇***

摘　要：法学本科生科研训练是立足于法学专业很强的应用性、实践性以及在国家民主法治建设中作用的基础性而设置的创新实践应用型课程。作为一种研究方法，案例研究契合了科研训练的根本目的即能力的习得，因而应成为法学本科生科研训练的基本方法。作为一种成果形式，案例研究报告融法学理论、法学方法、法律规范和法律实务为一体，是更加接近于司法实务的一种文本，鲜明地体现了法学的实践性和应用性，因而应当得到足够的重视。

关键词：法学　本科生科研训练　案例研究　方法　成果形式

法学本科生科研训练既有本科生科研训练的普遍因素，也有法学学科的特性。就其普遍性而言，都旨在通过以项目的形式使得本科生及早地参与科研过程，掌握基本的科学研究方法和程序，甚至获得创新性的研究成果。就其特殊性而言，法学学科的研究对象的特定性和学科性质的强应用性，使得法学本科生科研训练目的呈现出鲜明的实践性。适当的方法和合适的成果表达形式对法学本科生科研训练而言尤为重要。结合一些高校法学本科生科研训练的现状，

---

* 本文为李麒主持的2021年山西省教育厅高等学校教学改革项目“法学本科科研训练效果评价与改进对策”和2021年山西省教育厅研究生教学改革项目“刑事诉讼法教学案例库建设”的研究成果之一。

** 山西大学法学院教授，博士生导师，主要研究方向为刑事诉讼法、刑法、法律文化。
*** 山西大学法学院法律硕士研究生，主要研究方向为刑事诉讼法。

笔者认为，法学本科生科研训练上存在对案例研究方法运用不够以及较少地将案例研究报告作为成果形式的问题。故针对此略陈己见，以期有助于提升法学本科生科研训练的质效。

一、法学本科生科研训练的目的

本科生科研训练作为法学本科教学的一个环节或者说一门实践课程，服务于法学人才培养目标。为深入贯彻习近平新时代中国特色社会主义思想和党的十九大精神，贯彻落实习近平总书记在中国政法大学考察时重要讲话精神，根据《教育部关于加快建设高水平本科教育全面提高人才培养能力的意见》，在卓越法律人才教育培养计划基础上，教育部、中央政法委于 2018 年 9 月颁发了《关于坚持德法兼修实施卓越法治人才教育培养计划 2.0 的意见》。该意见指出卓越法治人才教育培养计划的总体思路是：坚持以马克思主义法学思想为指导，围绕建设社会主义法治国家需要，坚持立德树人、德法兼修，践行明法笃行、知行合一，主动适应法治国家、法治政府、法治社会建设新任务新要求，找准人才培养和行业需求的结合点，深化高等法学教育教学改革，强化法学实践教育，完善协同育人机制，构建法治人才培养共同体，做强一流法学专业，培育一流法治人才，为全面推进新时代法治中国建设提供有力的人才智力保障。

为创新法治人才培养机制，深化法学专业类教学改革，提高法治人才培养质量，本着坚持、改革、调整、创新的法治人才培养思路，遵循《国家中长期教育改革和发展规划纲要（2010—2020 年）》与教育部《全面提高高等教育质量的若干意见》的要求，参照《法学学科门专业类教学质量国家标准参考框架》及制定要求，教育部设置了普通高校法学本科专业教学质量国家标准。该标准从专业定位、适用范围、培养目标、培养规格、课程体系、教学规范、教师队伍、教学条件、教学效果、质量保障体系等十个方面对法学专业人才培养设置了标准规范。这对法律实践教学具有重要的指导和规范意义。该标准中的一些规范更是与法律实践教学有着密切关系。关于法学专业的定位。该标准指出，法学类专业是具有共同理论基础或研究领域相对一致的专业集合。法学类专业教育具有很强的应用性和实践性，在国家民主法治建设中发挥着重要的基础性作用。法学类专业教育是素质教育和专业教育基础上的职业教育。这就明确了法学专业的职业教育定位，即素质教育和专业教育基础上的职业教育。

关于法学专业人才培养目标。该标准明确了法学专业人才培养目标，即法学类专业人才培养要坚持立德树人、德法兼修，适应建设中国特色社会主义法治体系，建设社会主义法治国家的实际需要。培养德才兼备，具有扎实的专业理论基础和熟练的职业技能、合理的知识结构，具备依法执政、科学立法、依法行政、公正司法、高效高质量法律服务能力与创新创业能力，熟悉和坚持建设中国特色社会主义法治体系的复合型、应用型、创新型法治人才及后备力量。在法学专业人才培养目标中突出了立德树人、德法兼修、德才兼备的要求，明确将熟练的职业技能作为法学专业人才培养目标的内容之一。关于法学专业人才培养规格的能力要求，该标准规定，法学专业人才应当“具备独立自主地获取和更新本专业相关知识的学习能力；具备将所学的专业理论与知识融会贯通，灵活地综合应用于专业实务之中的基本技能；具备利用创造性思维方法开展科学研究工作和创新创业实践的能力”。

法学本科生科研训练是立足于法学专业很强的应用性、实践性以及在国家民主法治建设中作用的基础性而设置的创新实践应用型课程。它注重培养学生独立自主地获取和更新本专业相关知识的学习能力，将所学的专业理论与知识融会贯通，灵活地综合应用于专业实务之中的基本技能，利用创造性思维方法开展科学研究工作和创新创业实践的能力。本科生参与科研训练的过程本质上是在进行研究性学习。作为研究性学习的一种重要形式，法学本科生科研训练有以下特点：（1）它注重学生学习的主体性。学生参与研究过程，也是一个自主自觉的学习过程。在这个过程中，学生不再是被动地接受法律知识的客体，而是一个充分激发其能动性和想象力的主体。（2）它注重能力的习得而非传统教学模式之下知识的获取。通过科研训练，学生将知识运用到解决具体法律问题当中来，从而实现知识的迁移与转化，也就是获得能力。（3）它培养学生的问题意识和创新思维，为今后的学习和工作形成良好的思维方式。（4）它引导学生熟悉社会民情，了解法学学科前沿，在基本素质和学科理论方面都有提升。这与其他教学方式相比，具有明显的特色和优势。（5）它能够塑造学生的团队合作精神。总之，法学本科生科研训练是一种有效的自主学习方式，对培养和提高学生的创新能力具有重要作用。①

大体而言，法学本科生科研训练是目标、程序、方法与结果的相互结合、相互制约的一个体系。目标是导向，它规定科研训练的任务指向和行动方向；程序是载体，它将科研训练任务具体化，明确科研训练的步骤和时间节点；方法是核心，它是完成任务的必要条件和提升能力的有效手段；结果是标志，它是科研训练目标实现的客观表现和评判依据。作为一种方法，案例研究在法学本科生科研训练中具有重要意义，是特定科研选题的必要方法；作为一种成果表达形式，案例研究报告与论文、调研报告等并列为科研训练成果的表达形式，具有独特的价值。

二、作为科研训练研究方法的案例研究

案例或称个案、实例，指的是人们对已经发生过的事件的记述。医学界比较早地使用“案例”一词，指的是对病情诊断、处理方法的记录，这既是对个案的记述，也是一种经验的积累。一般来讲，案例具有三个要素，即真实事件的记录、典型性和问题。现代法学教育意义上的案例研究法由美国哈佛大学法学院创始。1870 年，兰德尔出任哈佛大学法学院院长。其时，法律教育正面临巨大的压力：一是传统的讲授式教学法遭到前所未有的全面反对；二是随着社会经济的发展引起立法扩展和司法变化，新的判例不断涌现，法律文献急剧增长，如果不能追随这种趋势，法学教育势必与社会、立法和司法脱节。兰德尔认为，法律条文的意义在几个世纪以来的案例中得以扩展，这种发展大体上可以通过一系列的案例来追寻。由此开启了案例研究法在法学教育中的实践。根据案例，我们可以对相关问题进行具体深入的研究分析，发现其中蕴含的规律性、普遍性因素，由此推及类似问题。案例研究成为应用性学科最快捷、准确的研究手段。事实证明案例研究方法在训练学生思维和提升应用能力方面颇为有效，以至于被工商管理等诸多学科领域所引进，也被诸多国家的法学院所接受，历久不衰。

---

① 李麒：《本科生科研训练问题讨论——以某校法学专业为例》，载《三晋法学》第 15 辑。

一个案例胜过一沓文件，案例被誉为“活着的法典”“法治的细胞”。案例是将法律规范适用于社会事实的结果，它具体、生动地展现了法从抽象走向具体的路径，赋予法律以生命。案例宣扬了司法者肯定什么、容忍什么和反对什么，揭示了司法者如何认定事实、解释规则和行使自由裁量权，是价值观和方法论的统一。案例适应时代的潮流，在现行规范的基础上对新生事物作出敏感反应，体现了法律权威和法律发展的统一。

当下的我们已经置身于一个案例法学的时代。案例在社会生活、法律实践、法学研究以及法学教育中的地位越来越重要了。人们依赖案例，作为生产生活中涉法问题的指引；司法机关公布案例、法官判决参考案例，以期统一法律适用、提升司法公信力；当事人、律师援引案例，以论证、支持自己的主张；法学研究者利用案例，以发现规则、发展理论；法学教育使用案例，以改进教学方法、提升教学质量。从中国裁判文书网的访问量来看，人们对案例表现出前所未有的关注。2013 年 7 月，《最高人民法院裁判文书上网公布暂行办法》发布，依据该办法，除法律规定的特殊情形外，最高人民法院发生法律效力的判决书、裁定书、决定书一般均应在互联网公布。2016 年 10 月 1 日，《最高人民法院关于人民法院在互联网公布裁判文书的规定》正式实施。依据该规定，最高人民法院在互联网设立中国裁判文书网，统一公布各级人民法院的生效裁判文书；中西部地区基层人民法院在互联网公布裁判文书的时间进度由高级人民法院决定，并报最高人民法院备案。截至 2021 年 12 月 24 日 8 时，中国裁判文书网文书总量突破 1.2 亿篇，访问总量超过 780 亿次。

最高人民法院原大法官胡云腾先生更是提出“从规范法治到案例法治”的主题，将案例法治作为法治建设的路径选择。他认为，我国立法机关已经出台 280 余部法律，中国特色社会主义法律体系已经形成，法律实施成为法治中国建设的主要矛盾，法治建设的目标要以生成合乎法治的案例为归宿。从立法开始打造执法、司法、行法、守法直至案例的法治链条体系，将法治建设的重心由制定规范转移到生成案例，把案例作为认识法治、评价法治、推进法治和实现法治的抓手和资源。充分运用案例法治智慧和案例法学理论，丰富、完善建设中国特色社会主义法治体系、制度体系、理论体系和话语体系。①

① 胡云腾：《从规范法治到案例法治——论法治建设的路径选择》，载《中国案例研究》2021 年第 1 期。

案例和案例研究在法治建设、法学研究和法学教育中的地位和作用表明，作为法学人才培养环节之一的本科生科研训练不能忽视案例研究的意义。从方法论的角度而言，案例研究作为一种方法对于提升科研训练的效果具有独特的功用。“工欲善其事，必先利其器”“授之以鱼，莫若授之以渔”都在说明方法的重要性。法学本科生既要掌握法学知识体系，更要掌握法学方法。王利明先生指出：“法学之所以称为一门独立的学科，很大程度上取决于其自身具有一套独立的方法理论。方法是获取知识的重要手段，也是理论研究和运用的途径。”① 王泽鉴先生说：“法学是一种实践的科学，法之适用是法学的核心问题。因此，法律人最可贵在于‘论证’，而思维论证也是法律人最基本且重要的能力。”② 他还认为：“实践是目的，而以一定的规则引导法之正确适用，犹如路标指引登山的道路。进步很快的时候，往往也是方法进步的时候。”③ 作为一种方法，案例研究的要义在于，通过解决案例（主要是真实案例，也包括为教学需要而编写的虚拟案例）中的法律问题，检验学生对法学理论知识和法律规范的掌握情况，规范学生思维的方式、程序和方法，从而提升学生的理论思辨能力和法律实务能力。案例研究契合了科研训练的根本目的即能力的习得，因而应成为法学本科生科研训练的基本方法。

无论研究成果最终表达形式是学术论文、社会调查报告还是案例研究报告，案例研究法在法学本科生科研训练中都具有重要意义。就学术论文而言，案例研究可以增强论证的缜密性和结论的说服力；就社会调查报告而言，案例研究法可以弥补问卷调查、座谈会等社会调查方式在发现典型方面的不足；就案例研究报告而言，它本身就是案例研究法运用的成果形式，当然脱离不了案例研究法。案例研究法在法学本科生科研训练中的运用可以从以下几个方面展开：(1) 根据研究主题，选择适当的案例。从来源上讲，案例一般应当是真实案例，如可以从中国裁判文书网、《最高人民法院公报》中选取案例，也可以选

---

① 王利明：《民法案例分析的基本方法探讨》，http：//old. civillaw. com. cn/article/default. asp? id = 13429。

② 王泽鉴：《法学方法——判例研究与民法发展（精华摘录）》，载公众号月旦知识库，2021 年 5 月 28 日。

③ 王泽鉴：《法学方法——判例研究与民法发展（精华摘录）》，载公众号月旦知识库，2021 年 5 月 28 日。

择社会热点法律案例；从数量上讲，案例可以是单独的个案，也可以是一组案例；从质量上讲，案例应具有一定的典型性、复杂性和疑难性，包含值得探究的法律问题。（2）熟悉案情，归纳法律争议问题。案例研究重在通过解决法律适用问题，规范学生的思维，因此，必须提炼出案例所包含的法律适用问题。如研究刑事诉讼中的非法证据排除案例，就应从案例中提炼出关于非法证据认定标准的问题。（3）明确法律争议问题的不同观点和判决结果及其理由，建立分析基础。（4）分析评判不同观点和判决结果，依据文义解释、目的解释、体系解释、比较解释等法律解释方法，结合法律规范，提出和论证自己对案例法律适用的见解。

三、作为科研训练成果形式的案例研究

案例研究作为法学本科生科研训练成果的一种表达形式，为了区别于作为方法的案例研究，可以将其称为案例研究报告。案例研究报告与学术论文、社会调查报告并列为科研训练的成果表达形式。案例研究报告指的是对已经发生的具有问题性、故事性和典型性的法律案例运用理性思维进行分析研究的结果的呈现。案例研究报告融法学理论、法学方法、法律规范和法律实务为一体，是更加接近于司法实务的一种文本，鲜明地体现了法学的实践性和应用性，因而应当得到足够的重视。

一般地讲，案例研究报告在结构上包括以下几个方面：

一是主题。主题就是该案例研究的核心理念，即该案例研究反映和解决了什么法律问题，要从最具典型意义的角度确定主题。主题浓缩为题目，如“杨某某等人组织、领导、参加黑社会性质组织案——如何准确界定涉黑组织形成的标志性事件”“黄某某诈骗案——诈骗犯罪与民事欺诈行为的界限”“盗窃机动车牌索取财物案件定性之研究”“公民创制姓名权的法律规制——‘北雁云依’诉某派出所行政登记案分析”等。

二是导语。导语即引导之语，它就像路标一样，起着指示、引导的作用。导语的基本内容是介绍案例的来源，简要说明案例研究了什么样的问题，问题的理论价值和实践价值，作者是如何展开案例研究的。它的意义在于引导读者对案例研究报告的主题、价值、方法和思路等有一个大致的了解，进而产生阅

读兴趣。

三是案情简介。案情简介是对案件的事实、诉讼过程的简要介绍。案情简介的主要内容包括案件的当事人情况、案件的发生情况、案件的提起情况、案件当事人或者控辩双方的主张、案件的诉讼过程等，必要时，也可以介绍案件的裁判结果。案例是案例研究的对象，法律问题产生于案情，案例研究报告当然不能缺少对案情的介绍。对于案情介绍，原则上应该简明扼要，具有一定的概括性，且与研究主题相关。当然，如果出于研究需要，也可以对案情进行比较细致的介绍。

四是争议问题或主要问题。案例研究主要针对的是实务中或者理论上有一定争议的问题，这样才能显示出案例研究的价值，因此，案例研究报告就必须明确案例在法律适用方面存在的争议问题。例如，“实施轻微暴力又同吃、同住、同行跟随讨债的行为，如何定性”“向人民法院申请执行仲裁调解书的行为，是否属于虚假诉讼中的‘提起民事诉讼’”“人民法院庭审听取控辩双方意见后径行依法作出判决，检察机关以违反法定程序为由提出抗诉的，应否支持”，等等。

五是争议观点或裁判理由及其分析。争议观点或者裁判理由的分析实际上就是案例研究的论证过程。因此，首先要明确在案例适用法律争议问题上的不同观点或者裁判结果及其理由是什么，随后才谈得上对其进行理论思辨和分析。

六是研究者观点及其阐述。在对不同观点或者判决理由逐一评判、分析之后，作者就应当提出自己的观点，也就是见解或者结论，并加以论证。论证的详略取决于作者对不同观点或者判决理由的评析，如果作者赞同其中的某一种观点，并对其进行了比较详细的评介，对不同观点也进行了比较细致的辩驳，那么，这些评介和辩驳其实已经构成了论证的主体内容，作者的观点就不需要再次展开详细的论证了。如果作者不同意关于该案例法律问题的任何一种观点或者不赞同裁判及其理由，就应当对自己的观点展开比较详细、深入的论证。

七是案例研究报告在语言风格方面的要求。法学案例研究是通过摆事实、讲道理，以理服人、解决问题的。所以，行文的风格应尽可能平实、简洁、规范。平实就是平易、朴实，使用明白、晓畅的语言，使人清楚地知道作者的意思，而不是故弄玄虚，云山雾罩，让读者不知所云。简洁就是简练、洁净，干脆利落，不拖泥带水。规范就是使用法律术语要准确、引用法律条文要符合形式要求等。

四、结语

法学本科生科研训练的要义在于科学方法的训练和解决问题能力的获取。案例研究作为研究方法在法学本科生科研训练中具有重要意义，它能够聚焦法学理论或实务中的疑难问题，在对疑难问题的分析论证中，培养学生法律思维能力和法律实务能力。案例研究报告作为法学本科生科研训练成果的一种表达形式，融法律实务问题和法学方法为一体，具有鲜明的实践应用特色，因而应当引起足够的重视。

法学本科教学质量评估体系研究*

赵银翠**

摘　要：为推动法学教育高质量发展，培养德才兼备高素质法治人才，必须坚持习近平法治思想，根据教育部制定的《法学类教学质量国家标准》，贯彻“突出学生中心、突出产业导向、突出持续改进”的原则，围绕法学教育的培养目标、培养规格、课程体系、教学规范、教师队伍、教学条件、教学效果等设定教学质量目标，并制定相应的质量保障实施规范，建立有效的信息反馈机制和调控改进机制，开展经常化和制度化的质量评估，确保对教学质量的有效监控，创新法治人才培养机制，确保大学法学专业教学质量。

关键词：法学本科教学　质量目标　质量控制　质量评估

“法学类专业人才培养要坚持立德树人、德法兼修，适应建设中国特色社会主义法治体系，建设社会主义法治国家的实际需要。培养德才兼备，具有扎实的专业理论基础和熟练的职业技能、合理的知识结构，具备依法执政、科学立法、依法行政、公正司法、高效高质量法律服务能力与创新创业能力，坚持中国特色社会主义法治体系和熟悉国际规则的复合型、应用型、创新型法治人才及后备力量。”① 2014 年发布的《中共中央关于全面推进依法治国若干重大问题的决定》明确提出要“加强法治工作队伍建设”“创新法治人才培养机制”，要求以思想政治建设为先导，重点加强理论体系、学科体系、课程体系建设，

---

* 本文是山西大学本科教育教学改革项目“法学本科教育质量评估体系研究”的研究成果。

** 山西大学法学院副教授，主要从事宪法与行政法学、法学教育研究。

① 教育部《法学类教学质量国家标准》（2021 年版）。

着力培养造就优秀法治人才及后备力量。2018年，教育部制定了《法学类教学质量国家标准》，从培养目标、培养规格、课程体系、教学规范、教师队伍、教学条件、教学效果等方面对法治人才培养提出最低限度的要求，要求各教学单位围绕上述指标建立质量保障目标系统，并围绕该目标制定相应的质量保障实施规范，建立信息反馈机制和调控改进机制，开展经常化和制度化的质量评估，确保对教学质量形成全过程实施有效监控，保证教学质量的持续提高和专业人才培养目标的充分实现。2021年，教育部办公厅发布了《关于推进习近平法治思想纳入高校法治理论教学体系的通知》（教高厅函〔2021〕17号），并公布了2021年版《法学类教学质量国家标准》，全面推进习近平法治思想进教材、进课堂、进头脑，将习近平法治思想纳入高校法治理论教学体系。

为推动法学教育高质量发展，培养德才兼备高素质法治人才，本文将根据教育部制定的《法学类教学质量国家标准》，贯彻“突出学生中心、突出产业导向、突出持续改进”三大原则，围绕法学教育的培养目标、培养规格、课程体系、教学规范、教师队伍、教学条件、教学效果等设定教学质量目标，并制定相应的质量保障实施规范，建立有效的信息反馈机制和调控改进机制，开展经常化和制度化的质量评估，确保对教学质量的有效监控，创新法治人才培养机制，确保大学法学专业教学质量。

一、坚持将习近平法治思想作为法学教育的指导思想，将习近平法治思想贯穿法学类专业课程

“习近平法治思想是习近平新时代中国特色社会主义思想的重要组成部分，是全面依法治国的根本遵循和行动指南，深刻回答了为什么要全面依法治国、怎样全面依法治国这个重大时代课题。”① 法学教育必须坚持以习近平法治思想为指导，不断推动法学教育、法学理论研究及法学学科改革创新，形成更加完善的法学学科体系、教学体系、教材体系、课程体系，切实提升法治人才培养质量。

---

① 栗战书：《习近平法治思想是全面依法治国的根本遵循和行动指南》，http：//www.npc.gov.cn/npc/kgfb/202101/cc81f332ebe24aa8a4bf9d25a1a3e306.shtml，最后访问时间：2021年12月16日。

各高校要根据教育部新修订的《法学类专业教学质量国家标准》（2021 年版），将“习近平法治思想概论”纳入法学专业核心必修课，同时将习近平法治思想的核心要义、精神实质、丰富内涵、实践要求贯穿于法学类各专业各课程，不断总结社会主义法治建设的经验，并将之转化为教学资源，不断更新教学内容、完善知识体系、改进教学方法、提高教学水平，帮助学生加强道路自信、理论自信、制度自信、文化自信。

二、以教育部设定的教学质量目标作为法学教育的最低要求，不断提升教学质量，体现不同学校的教学特色

2021 年版的《法学类专业教学质量国家标准》从法学教育的培养目标、培养规格、课程体系、教学规范、教师队伍、教学条件、教学效果等方面对教学质量提出了明确的要求。由于这些要求是法学类专业教学的最低要求，因而，各个高等学校要在法学教育中除达到国家标准之外，还应通过教学质量管理，不断提高教育质量，更应根据本校的定位，突显学校特色。例如，山西大学作为部省共建的地方综合性大学，在法学教育方面不断创新，提高教学水平，为山西省乃至全国培养了大量的优秀法治人才，同时，在服务地方法治建设方面，不断推陈出新，为山西省法治建设贡献力量，如成立了山西省地方立法研究会、山西省行政立法基地，山西省法学会的多个研究学会也以山西大学法学院为依托，如宪法学研究会、行政法学研究会、民法学研究会、商法学研究会、刑法学研究会等。借助这些平台，山西省法学院的教师带领研究团队及本科生、研究生不断深入了解和研究山西省法治建设实践，并将实践经验和研究成果有效转化为教学内容，提升了教学质量，提高了学生的理论与实践能力。

三、建立法学本科教学质量保障实施规范，确保教育教学全过程的质量控制

法学本科教学质量的提升，除了教、学及教学相长之外，对教育教学全过程的质量控制至关重要。对教育教学工作全过程的质量控制机制至少应包括以下几个方面：

（一）设计科学合理、符合国家教学质量标准的课程体系

法学类专业课程总体上包括理论教学课程和实践教学课程。理论教学课程体系包括思想政治理论课、通识课、专业课；实践教学课程体系包括实验和实训课、专业实习、社会实践与毕业论文。法学专业核心课程采取“1+10+X”分类设置模式。“1”指“习近平法治思想概论”课程。“10”指法学专业学生必须完成的10门专业必修课，包括：法理学、宪法学、中国法律史、刑法、民法、刑事诉讼法、民事诉讼法、行政法与行政诉讼法、国际法和法律职业伦理。“X”指各院校根据办学特色开设的其他专业必修课。各院校在课程设置方面，除了要认真贯彻教育部的基本要求，扎实加强专业教育之外，应当在“X”上面下功夫，体现不同院校的功能定位和专业特点。各院校应当结合实际情况，尽可能为学生开设更多的选修课程，以利于复合型、应用型、创新型法治人才的培养。例如，为培养学生的实践能力，可以聘请校外优秀律师、法官、检察官、行政执法人员等开设实务类课程，如文书写作、律师调查取证、诉讼技巧、商务谈判等，加深学生对法律职业的了解，加强对学生实务能力的培养。为培养法治人才的国际视野，除了现行的法律英语课程之外，还可以开设英语专业课程，运用英文原版教材进行讲授。有条件的学校，可以开设德语、日语方面的专业课程，为学生进行国际交流或者深入学习提供更多可能性。

（二）着力提高教学水平，保证教学质量

教学水平和教学质量直接关系到法治人才的培养质量，因而各个院校应着力不断提高教学水平，保证教学质量。具体而言，至少应当做好以下两个方面的工作。

1. 做好对青年教师的传帮带工作，尽快帮助青年教师成长为一名合格的教学者

经过多年的法学教育，法学教师的整体素质明显提高，学历结构明显改善。以笔者所在法学院为例，身处中部不发达地区省份，我院在吸引人才方面并无优势，但目前我院拥有博士学位的教师有38人，占到了专职教师的68%。目前院校在引进人才时更多考察的是科研能力，对教学能力不够重视；在引进人才之后，考核重点也是科研成果。面对科研压力，青年教师将更多的时间与精力

投入科研活动中，对教学活动的投入严重不足。但是，科研能力强并不意味着教学能力强，教学活动和教学能力有其自身的规律性。因此，除了从整体上改变重科研不重教学的现状、加大教学考核在整体考核中的比重之外，还应当通过对青年教师的传帮带工作，促使其将优秀的科研能力转化为优秀的教学能力。

2. 发挥学科带头人的作用，做好教学设计，实行课程研讨和教案互评制度

在教学活动中，大多各自为政，缺少对教学活动的整体设计与管理。而教学设计与备课、教案制度是搞好教学活动的基础，必须以此为基础推动教学质量的提升。为此，应当充分发挥学科带头人的作用，做好教学设计，将新时代法治人才培养的目标、理念、教学要求体现在教学设计中。通过课程研讨，对教学活动中的疑难问题、前沿问题、教学方式问题、教学改革问题、学生能力培养问题等进行集体讨论，借助讨论形成对教学内容、教学方式、教学改革等问题的基本共识，确保教学活动的基本质量。教案作为教学活动的基本依托，作为体现教学内容、教学方式、教学步骤、课时安排等教学活动的载体，没有受到应有的重视。当然，在实践中，因新老教师经验的不同，对教学内容把握程度的不同，在教案内容上可能存在繁简差异，但作为教学活动的基本内容与关键环节应以教案的方式体现出来，而且应通过本学院不同教师之间、不同学校的教师之间互评的方式来提高教案质量，以此来不断改进教学活动，提升教学水平和教学能力。

（三）建立有效的师生交流机制和学生自主学习的支持机制

由于教学时间的有限性和教学内容的有限性，注定仅靠上课时间师生之间的交流无法实现师生之间的充分互动，因而，除了在教学时间应当形成师生之间的良好互动关系，在课堂之外也应当建立常规性的师生交流机制。现在高校普遍实行的本科生导师制为学生获得稳定的支持提供了机会，重要的是要认真贯彻落实，不要流于形式。另外，现代信息技术的发展也增加了师生互动的可能性。

大学阶段的学习是不断拓展认知边界的过程。除了课堂学习，学生大量的知识是在课堂之外获得的，因而，在课堂教学外学校应当建设自主学习平台，或者借助网上学术资源，如知网、慕课、TED、B 站等，形成以课堂教学为核心、触角多元、内容丰富的自主学习平台，为学生提供优质教育资源。学校还

应当建立丰富的教学实践平台，通过仿真实验室、模拟法庭、旁听审判、法律援助、社会实践等方式为学生提供教学实践的机会。此外，学校应当支持和鼓励学生开展创新创业训练，为学生创新创业提供机会、资金支持和专业技术指导。

四、建立完善的教学质量评价机制及信息反馈机制

教学质量评价机制和信息反馈机制是知悉教学活动、保障教学质量、推进教学改革的重要制度保障。这一机制是多元主体参与的、多层次的、全方位的教学质量评价和信息反馈机制。具体而言，教学质量评价机制包括对教学活动、教学管理活动、学生学习过程和学习效果三个方面的质量评价。

（一）对教学活动的质量评价

对教学活动的质量评价包括对教师教学能力的综合评价、对课堂教学工作的评价、对实践教学环节的评价、对毕业论文指导工作的评价、对督导学生工作的评价等。

1. 对教师教学能力的综合评价

对教师教学能力的综合评价既要能真实准确地反映教师实际教学能力，同时又能激发教师从事教学、科研、管理等工作的积极性，不断提高教师素质与教学质量。对教师教学能力的综合评价包括政治思想的评价和专业能力的评价。对政治思想的评价主要是评价教师是否能坚持正确的政治思想方向。专业能力的评价通常包括常规评价和非常规评价两种机制。常规评价通常包括年终评价和责任目标考核两种方式。年终评价包括自我评价和外部评价。首先是教师的自我评价，从德、能、勤、绩等方面的表现进行整体评价，学院在教师自我评价的基础上进行综合评价，确定每位教师的教学质量综合评价等级。责任目标考核制度通常是由学校或院系根据岗位设定不同的任期内考核目标，将特定岗位需要完成的教学科研任务量化，通过目标设定来实现教学工作的过程管理，提升教师的责任意识和教学科研能力。非常规评价机制包括听课、教案评查、教学比赛、职称评审、精品课程建设等方面。通过这种常规与非常规的教学评价，可以提升教师的自我认知、激发进取之心，不断改善和提高教学能力。

2. 对课堂教学工作的评价

课堂教学是全面展示教师教学能力的教学活动。应当建立课堂教学工作的多元评价机制。在实践中，很多院校在教学能力评价上片面地以学生评价作为评价标准。学生对教师教学活动的评价固然重要，但日常的教学检查、教学过程的常态监测、学期各阶段的定期检查同样重要。除了教学指导委员会之外，还应借助教研室、教学团队形成对教学过程的常态监测、定期检查，通过听课评课等对课堂教学活动进行评价，并有针对性地进行督导，以评促建，提升教师的教学水平和教学能力。

3. 对实践教学环节的评价

法学专业是一门实践性很强的学科，在教学活动中，既要重视学生对法学基础理论的学习，同时也应当强化对学生实践能力的培养。在现有的教学活动中，因为实践教学活动类型多样，应当建立科学合理的分类评价标准。例如，实习活动应当考察教师是否全面跟进学生的实习活动，是否对学生在实习活动中遇到的困难及时予以解决，是否有效指导学生撰写实习报告。在学生科研训练过程中，是否能在选题、文献收集整理、调查研究、论文撰写、学术规范等方面给予有效的指导。

4. 对毕业论文指导工作的评价

对大学生毕业论文指导的评价，既包括过程性评价，也包括结果评价。过程性评价关注教师在毕业论文写作的各个阶段，即论文选题、文献查阅、学术规范、开题报告、中期检查、答辩、推优、论文修改等各个环节，是否及时跟进，并给予有效的专业指导。如果论文出现政治性错误、专业基础知识错误、结构性错误、抄袭等问题的，应对教师作出否定性评价。

5. 对督导学生工作的评价

大学生导师制最早始于英国牛津大学。目前我国在大学生本科教育阶段也开始普遍实行导师制，学生一入学即为其确定导师，从生活上、专业上对学生进行指引、督导，尽快促使学生适应大学生活和投入专业方向的学习中。这一工作的实际成效取决于教师对这项工作的投入程度。但考虑到教师现在已经承担的教学、管理工作以及科研、研究生指导工作等，也不宜对教师的这项工作提出过高的要求。该项评价主要应当考察教师是否会对学生进行定期指导，对学生提出的问题是否给予及时的回应，是否和学生之间建立良好的互动关系。

（二）对教学管理活动的质量评价

教学管理活动是否规范有序，对教学质量有重要影响。教学管理活动的质量评价，主要涉及以下五个方面：

1. 对教学管理的各项规章制度是否健全评价

健全的规章制度是有序开展教学活动的依据，因而对教学管理活动的质量评价首先应当考察教学管理的规章制度是否健全。教学管理的规章制度应覆盖所有与教学相关的活动，其中包括对教师教学活动的管理、对学生学习活动的管理以及对教学秩序的管理。

2. 对教学计划的制订与实施评价

各院系应根据国家本科专业规范和国家、省及校院专业建议要求，制订相应的教学计划，并应根据专业发展情况适时修订教学计划。由于课时有限，在满足思想政治课与公共课的课时之外，专业课必修课的教学课时很难满足法学专业学生学习的需求，因而需要在选修课方面为学生提供更多的选择空间，以满足学生学习的需求和未来专业发展和职业发展的需要。例如，在《民法典》颁布之后，笔者所在法学院及时修订教学计划，在满足国家标准确定的最低课时的情况下，开设多门民法专业的选修课程，为学生们提供更多的教学资源。因此，对教学计划及其实施的评价应重点关注教学计划是否遵守了国家本科专业规范，是否符合《法学类教学质量国家标准》，是否体现了院校专业定位与特色，是否能满足学生多样化的学习需求。

3. 对教学过程管理的评价

对教学过程的管理是确保教学活动有序开展的重要保证。因为教学过程涉及不同主体的多个环节，因而应特别重视主要教学环节的质量管理。具体包括是否严格执行人才培养方案、课程教学标准和课堂教学质量标准；教师是否能严格执行教学进度表；教学检查是否正常进行；听课、评课制度能否落实到位；课程考试、考核管理是否严格、规范；毕业设计、毕业论文、实习、社会调查管理是否严格、规范。

4. 对教学文档管理的评价

教学文档的管理直接体现了院校教学管理水平。教学文档包括教学大纲、教学进度表、教案、教学检查记录、听课评课记录等内容。对教学文档管理的评价包括文档是否完整，制作是否及时、规范，内容是否适当，能否反映专业的基础内容与最新发展。通过对教学文档管理的评价，可以确保教学的有序、规范。

5. 对考试工作的评价

考试环节是教学过程中的重要环节之一，也是反映教学质量的重要指标。为此，必须建立合理完善的考试及考试评价制度，其内容涉及考试命题、考试方式、监考巡考、阅卷和成绩评定、考试分析和成绩上报等全过程。在考试评价中，应重点考核考试命题是否严谨专业，是否能反映该门课程的重点与难点，题型是否多样化，评分标准是否恰当，考试是否能真实、全面反映学生的学习情况，考试分析是否客观、真实，是否能体现出教学过程中存在的问题并提出改进建议。在考试过程中是否出现异常情况，出现异常情况的原因以及预防和改进的建议。

（三）对学生学习过程和学习效果的质量评价

教学质量的提升体现在学生学习能力与学习效果的提升上，因而，建立有效的学习评价制度，一方面可以对学生的学习过程与学习效果进行客观真实的评价，另一方面可以反映出教学过程和教学管理中存在的问题及改进的方向。具体而言，应当从学习过程和学习效果两方面建立合理的评价制度。

1. 对学生学习过程的质量评价

对学生学习过程的质量评价包括以下几个方面：其一，是否坚持正确的政治思想方向，是否坚持习近平法治思想，是否在生活、学习、实践中坚定不移地贯彻有中国特色的社会主义法治理论。其二，学习的自律自觉性。通过上课考勤，学习状态，作业完成情况，大学英语四、六级通过率，阅读量，选修课，参与创业创新项目、参与法治实践等方面考查学生的自主学习能力，并对其作出适当评价。其三，对学风、考风的评价。对学生出勤、上自习、自主学习、是否认真对待考试、是否存在考试作弊现象等方面进行考察。

2. 对学生学习效果的质量评价

学生的学习效果体现在身心健康、考试成绩、毕业论文学术水平、实践能力以及未来就业的竞争力等多个维度，而且有的学习效果的显现具有延时性，需要在工作之后甚至更长时间才能显现出来。因而对学生学习效果的评价不能将其局限于考试成绩、毕业论文学术水平等以一个特定分值或者等级加以评价的事项，而应通过对学生毕业之后一个较长时间段的跟踪考察进行综合评价。

五、建立完善的教学质量调控改进机制

对教学质量的控制与调整是保证教学质量、提升教学质量的重要保证，因此，各个院校应当建立完善的对法学教育质量的控制与调整机制，制定完备的规章制度，形成有效的教学质量调控机制。具体而言，教学质量调控改进机制至少应包括以下内容：

（一）建立教学计划的定期或者不定期修订评审制度

教学计划作为开展教学活动的重要依据，应当在保持基本稳定的前提下进行动态调整。这种动态调整既包括定期调整，同时也应根据法治建设的重大进展进行年度调整。如在习近平法治思想被确立为全面依法治国指导思想之后，法学专业的教学计划适时进行了调整，将习近平法治思想纳入法学本科教育的必修课。

（二）建立教学指导委员会指导制度和专业委员会督导制度

在法学本科教学活动中，应当充分发挥教授专业优势，确立教授在教学活动中的主导地位，设立由教授主导的教学指导委员会、专业委员会，在课程建设、教材建设、教风学风建设、实践教学、项目评审、教学改革等活动中，要充分听取教授的意见，充分发挥委员会的督导、管理作用。

（三）建立常态化的教学运行检查监控制度

对教学活动的检查监控应建立与教学周期相一致的、覆盖教学全过程的常态化的检查监控制度。针对教学周期不同时间的特点，应当建立侧重点不同的检查监控制度。在学期初，应当重点检查师生上课的基本情况，包括学生出勤情况、教师是否按时上课、是否按教学计划开展教学活动等。在学期中段，重点检查学生到课情况、教师在教学活动中是否严格执行教学进度表、是否存在随意调课、不上课的情形，以及在教学活动中是否按照教改方案进行教学改革

等。在学期末，重点考察考试的基本情况，包括试卷的设计是否合理、考风是否良好、考纪是否严格、评分是否合理等内容。所有的检查活动都应当有记录，对存在的问题应反馈给学院及相关教师，并且应当有相应的整改建议，并对整改建议的落实情况进行督导，形成管理闭环，避免程序空转、监控失灵。

（四）建立学生评教与教师互评的教学评价制度

在实践中，很多院校都建立了对教学的评价制度，但主要以学生对教学的评价为主，甚至将学生对教学的评价结论作为晋升职称、评优的重要依据。但单一地依赖学生评价而对教师的教学活动进行定性，难免失之偏颇，而应辅之以同行评价，即应结合教学指导委员会的评价和同专业教师的评价作出综合评价，而且教学评价也不应局限于课堂教学评价，还应包括教案的撰写、教学计划的执行、教学改革项目的承担、教学改革措施的落实推进等方面的综合评价，才能反映出教师的真正教学能力与教学水平，并以此作为教师奖励或者惩戒的依据。

国际法学课程思政设计研究*

黄晓燕**

摘　要：中央多次强调，要求高校将思想政治教育贯穿教育教学全过程，全面推进高校课程思政建设。国际法学作为法学教育的核心课程之一，关系到国家和民族的根本利益，必须与思想政治教育相融合。在国际法学课程思政建设过程中，教师应当明确国际法学课程思政建设的目标，深入挖掘国际法学教学体系中的课程思政教育元素，采用多种方式来丰富国际法学课程思政教育课堂，并完善国际法学课程思政建设教学评价体系。

关键词：国际法学　思政教育　国际法治

习近平总书记在全国高校思想政治工作会议上明确指出："高校思想政治工作关系高校培养什么样的人、如何培养人以及为谁培养人这个根本问题。要坚持把立德树人作为中心环节，将思想政治工作贯穿教育教学全过程，实现全程育人、全员育人、全方位育人，努力开创我国高等教育事业发展新局面。"① 2020年5月，教育部印发《高等学校课程思政建设指导纲要》的通知，要求把思想政治教育贯穿人才培养体系，全面推进高校课程思政建设，发挥好每门课程的育人作用，提高高校人才培养质量。法学专业作为国家培养法治人才的重要基地，更应对如何培养德法兼修的法治人才展开深入的研

* 本文是2021年山西省高校教学改革创新项目"国际法学课程思政建设研究"（J2021035）的研究成果。

** 山西大学法学院副教授，主要研究方向为国际法学。

① 《习近平在全国高校思想政治工作会议上强调：把思想政治工作贯穿教育教学全过程　开创我国高等教育事业发展新局面》，载《人民日报》2016年12月9日。

究和思考。

为了加强涉外法治工作，构建涉外法治体系，目前首要的任务是培养一批通晓国际法律规则，具有爱国情怀的高素质涉外法治人才，涉外法治人才就是国际法治人才，就是国际法律方面的专业人才。① 国际法学是教育部发布的普通高等学校法学本科专业课程设置中的10门专业必修课之一，是法学专业的学科基础课和核心课程，对于培养合格的法学专业人才至关重要，同时也担负着爱国主义精神主流价值观的引领和塑造的重要功能，国际法学的教学内容涉及当代国际社会中国家间关系的基本规则，不同国家的政治制度类型，国家领土的确定，外交关系的展开，国家主权与国家利益的维护，国际政治经济秩序的调整与布局等重大问题，切实关系到国家的根本利益。中华民族的伟大复兴，中国的和平崛起，国家间和平友好关系的维持，构建人类命运共同体的理想，这些目标都需要我们培养一批具有马克思主义科学立场和爱国主义思想的高层次国际法人才。在全国推行课程思政改革的契机下，国际法学作为一门政治性较强，关系到国家和民族根本利益的课程，必须与思想政治教育相融合。在国际法学的教育教学过程中，应秉承课程思政的理念，明确教学目标，才能使课程思政教育有的放矢，让学生通过学习国际法学来坚定马克思主义的科学立场、养成爱国主义的家国情怀、明确国际法治的治理方略及追求人类命运共同体的价值目标。思政教育在不同的专业和课程中应当有不同的目标、方法和路径，本课题旨在课程思政教育理念的指导下，深入发掘国际法学课程的思政元素，在结合国际法学课堂实践教学经验、国际法学课程特征、教学对象的特点等基础上研究相应的教育方法和措施，以发挥国际法学思政教育的实效性。

一、国际法学课程思政建设的目标设计

国际法学课程思政建设的目标设计包括：

① 黄进：《加强我国涉外法治人才培养的战略选择》，载《光明日报》2021年2月9日。

（一）继承和发展马克思主义国际战略思想

马克思主义的国际法观点主要体现为运用国际法基本理论揭露和谴责欧洲列强的侵略和霸权行径，以最终服务于人类的解放事业。① 马克思和恩格斯提出了一系列国际法基本准则和关于解决国际争端的基本原则，创立了辩证唯物主义和历史唯物主义的国际法观和研究方法。国际法作为上层建筑，起到调整国家间关系和维持国际秩序的作用，必须适应不同时期国际关系的需要。习近平外交思想是马克思主义国际战略思想在当代中国的最新发展，习近平外交思想为独立自主的和平外交方针、和平共处五项原则、推动建立国际政治经济新秩序等传统理念赋予了更加鲜明的时代精神，上升到人类命运共同体、新型国际关系、全球治理体系变革的历史新高度，当代社会新的国际形势下，在高校国际法学教学过程中，教师应当坚持包括习近平外交思想在内的马克思主义国际战略思想指导，科学运用马克思主义的立场观点和方法，指导学生深刻洞察世界发展趋势，全面审视中国与世界的关系，掌握全球化和全球治理的运行规律。

（二）树立人类命运共同体的理念

在国际形势云谲波诡的今天，“人类命运共同体”思想显得尤为重要，构建人类命运共同体是为未来世界发展提供的中国方案，在兼顾世界各国正当利益的前提下，用不同于西方传统国强必霸、殖民扩张的思想，构想了新的世界秩序，彰显了中国的大国责任。推广人类命运共同体的理念，有助于实现国家间互利共赢和互相尊重的友好关系，有利于实现全人类的和平发展和和谐共处，避免出现逆全球化和国家间互相对立的局面。② 构建人类命运共同体是国际法学人的理想，树立人类命运共同体的理念应当成为国际法学思政教育建设的目标之一。

---

① 曾令良主编：《国际公法学》，高等教育出版社2016年版，第9页。

② 谢新水、李有增：《深刻理解构建人类命运共同体思想的重要内涵》，载《光明日报》2019年10月23日。

（三）明确国际法治的治理方略

经过两次世界大战的浩劫和数十年的“冷战”，国际社会才形成了以和平和发展为主题的国际秩序，在全球化和均势国际格局的推动下，国际法治的理念得到各国共识。国际法治的治理不仅体现在经济全球化、文化多样性的保护、尊重人权等领域内，同时也要求国家间政治关系及国家安全秩序的法律化，要求国际社会在法治的原则下有序运行，以法律规范为基础来构建和调整国际秩序，国际法治的运行绝不允许个别大国运用霸权主义随心所欲挑战国际规则和现有的国际秩序。国际法学的研究和教学应当致力于明确国际法治的治理方略，引导学生了解和认识国际治理格局，思考中国在国际法治中应有的贡献。

（四）培养学生的文化自信和爱国主义的家国情怀

国际法是调整国家间关系的法律规则，国家在遵守国际法规则的同时，不可避免要维护国家利益，在国际法学的相关分支内容中，如国际法的基本原则、领土主权的维护、国家间争端的解决、海洋与外层空间中国家利益的诉求、海外利益的保护等都以国家利益为核心，在国际法的学习过程中，教师应当注意培养学生爱国主义的家国情怀，热爱祖国和人民，运用国际法规则去分析国际形势，判断国家面临的挑战，为维护国家利益出谋献策。同时在学习相关国际法的发展历史和国际秩序格局的变迁时，教师应着重介绍中国光辉灿烂的历史和源远流长的文明对国际法的影响，从春秋战国时的“两国交战，不斩来使”、纵横捭阖的外交策略到郑和下西洋，再到和平共处五项原则的提出，直至今天“一带一路”建设的推行，中国以博大宽容的胸怀和心系天下的情怀为世界和平和发展作出了自己独特的贡献，每一位学子都应当为祖国为民族感到骄傲和自豪，增强自己的文化自信。

二、国际法学教学体系中的课程思政教育元素设计

（一）国际法学总论部分的课程思政教育元素

马克思主义经典作家对国际法的贡献是国际法学总论中最闪亮的思政教育

元素。马克思和恩格斯对近代国际法中的不公平现象进行了抨击，提出了一系列国际法基本准则，包括正义原则、和平原则、殖民地人民民族自决原则等，为现代国际社会中奉行国家主权平等的国际法奠定了基础。列宁也对国际关系中许多重大政治问题从国际法角度进行了论述，包括抨击秘密条约的反动性质，提出和平共处的国家间关系准则等。[①] 中华人民共和国成立后，毛泽东、习近平等国家领导人也先后提出过涉及外交政策、外交思想等关于国际法的立场和观点。在国际法的发展历史中，从中国古代开始萌芽的国际法习惯法，到现代社会中国对国际法特有的贡献，如和平共处五项原则、国家主权不可侵犯等都是思政教育的重要元素。在向学生介绍国际关系和国际秩序与国际法的关系时，可以将新旧国际秩序中中国国际地位的变化发展作为讨论内容，让学生了解旧中国和新中国国际话语权和国际地位翻天覆地的变化，激发学生的民族自豪感和自信心，鼓励学生将中华民族的伟大复兴作为学习的终极目标，树立远大志向，培养高尚情操，引导学生相信在中国共产党的领导下，中国会越来越强大，并在推动建立公正合理国际秩序的道路上发挥越来越重要的作用。

（二）国际法上的国家和国际组织部分的课程思政教育元素

国家作为国际法最主要的主体，以平等身份参与国际关系，国家无论大小强弱，均享有国际法上国家的基本权利。自卫权是国家基本权利，但必须在《联合国宪章》框架内行使，遵守国际法所规定的必要前提条件，否则就是违反国际法的行为。在国家豁免规则中，中国坚持在对等前提下的绝对豁免原则，有利于维护我国的国家利益。

国际组织作为国际法上的派生性主体，其重要性日益凸显，联合国已成为国际政治经济的中心舞台，囊括了世界上几乎所有国家。联合国安理会独特的表决机制赋予了中国作为一个负责任的大国举足轻重的角色，如何运用否决权，更好地维护国际法基本原则，实现联合国的宗旨与理念，也是应当引导学生们进行思考的重要问题，中国是联合国的创始会员国，在联合国成立过程中发挥了不可替代的独特作用，1971 年，中华人民共和国政府恢复联合国安理会常任理事国席位，是政府继承原理的实践体现，作为中国的唯一合法政府，中华人

① 曾令良主编：《国际公法学》，高等教育出版社 2016 年版，第 13 页。

民共和国政府理应继承联合国安理会常任理事国的席位，在此后的50年中，中国在这一重要席位上运用否决权，在捍卫国家利益，维护公正合理的国际秩序和国际法基本原则方面作出了重要贡献。

现有的国际经济秩序是“二战”后在美国的主导下安排的，形成了以布雷顿森林体系和美元为基础的国际经济秩序，是美国操控国际政治经济格局的主要工具。为了促进当今世界经济均衡发展，抵御“逆全球化”的错误思潮，体现中国作为负责任大国的国际影响和地位，2013年，习近平总书记提出了“一带一路”的倡议，受到了国际社会的广泛关注和沿线国家的普遍支持，并推动建立了亚投行，为国际社会提供了普惠性的公共产品，引领了全球治理方向，也为中国掌握国际话语权和推动国际规则朝着公平公正合理的方向发展起到了重要作用。在学习国际组织时，将亚投行、“一带一路”倡议等内容融合进去，是有重要时代意义的思政教育元素。

（三）国际法上个人的法律地位领域中的课程思政教育元素

所有法律的终极目的都是实现个人的福祉，[①] 因此，个人在国际法领域内也拥有特殊的法律地位。个人由于国籍与特定国家之间有了法律纽带和联系，世界上每个国家都有自己的国籍立法，中国的国籍立法坚持单一国籍和出生地主义与血统主义相结合的混合原则，履行了消除国籍冲突的国际义务。拥有中华人民共和国国籍是光荣的，海外的同胞们对这一点深有体会，在面临危险和灾难的第一时间，同胞们可以求救的只有祖国，中国政府近年来在利比亚内战、也门政变等动乱地区进行的大规模撤侨行动，充分体现了新时代中国作为崛起中负责任的大国对公民利益的重视和国力的提升，体现了社会主义国家对人权的真正保障和落实。

经过资产阶级法制革命的洗礼，引渡制度在现代社会中成为国家间刑事司法协助的重要途径，政治犯不引渡、死刑犯不引渡等原则的普遍遵守充分体现了对人权的尊重。中国在国际引渡合作领域内进行了积极的努力和探索。2014年，我国公安部启动“猎狐2014”境外追逃专项行动，对经济犯罪外逃人员展开跨国追捕，进行全球范围内的追逃追赃，这一行动是我国行使国家管辖权的

---

① 唐士其：《西方政治思想史》，北京大学出版社2002年版，第125页。

表现，也有力地震慑了国内的经济犯罪嫌疑人，维护了社会主义经济和政治秩序。①

（四）国际人权法领域内的课程思政教育元素

人权的概念产生于西方资产阶级法制改革时期，两次世界大战后进入国际社会的视野，成为国际法学的重要分支。中国对于国际人权法的发展也作出了独特的贡献。中国积极推动和落实第二代和第三代人权的保护，提倡关注并保护世界范围内广大亚非拉国家的和平和发展权，及各国人民的经济、社会和文化权利。中国提出主权高于人权，人权具有普遍性，第三代人权没有优劣之分，反对霸权主义。学生在学习这些内容的过程中会更加了解中国人权保障的进步，增强其爱国主义感情和文化自信，抵御一些国家利用人权问题对中国的诋毁和打压。

（五）国际领土法中的课程思政建设元素

领土是国家存在的物质前提，是国际法上认定国家必不可少的要素之一，也是国家行使主权的疆域范围。每个国家对自己的领土都是寸土必争的，中国也不例外，维护我国领土主权的完整是我国的核心利益。台湾自古以来就是中国不可分割的一部分，中国坚决反对任何人任何形式分裂祖国的阴谋，主张以“和平统一，一国两制”的方式解决台湾问题。在中国的边界问题上存在不少争端和国外势力的恶意挑衅，在中印边境上，面对外军严重违反两国协定协议、蓄意挑起事端的斗争中，我国英勇的边防官兵在忍无可忍的情况下，对暴力行径予以坚决回击，取得重大胜利，有效捍卫了国家主权和领土完整。中国爱好和平，但并不意味着我们会容忍恶意的挑衅和侵犯，领土完整是我们的底线，我国会始终将国家领土完整放在最重要的地位。

（六）国际海洋法中的课程思政建设元素

自古以来，海洋权益是大国崛起的核心利益。我国是海洋大国，对于海域

① 《猎狐行动2014启动两月境外追逃88名嫌犯》，https：//www. guancha. cn/politics/2014_09_21_269283. shtml。

的划分和我国海洋疆土的捍卫是我国极为重视的利益领域。目前我国的南海、东海等海域内与相关国家都存在争端，如何运用国际法作为武器维护我国的海洋权益是我国国际法学者必须面对的重要课题。

南海问题涉及中国核心利益。中国的基本立场是坚持对南海诸岛的领土主权，对南海九段线领域内的海域享有历史性权利。引导学生思考历史性权利在现代国际海洋法中的地位，如何界定九段线与现代海洋法的关系等问题，启迪学生站在国家利益的角度，学会运用国际法作为武器来捍卫祖国的利益。东海范围内，与日本的东海大陆架争端及钓鱼岛争端是最突出的矛盾。在东海大陆架争端解决上，我国坚持大陆架的自然延伸原则，反对日本所提出的等距离中间线已成为国际习惯法的主张，北海大陆架等国际法院案例也证明了等距离中间线原则无法具有国际习惯法的效力。学生在讨论钓鱼岛争端这一案例的过程中，会逐步了解到这一段历史，明白我国有充分的国际法法律依据主张钓鱼岛主权，从而增强学生的民族自信心和自豪感，让学生深刻领会到国际法作为法律武器对于维护国家利益的重要性。

现代海洋秩序的确立过程始终贯穿着海洋强国与广大发展中国家的利益博弈，中国作为发展中大国，如何在激烈的海洋角逐中维护国家利益，实现我国在北极地区、国际海底区域、东海海底大陆架等领域内的国家利益，如何维护海洋秩序的公平正义，也是国际法学者和广大学子应当关注和思考的问题。

三、国际法学课程思政教育的课堂教学建设过程

在国际法学课堂教学过程中，应注意增强学生与老师之间的互动，将思政教育元素巧妙融入教学过程，实现知识传授与价值引导相结合的教育目标，让学生更积极主动地融入课堂氛围，更活跃地发现问题和思考问题，鼓励学生站在祖国的立场上去分析国际法律问题，思考如何运用国际法作为武器捍卫国家的利益。具体而言，可以采用课堂模拟法庭、案例教学、课堂讨论等模式来实现课堂教学过程。国际法中的很多经典案例和时事热点案例非常适合采用课堂模拟法庭的形式来开展，通过学生课前的积极准备和深入研究，可以更加深刻地理解相关案例背后隐藏的理论问题，也可以增加学生的兴趣和能动性，例如

北海大陆架案、中日东海大陆架争端等案件都可以采用课堂模拟法庭的方式进行。案例教学是国际法学教学过程中的传统方法，每一章节都有经典案例，通过让学生学习如何在了解案情后提炼焦点问题并进行分析，也有助于增加学生的能动性和学习热情。一些理论问题则适合采用课堂讨论的形式，比如国际法的性质到底是一种平行法还是一种纵向法？国际刑事责任到底应当由国家还是个人承担？通过课堂讨论，可以增加学生的表达能力和辩论能力，也大大提高了课堂教学效果。

未来的教学需要将国际法的知识与思政教育进行结合，形成一门充分融合思政元素的《国际法学》，具体落实立德树人目标明确、措施具体、效果明显的成熟高效的思政示范课程。将知识传授和价值引导结合起来，使学生充分理解并掌握国际法的知识和精髓，同时培养学生的文化自信和爱国情怀。教师在通过自身讲授课程和与学生的互动中，也能进一步提升自己的爱国情感和使命感。

四、国际法学课程思政建设教学评价体系

构建科学有效的教学评价体系有利于推动国际法学课程思政建设教学的进一步发展。在进行教学评价时，需要综合考虑多方面因素，例如教师在讲解国际法基础理论和知识时是否与马克思主义理论相结合；教师在案例选取时是否结合了最新的国际国内时事政治，给学生分析了最新的国际案例；教师是否将基本国情及国家大政方针贯穿于国际法教学之中。在教学过程中，教师应当将专业知识中具有价值争议的问题安排学生进行讨论，引导学生在进行理论和实践分析后自行作出正确的结论，使学生真正理解和坚持符合马克思主义的正确的价值观念。教师应当将国际法学每个章节中的课程思政元素充分挖掘出来，以多媒体形式等多种途径向学生展现专业知识中蕴含的思政教育元素，引导学生进行思考。

国际法学课程考核以过程性评价和期末考核相结合的方式进行。过程性考核包括出勤、课堂模拟法庭、案例分析、课堂讨论的参与情况，在模拟法庭和课堂辩论中展现的思政亮点、操作环节和社会实践成果等多方面都应纳入过程性考核内容，从而真实反映学生的思想动态以及学生利用所学知识分析问题的

能力，因而相对于传统的评价方法更具有科学性和真实性。

在国际形势变幻莫测的时代，国际法学对于维护我国国家利益，发展良好的外交关系，构建公正合理的国际经济政治秩序和国际法治社会都有不可替代的作用和意义，崛起中的祖国需要更多更优秀的国际法人才，作为国际法学教学一线的教师，理应将国际法课程思政建设作为提高教学能力，促进教学相长的一个重要途径，为祖国培养业务精湛、拥有爱国情怀的国际法人才。

法治思想引领高校共青团阵地建设

薛汶轩[*]　李瑾萱[**]

摘　要： 阵地建设是推进高校共青团改革的重点，丰富阵地建设意识、提高阵地建设水平是高校共青团改革中的重要组成部分，目前我国高校的共青团阵地建设大多存在意识形态凝聚力不足、校园文化导向不突出、活动场地更新不及时等问题。本文以法治思想为引领，以高校共青团阵地建设中存在的问题为基础，寻找创新阵地建设的方法，力图探索高校共青团阵地建设的合理途径和推广模式。

关键词： 阵地建设　高校共青团　意识形态凝聚力　校园文化　规则

一、法律价值分析

法治思想引领高校共青团阵地建设，是一个对各种价值目标加以统筹协调的过程，也是一个谋求校园价值总量最大化的过程。以法治思想为指导，类比法律原则和法律规则，树立高校共青团阵地建设的原则和规则。规则对于具体的阵地建设问题有指导意义，原则能够适应于改变现实的需要，用于应对不时之需，填补规则空白。同时，在阵地建设中从实体上规定各方主体的权利义务或职权职责，从程序上规定保障各方主体权利义务实现的方法。突出《团章》对于广大团员行为的规范作用，通过规范团员之间的行为来调整校园关系，实现对校园秩序的维护作用、对校园自由的保障作用、对校园正义的实现作用。运用法治思想，借鉴法的权威性，实现高校阵地建设的效率最大化。

* 山西大学专职辅导员，主要研究方向为法学教育。
** 山西大学法学院本科生，主要研究方向为法学教育。

二、高校共青团阵地建设存在的问题

（一）意识形态凝聚力不足

高校在丰富和发展马克思主义、培养社会主义接班人方面担负着重要任务，其意识形态工作的成败直接影响整个社会意识形态工作的成败。这就要求高校要做好对高校团员的意识形态工作，牢牢把握意识形态的主导地位。高校大学生作为校园阵地建设的适用对象，接受良好的科学文化教育，拥有活跃的思维方式和极强的接受能力。随着科学技术的发展，各国之间经济、文化交流的深入，开放、包容的社会环境促进了社会思潮的多元化，大学生思想观念、价值观也愈加多样化。由于我国互联网发展速度较快，而互联网法治建设落后于互联网本身的发展速度，导致高校部分师生过度接收了部分具有迷惑性、渗透资本主义意识形态的西方文化。一旦这部分西方文化先入为主地影响了高校部分师生的思想，再转变观念就很难。如何应对不同的思想观念、价值取向以及行为方式间的异同并且去粗取精、去伪存真进行有效的整合，使其形成统一的力量，就显得尤为重要。同时，高校的意识形态宣传建设工作大多存在理论强、内容多等问题，缺乏“亲和力”，并不贴近高校团员的日常生活，削弱了团员学习的积极性和热情。甚至部分师生出现无法用理论指导实践、指导自身行为的情况，不实事求是，忽视甚至扭曲社会主义意识形态，在学习、工作和生活中散播与社会主义意识形态不一致的错误言论。[①] 大学作为新思想、新理念的萌发地，必须通过加强意识形态的凝聚力完善思想阵地建设，强化政治站位，落实新时代意识形态工作的新部署和新要求。

（二）校园文化导向作用不突出

校园文化有很多种分类，有学者将其分为广义校园文化和狭义校园文化两类。这里主要探讨的是狭义的校园文化。概括来讲，狭义的校园文化主要指的

---

① 贺守喜：《提高高校师生社会主义意识形态凝聚力和引领力路径研究》，载《辽宁教育行政学院学报》2019 年第 5 期。

是除课堂之外的文化实践活动以及由此形成的校园氛围和精神。高校存在的一大问题就是校园文化功利主义的盛行。而校园文化功利主义在很大程度上会影响团员的道德修养。在市场经济发展的大背景下，课外文化活动以团员为主体，注重其相互竞争，相互学习。虽培养了高校团员的争先意识，但也越发弥漫着享乐主义等不良风气。许多团员在多样的活动中迷失自我，不仅没有从课外活动中提高自身能力，反而疲于应付，无法兼顾课堂内外；教师忙于岗位考核，忽视科学知识的传授，轻视道德礼义的示范。由于就业形势严峻，高校团员的学习目的愈加功利化，对于学术研究浅尝辄止，并未深入钻研。校园文化的功利主义能深刻影响一所高校的立德树人能力。校园文化浸润着大学精神，能够对师生的品行修养、精神风貌产生无形影响。[①] 校园文化对团员的导向作用不强，无法影响大学生的精神面貌，是当前高校共青团阵地建设存在的一大问题，也是加强高校共青团阵地建设必须清除的障碍。

（三）活动场地设施更新不及时

高校在建设过程中往往出现活动场地设施更新不及时的情况。主要分为两个方面：一方面，高校的线下设施更新不能适应教育发展的需要。随着经济水平的提升，社会的人才缺口也加大。高校为了培养更多的人才，大力扩张招生。高校倡导个性发展，注重学生自身特长的发挥和兴趣的探索。但由于活动场地的更新不及时，有限的资源无法满足高校团员日益增长的需要，无法正确发挥其才能。另一方面，线上平台的使用不能满足高校管理的需要。高校的管理需要与时俱进，传统的单一线下管理模式早已不适应高校对团员的培养。而线上平台的使用又出现许多问题，如智慧团建录入信息不及时等。高校之间的共青团活动差距大，主要就是线上平台建设情况的不同。部分高校未能在平时利用好企业微信等平台，在特殊时期需要使用时，只能立马着手建设。而建设又需要一定的时间和人力，影响共青团活动的效率。高校共青团的活动场地问题并不会直接影响共青团阵地建设，但能够从细节上影响高校阵地建设的质量。因此，要注重活动场地设施的更新，加强对共青团活动场所的阵地建设，服务于共青团的发展。

---

① 罗莎、熊晓琳：《新时代高校文化育人实现理路探赜》，载《思想教育研究》2020年第4期。

三、高校共青团阵地建设的影响因素

（一）意识形态宣传工作问题

一是未结合当代团员的新特点。随着中国经济的迅速发展，当代团员的生活环境更优越。大部分团员，一出生就是家庭的核心，对于自我的关注度高，在思维观念、行为举止等方面都表现出自身的特点。但是由于意识形态内容是对当今社会存在的正确反映，有其自身的发展规律，并不能够因人而异。因此对于部分实践经验少的团员，意识形态内容的单方面输入可能会导致其缺乏认同感甚至出现抵触、逆反情绪。同时，由于当今科技发展迅猛，电子设备影响高校团员生活的方方面面。新媒体的迅猛发展，给高校意识形态阵地建设带来不小压力。部分敌对势力打着言论自由的旗号，肆意传播与社会主义核心价值观不符的内容，试图对高校团员进行资本主义意识形态渗透，企图从内部分化中国。部分团员生活经验少，缺乏政治警惕性，在信息爆炸的时代，极易被敌对势力精心准备的迷惑性信息所误导。在价值观成型时期，被错误的信息误导这一情况将会带来严重的后果。高校大部分意识形态宣传方式依旧遵循以往的模式，对应用新媒体进行意识形态宣传的意识不够，未能充分发挥新媒体的作用。这也是高校意识形态阵地建设过程中存在的问题之一。

二是意识形态宣传工作及其方式缺乏亲和力。毛泽东在《实践论》中曾讲到关于概念的问题，他指出概念不是事物的片面和外部联系，而是通过事物的表现抓住本质和内在的联系，意识形态就是这样一个概念集合体。① 作为社会主义社会的上层建筑，涵盖法律、政治、经济等多个方面，内容丰富，理论抽象，必然包含高校团员理解不充分的内容。高校在进行思政教育时，由于其起点高、集合了各种专家的理解认识，内容讲解理论性强，并不贴近实践。高校团员社会经历少，知识水平有限，对于高深的理论无法产生认同感，也就不感兴趣，只是机械地完成任务，意识形态阵地建设的效果可想而知。同时，意识形态宣传工作的亲和力强调内容与受众之间的相互性。高校意识形态宣传大多

---

① 《毛泽东选集（第1卷）》，人民出版社1991年版，第283页。

通过思政讲座等方式，以讲为主，形式单一。注重思想的直接输入，而忽视了共青团员对思想的输出。高校团员水平参差不齐，对于内容的理解各不相同。高校一味地输入缺乏输出，无法得到团员的反馈，也就无从知晓意识形态宣传工作是否到位、方式是否有效。由于宣传工作缺乏亲和力，导致意识形态建设于高校团员而言仿佛高高在上，这就与意识形态宣传的初心背道而驰了。

（二）以德治校作用不凸显

以德治校不同于依法治校，依法治校是一种刚性的治理方式，以德治校是一种柔性的治理方式，通过道德规范的实施来达到治理校园的目的。在以德治校的过程中，重点是建立一种肯定性的评价标准和评价尺度，用以衡量团员之间的行为规范。通过这种评价标准和评价尺度形成团员内心的价值观念，规范团员的行为，能够为高校共青团阵地建设起到良好的助推作用。而近年来高校以德治校作用不够凸显，校园文化作用不够突出，除了道德导向之风的建立需要一定的时间之外，还表现在以下两个方面。

一是高校在发展理念上出现偏差。随着高等教育竞争日趋激烈，高校排名的影响力不可小觑。众多高校通过提升排名来衡量自身发展并作为发展目标。众所周知，高校的排名很大程度上通过科研成就和教育质量表现出来，而科研成就和教育质量又很大程度上通过发表论文的形式来体现。因此高校大多将论文发表情况与教师、学生的个人发展相结合。在教师职称评比中，SCI 发表数量是主要的衡量标准，却忽视了教师的师德师风情况。在近几年，大学教师失德，学术不端、发表不当言论的事件偶有发生，不禁让人大跌眼镜。教师品行不端，对待学术问题敷衍了事，就会给团员的学习带来负面影响。上行下效，长此以往，校园清朗的向学风气可能就会掺杂污秽。古语云："为人师表"，教师历来是道德先锋，能够对团员的行为产生很大的影响，因此教师的道德品行对于团员的影响力不可小觑。在团员的评奖、评优、保研中，论文发表情况也占比很大，对团员的发展影响也很大，团员之间甚至出现为了提高论文质量而抄袭等情况。这种"论文化"的模式催生了高校教师过于注重科研创新，忽视传道授业解惑，团员过于注重结果，忽视过程的情况。久而久之，校园文化中出现功利主义也就不足为奇了。

二是高校共青团对于高校团员的价值观引导不足。一方面表现为团员的学习过于功利化和工具化，另一方面表现为部分团员缺乏规则意识。法治是社会主义社会的重要特征。高校团员是国家人才的后备力量，拥有较高的知识水平和能力，步入社会后将是社会建设的主力军。若是高智商人才不能服务于社会主义的发展必将给社会主义带来不可估量的伤害。但是在实践中，高校学生期末作弊事件屡禁不止，替考、代考事件也时有发生，抄袭作假事件亦不鲜见。归根溯源，还是在于部分团员缺乏规则意识，不明白底线在哪里，触犯底线的后果是什么。因此，在高校团员的价值观引导过程中更需要以法治思想为引领，加强对于《宪法》《刑法》中相关法条的学习，树立起当代团员的法治意识。高校的教育在于明德，避免团员们在个性发展的道路上迷失自我，出现没有约束的自由的情况，更在于共青团员内部成员之间的相互学习，形成遵纪守法的蔚然之风，为党培养后备人才打下坚实基础。

（三）硬件设施的更新未跟上高校管理模式的改变

时代是变化发展的，高校的管理模式也在变化发展。中国的高校大多是公办高校，由地方或中央财政支持发展。不同于私立高校，公立高校的公益性强，但办学的自主性小，受地方或中央政府决策的影响大。因此，高校在自身的发展上的规划性较弱，往往容易被打乱。最现实的例子就是高校之间的“扩建热”。为了弥补人才缺口，高校响应国家扩招的政策，纷纷搞起扩建，修建新校区，却忽视了自身发展的具体情况，缺乏对学校发展的规划。高校将资金大规模投入校区扩建，在原来的校区投入少。而新校区的建成并非一日之功，资金的投入也是长期性的。从长远来看，学校虽投入大量的人力物力财力进行活动场地的建设，但是对本校区的线上线下建设并无实际意义，对共青团的活动场地建设亦是如此。同时，高校对于广大团员的实际需求了解不足，盲目将资金投入建设之中，缺乏有效性。大部分高校与团员之间是管理与被管理的关系，团员对于高校的管理提供的意见和建议不足。因此高校对于高校团员的需求虽然很重视，却往往容易陷入“高校认为团员需要”的境地，但实际团员对此并非刚需，高校建设没有在关键方面起到作用。

四、创新阵地建设的方法

（一）坚持以人为本，增强理论“地气”

一是要充分考虑当代团员新特点，转变意识形态宣传模式。这是高校在共青团阵地建设中要坚持的原则。首先，共青团员是高校意识形态建设的主力军，这就必须要凸显高校团员的主体地位，从高校团员的特点出发，探索有效的宣传方式。要利用好团员干部的带头作用，形成团员干部——团员的个性化培养模式。形成一个团员干部对几名团员的模式，能够有效关注到每一名团员的思想政治状况、精神风貌。团员干部及时关注，有问题及时向辅导员报备，做好应对措施才能够有效帮助团员。同时，团员干部能够依据不同团员的特点，改变其处理问题的方式，有助于问题的解决，更有利于共青团对团员的管理。其次，要利用好智能终端设备。一些敌对势力利用微博、微信、抖音等自媒体发布具有高度迷惑性的内容，企图污化中国，高校团委就更要“看好自己门，守好自己人”，强化阵地意识，加强对共青团员的引导，增强其政治警惕性和信息分辨能力，避免其受到错误意识的影响。利用好微电影、短视频、有奖作答等高校团员感兴趣、贴近生活的形式对意识形态进行宣传，增强意识形态学习的趣味性、丰富性。

二是要将深奥理论转化为“接地气”的语言，使高校团员易于理解，便于吸收。这是在阵地建设中可以具体适用的规则。首先，高校团委在进行意识形态宣传时要转变自身的方式。要充分考虑团员的理解能力、接受能力。团员的知识水平、理解能力参差不齐，用平易近人、简单易懂的语言讲授深奥理论能够让所有团员听得懂、听得进。同时，也要利用高校团委老师的个人魅力，通过生动有趣的讲解感染团员，使其发自内心地产生认同感，转变对于思政教育、团日学习的古板印象。① 其次，高校在进行意识形态内容讲解时要结合高校团员生活的具体例子。意识形态是抽象理论，要将抽象内容具体化，理论内容贴近生活，才能引起共鸣。高校意识形态的宣传对象是高校团员，对于实际例子

---

① 邱仁富：《论新时代思想政治教育的亲和力》，载《河海大学学报》2018 年第 6 期。

的选择必然要贴近其生活，令其产生认同感，提高意识形态宣传质量。同时，团员也能够从个例中结合自身情况吸取经验教训，不仅能听得懂更能记得住，还能够用理论指导实践。

（二）树立规则意识，深化以德治校

一是加强对团员规则意识的培养。首先，规则是一个抽象概念，存在于广大团员的现实生活中，并且对其生活产生重大影响。高校对团员的规则意识引导需要回归到教育本身。教育的根本任务是立德树人，培养德智体美全面发展的社会主义建设者和接班人。[①] 高校在注重教学成果的同时也应当加强对团员的规则引导，在细节中体现价值观教育，令其正确看待竞争。避免其为了获得竞争优势而采用不当手段损害他人利益。正确引导高校团员向学习的本质靠拢，有效纠正其不正观念，增强人文关怀，促进广大团员的全面发展，才能为教育管理注入更多的新鲜活力。其次，我国实行依法治国的基本政策，高校也在依法治国的基础上实行依法治校。共青团员作为中国共产党的后备人才，树立法治意识对于共青团的阵地建设有着重要意义。一是要加强法律知识的教育和普及。团员正处于学习的关键时期，世界观、人生观、价值观正在成形。部分团员法治意识薄弱，无法正确辨别信息是否合法，用错误的信息指导自身行为，给社会带来严重危害。这种情况下，继续加强思政课的学习是有必要的，但是单靠思政教育是不够的，必须要加强其法律教育，用法律来纠正其错误意识。二是健全团员管理的法治化模式。对于共青团的工作来说，要以《团章》为指导。类比法的作用，《团章》对于广大团员的行为具有规范作用。《团章》能为团员的行为提供一个既定的指引，从而引导团员在《团章》允许的范围内进行活动，也能够衡量和评价团员行为的功能和效用。广大团员能够通过《团章》对某种行为的肯定或者否定评价预先估计到某种行为的后果，从而决定行为的取舍和方向。

二是要坚持办学理念，深化以德治校，将校规、校训真正融入本校的育人之中。这是一项办学的规则。要将校规校训融入本校的育人之中，首先高校的发展理念就要将校规校训放于首位。高校的校训是社会道德的提炼，其本身也

---

① 张建：《高校立身之本在于立德树人》，载《党课参考》2020 年第 19 期。

是在培养团员道德品质。学生是学校的名片，一所高校的教育质量如何永远在于其学生的发展情况。高校培养真正具有校训精神的团员，提升教育质量，在潜移默化中中提升道德素养，才能为社会输送更多的人才，增强社会影响力。其次，教师群体要内化校训精神。教师是学生的引路人，无论是在生活还是学习中，教师的言行都潜移默化地影响着学生。只有引路人的方向正确，学生才能走向正确的方向。教师在课堂上注重知识的讲授，不以分数论英雄；课外注重自身言行的教育性，加强自身师德师风的表率性。同样，团员群体更是要将校训精神内化于心，外化于行。团员是校训的践行主体。团员必须主动践行校训，不能违反校规校纪。抓牢思想政治工作这一学校各项工作的生命线，把思想政治工作贯穿学校教育管理全过程，健全全员全程全方位育人的体制机制，肩负起培养社会主义建设者和接班人的重大使命。① 切实建设好校园文化，让校园文化真正回归教育本身，减少功利主义的浮躁气氛，不仅对团员、高校大有裨益，更能对社会文化产生潜移默化的效果。

（三）重视场地建设，做好未来规划

从目前的发展来看，大部分高校对于场地建设能够引起重视。但是重视方面和建设效果却不尽如人意。要想通过场地建设促进共青团的阵地建设，首先，要规划全局。高校对于场地建设必须要做好规划，避免盲目跟风。根据学校自身的发展情况，按照国家发展规划的规范性文件，制定本校在未来三到五年发展目标的纲领性文件。譬如，若是本校需要扩建，那么未来三到五年将投入多少人力物力财力，三到五年后扩建的场地是什么样，老校区又应当投入多少资金进行建设，新老校区又该如何恰当地使用这笔资金服务于共青团的场地建设发展。若是出现紧急需要建设的场地，那么应当预留的资金是多少，预留的资金又从哪部分建设资金里面抽取。这一系列的问题都是高校在场地建设中将会面临的具体问题，并且直接关系到高校场地建设的质量和效果，因而高校的规划非常重要，必须从总体上做好对于学校建设的规划，未雨绸缪，做好应变准备，避免手忙脚乱。其次，规划重点。加强对团员需求的实际调研，有针对性地进行场地建设。高校是服务于学生的发展的，因此高校的建设必须从广大团

① 张建：《高校立身之本在于立德树人》，载《党课参考》2020 年第 19 期。

员的实际需求出发，有针对性地解决场地建设的问题。广大团员的实际需求才是场地建设的重点。互联网平台可以时刻对团员的行为活动进行在线记录和监督。教师就能够针对团员的活动情况，采取可行性的措施，为场地建设做好充分的准备。不仅要利用好线上平台，对于团员的需求进行调查，做好校园反馈，还要开通线下通道，征集实践中存在的问题，对存在的问题进行实时追踪，为场地建设打下基础。综合利用好线上线下设施，了解团员的实际需求，才能更好地作出高校场地建设规划，为阵地建设打牢基础。

《三晋法学》征稿启事

《三晋法学》（中国法制出版社出版）是由山西大学法学院主办的法学学术论丛。本论丛以“探索法学理论前沿，拓展基础理论研究，密切关注法律实务，提倡学术自由，遵守学术规范”为宗旨。开设“名家论坛”“探索与争鸣”“法学各科专论”“判解研究”“课题成果”“博硕论文精粹”“法学教育”等栏目。欢迎海内外有创见卓识的法律人惠赐高质量稿件，阐说思想，传播文化，繁荣法学。自2006年起每年出一辑，每辑30—35万字。

《三晋法学》论文格式要求：

1. 150—200字中文摘要。

2. 3—5个关键词。

3. 作者简介。在文章题目下作者名字的右上角用*标示，在当页正文下注明。例如：山西大学法学院教授，主要从事外国法律制度史研究。

4. 注释采用脚注，当页排序。

例如：

①张屿：《对火灾事故调查报告的批复具有可诉性》，载《人民司法》2019年第23期。

②丁茂中：《论我国垄断协议宽恕制度的立法完善》，载史际春主编：《经济法学评论》第20卷（2020年第2辑），中国法制出版社2022年版，第115页。

③《毛泽东选集》第2卷，人民出版社1991年版，第732页。

④王先林：《竞争法学》，中国人民大学出版社2015年版，第185页。

⑤［美］E. 希尔斯：《论传统》，傅铿等译，上海人民出版社1991年版，第16页。

⑥作者：《文章题目》，载　　网，http：　　，最后访问时间：　　。

5. 文章字数要求：不要超过8000字。

6. 请勿一稿多投；格式不符合要求的不予采用。

7. 来稿需发送电子稿一份，电子稿请寄 liqi@ sxu. edu. cn。

8. 来稿一经采用，即发给电子版的“采稿通知书”。不设稿酬，随寄作者样书一本。

图书在版编目（CIP）数据

三晋法学．第十六辑／周子良主编；李麒执行主编．—北京：中国法制出版社，2023.4
ISBN 978-7-5216-3344-3

Ⅰ．①三… Ⅱ．①周… ②李… Ⅲ．①法学-文集 Ⅳ．①D90-53

中国国家版本馆 CIP 数据核字（2023）第 039650 号

责任编辑：周琼妮　　　封面设计：李　宁

三晋法学（第十六辑）
SAN JIN FAXUE（DI-SHILIU JI）

主编/周子良
执行主编/李麒
经销/新华书店
印刷/北京虎彩文化传播有限公司
开本/710 毫米×1000 毫米　16 开　　　印张/ 19　字数/ 250 千
版次/2023 年 4 月第 1 版　　　2023 年 4 月第 1 次印刷

中国法制出版社出版
书号 ISBN 978-7-5216-3344-3　　　定价：88.00 元

北京市西城区西便门西里甲 16 号西便门办公区
邮政编码：100053　　　传真：010-63141600
网址：http：//www.zgfzs.com　　　**编辑部电话：010-63141807**
市场营销部电话：010-63141612　　　**印务部电话：010-63141606**

（如有印装质量问题，请与本社印务部联系。）